0
100
200
500km
gelsk
Jekaterinburg
Perm
Tscheljabinsk
Ischewsk
Wologda
RUSSISCHE FÖDERATION
Ufa
Magnitogorsk
Kasan
Nischnij Nowgorod
Orenburg
skau
Aktjubinsk
Ural
Saratow
KASACHSTAN
Gurjew
Belgorod
Don
Wolgograd
Wolga
Astrachan
rowsk
Taganrog
Rostow
Kaspisches Meer
Asowsches Meer
Tichorezk
Stawropol
Grosnyj
Kaspijsk
Kertsch
Krasnodar
Anapa
Sotschi
Tiflis
astopol
Suchumi
Baku

Bettina Sengling
Johannes Voswinkel
Die Kursk

Bettina Sengling
Johannes Voswinkel

Die Kursk

Tauchfahrt in den Tod

DEUTSCHE VERLAGS-ANSTALT
STUTTGART MÜNCHEN

Die Deutsche Bibliothek – CIP-Einheitsaufnahme
Ein Titeldatensatz für diese Publikation ist bei
Der Deutschen Bibliothek erhältlich.

Umschlaggestaltung: zabriskie, Berlin
Coverfoto: dpa
Karten Inneneinband: Peter Palm, Berlin
Satz und Layout: BK-Verlagsservice, München
Druck und Bindung: Clausen & Bosse, Leck
Printed in Germany
ISBN 3-421-05574-2

Inhalt

Das Boot

Es ist ein gutes Omen für die »Kursk«. Der Schiffsbauingenieur hatte weit ausgeholt, dann ließ er den kräftigen Arm nach vorne schnellen. Die Flasche Schampanskoje zerschellt an der schwarzen Haut des U-Bootes. Er warf so hart, dass das Etikett am Tiefenruder kleben bleibt. Scherben klimpern auf den Betonboden, und die Matrosen laufen herbei, um sie aufzusammeln. Unter Seeleuten gilt es als schlechtes Zeichen, wenn beim Stapellauf die Sektflasche nicht gleich beim ersten Wurf zerspringt. Aber diesmal klappt alles. Die Splitter bringen Glück und verheißen dem Boot ein langes Leben.

Der 15. Mai 1994 ist ein sonniger Frühlingstag, doch der Winter hat Sewerodwinsk noch im Griff. Ein Eisbrecher zertrümmert die glitzernde Eisfläche im Hafenbecken am Weißen Meer, bevor die »Kursk« vom Stapel läuft. Unter den Arbeitern und Ingenieuren des Nordischen Maschinenbauwerks »Sewmasch«, unter den Offizieren und Matrosen der Nordflotte herrscht Festtagsstimmung. »Das ist wie die Geburt eines Wunschkindes«, denkt der Kapitän des Bootes, Wiktor Roschkow. Nun ist er an der Reihe: Er nimmt seine Sektflasche in die Hand und schmeißt sie, wie es die Tradition verlangt, an den Turm des U-Bootes, direkt oberhalb seiner künftigen Kommandozentrale. »Immer sieben Fuß unter dem Kiel«, wünscht er sich und seiner »Kursk« und versucht zu verbergen, wie gerührt er ist. Auf diesen Moment hat er drei Jahre lang gewartet.

Aus dem arroganten Moskau und vom Stab der Nordflotte ist niemand angereist zu diesem großen Tag. Aber Swetlana Misjak stapft durch den Schnee und den schneidenden Wind zum Hafenbecken, obwohl sie hochschwanger ist. Sie kommt zu Ehren des U-Bootes, das ihrem Mann Arbeit und Lebenssinn geben soll. Oberfähnrich Nikolaj Misjak legt eine 50-Rubel-Münze auf die Schienen. Dann macht die »Kursk« ihre erste Bewegung: Kurz ruckt sie an, von einer Winde gezogen, wie störrisch noch.

Ganz langsam schiebt sie sich durch die riesige Werfthalle dem großen Tor entgegen, gleitet mit ihren 14 700 Tonnen auf den Schienen voran, über die Münze hinweg ins Wasser des Hafenbeckens. Der traditionelle Talisman, das plattgepreßte Geldstück, ist Nikolaj die Münze wert. Dank der »Kursk« soll die Familie Misjak endlich eine Wohnung und eine neue Heimat finden. Schluss mit dem unwürdigen Leben im Wohnheim von Sewerodwinsk, wo sie zu viert auf zwölf Quadratmetern hausen. Die »Kursk« – das ist Nikolajs Versprechen auf eine bessere Zukunft.

Das Militärorchester stimmt die russische Nationalhymne an, und der Reporter des Lokalradios verstummt. Dann erklingt der Marinemarsch »Warjag«, das künftige Truppenlied der Besatzung der »Kursk«. Der Marsch erinnert an die Mannschaft des Kreuzers »Warjag«, die 1904 zu Beginn des Russisch-Japanischen Krieges angesichts der Übermacht der feindlichen Flotte ihr Schiff selbst versenkt hat. Die zaristische Flotte verlor diesen Krieg, und einer der Mythen der russischen Marine gründet seitdem auf einer vernichtenden Niederlage. Die Männer der »Warjag« werden als Helden verehrt, da sie sich dem Feind nicht ergeben haben. »Nehmt Abschied, Kameraden!«, lautet der Text des Marsches, »Mit Gott, ein Hurra! Das kochende Meer liegt über uns! Gestern noch, Brüder, haben wir nicht gedacht, dass wir heute unterhalb der Wellen sterben.« Einige der Offiziere in der Werfthalle kennen die Strophen auswendig, und manche von ihnen lässt die Melodie erschauern.

»Kursk« heißt der Gigant, der bald in die Weltmeere tauchen soll. Das U-Boot ist benannt nach der mittelrussischen Gebietshauptstadt. Für Kapitän Roschkow klingt zugleich die Erinnerung an den sowjetischen Sieg 1943 in der Panzerschlacht um den Kursker Bogen mit. Ein heroischer Name. Oberfähnrich Misjak tauft das Boot dagegen »Schwälbchen«, weil es durch das Wasser fliegen wird wie ein Vogel durch die Luft.

Misjak stammt aus der Ukraine, aus der Nähe von Charkow. Sein Schwager, der als Feuerwehrmann bei der Nordflotte arbeitet, hat ihn in die Region nördlich des Polarkreises gelockt. Einmal in seinem Leben hat Misjak großes Glück gehabt. Damals

Arbeiter und Ingenieure der U-Boot-Werft »Sewmasch« und Offiziere der Nordflotte nehmen vor dem Bug der »Kursk« Aufstellung. Wenige Tage später, am 15. Mai 1994, wird das größte Mehrzweck-U-Boot der Welt in Sewerodwinsk zu Wasser gelassen.

wäre er beinahe umgekommen. Er diente zum Ende der Sowjetunion bei den Landstreitkräften und sollte einen Transport mit Bettgestellen und einer Feldsauna nach Berg-Karabach begleiten. Um das Gebiet südlich des Kaukasus wurde damals zwischen Aserbaidschanern und Armeniern heftig gekämpft. Für die Abfahrt war bereits alles geregelt. Doch Swetlana stand kurz vor der Geburt des zweiten Sohnes. Als der Kommandeur von Misjaks Einheit davon erfuhr, fragte er entgeistert: »Wohin willst Du denn jetzt fahren? Wer soll sich denn um Deinen Kleinen kümmern, wenn Swetlana ins Krankenhaus muss?« Kurzfristig fuhr ein anderer Offizier an Misjaks Stelle in den Kaukasus. Er kam im Sarg zurück. Der Konvoi war auf dem Weg unter Beschuss geraten. Bei der Erinnerung daran muss Misjak noch heute manchmal schlucken. Aber nun, mit der »Kursk«, dem zweiten großen Glück in seinem Leben, soll alles gut werden.

Die »Kursk« ist der Stolz ihrer Besatzung, und die Mannschaft wird zum Stolz der Nordflotte. Angefangen hat alles mit einem

Tisch, einem Stuhl und einem Telefon. Mehr fand Wiktor Roschkow nicht vor, als er 1991 den Befehl bekam, für das modernste U-Boot der Flotte eine Mannschaft zu bilden. Noch keine Niete war damals eingeschlagen, kein Name für das Boot bestimmt. Es gab nur eine vorläufige Mannschaftsnummer. Roschkow, der 20 Jahre U-Boot-Erfahrung hatte, wählte innerhalb von 30 Tagen seine Assistenten und Bootsmänner aus. Die meisten waren sehr jung, manche von ihnen kamen direkt von der Militärakademie. Am 15. April 1991 meldete Roschkow: »Mannschaft gebildet«.

Das U-Boot wurde 1992 in der Militärwerft von Sewerodwinsk auf Kiel gelegt. Zwei bis drei Jahre dauert der Bau eines solchen Bootes, gemeinsam mit der künftigen Mannschaft. Die Offiziere zogen mit ihren Familien nach Sewerodwinsk in die Enge des Wohnheims. Die Frauen bildeten einen Frauenrat, und Roschkow wurde Patenonkel von 20 Kindern. Die »Kursk« formte schon lange vor ihrer Taufe eine eigene Familie.

Als Nikolaj Misjak zum ersten Mal die Werfthalle Nr. 5 betrat, die größte der Welt, hatte er noch nie zuvor ein U-Boot gesehen. Fast war er enttäuscht: Die Silhouette konnte er nur erraten inmitten eines Chaos von Röhren und Konstruktionsteilen. Misjak sah bloß ein Skelett, aber er erkannte sogleich, dass das Boot riesig wie ein Gebirge werden würde. Die Männer nahmen von Anfang an teil an den Arbeiten in der Werft. Um sie herum wuchs das Gerippe des Bootes, füllte sich mit technischen Innereien. Jeder Quadratzentimeter wird genutzt, denn Platz ist kostbar unter Wasser. »Wir müssen die Konstruktion kennen wie die zehn Finger unserer Hände«, erzählte Misjak seiner Frau Swetlana zu Hause. »Ich mache gar nichts, schaue nur zu. Damit ich weiß, wie alles gebaut ist, was sich hinter jeder neuen Schicht verbirgt. Auf dem Meer kannst du keinen Reparaturservice rufen – da müssen wir im Notfall selbst ran.« Die Seeleute machten Verbesserungsvorschläge, wünschten sich hier eine zusätzliche Winde, dort einen Metallhaken. Sie verfolgten jeden Hammerschlag, kannten jeden Spant und jedes Spill.

Das Leben in Sewerodwinsk war für die Offiziere und ihre Familien voller Entbehrungen – schon zum Ende der Bauzeit zogen einige der Männer aus dem überfüllten Wohnheim in die fast fertigen Kajüten um. Alle vereinte ein Ziel: Sie wollten das Boot. Die Werftingenieure bauten ihr Wunderwerk nach dem letzten Stand der Technik. Noch heute rühmen sie sich, wie Uhrwerke funktioniert zu haben, und betonen, dass ein U-Boot in seiner Einzigartigkeit und technischen Kompliziertheit sogar Raumschiffe übertrifft.

Die »Kursk« strahlt die Macht der Superlative aus: Das größte Mehrzweck-U-Boot der Welt ist so hoch wie ein vierstöckiges Haus und mit 154 Metern so lang wie zwei Boeing 747, unterteilt in zehn große Sektionen vom Torpedoraum über den Zentralposten, die Mannschaftsquartiere bis hin zum Reaktor und Antriebssystem – ein Labyrinth von Decks und Kammern. Offiziell zählt es nur neun Sektionen. Zwei sind mit 5 und 5-bis beziffert worden, da sie dieselbe Funktion an Bord erfüllen. In der Höhe misst das Boot 18,20 Meter, in der Breite 9,20 Meter. Die Maximalgeschwindigkeit unter Wasser beträgt 33 Knoten, 60 Kilometer pro Stunde. Angesichts der Wasserverdrängung von 24 000 Tonnen wirken die meisten amerikanischen U-Boote mit ihren 10 000 Tonnen fast niedlich. Die »Kursk«, nukleargetrieben, mit Marschflugkörpern bestückt, soll Herrscherin der Meere werden.

Das Boot gehört zum Projekt 949A der russischen Marine, zur »Antej«-Klasse – im Nato-Jargon als »Oscar II« bezeichnet. Benannt wurde sie nach Antäus, dem Riesen aus der griechischen Mythologie, Sohn des Gottes der Meere und der Göttin der Erde. Alle Fremden, die seinen Weg kreuzten, forderte Antäus zum Ringkampf heraus. Er schien unbesiegbar, denn immer, wenn er die Erde, seine Mutter, berührte, erneuerte sich seine Kraft. Doch Herakles erkannte die Quelle seiner Energie, hob ihn von der Erde ab und zerschmetterte ihn.

Die »Kursk« war das zehnte U-Boot dieser Klasse, doch sie erreichte eine bisher ungekannte Perfektion und wurde zum Lieblingsboot der Flotte. Die »Antej«-Klasse galt als besonders sicher, denn sie besitzt eine Doppelhülle. Die innere ist 20 Zentimeter dick, die äußere aus einer speziellen, rostfreien Stahllegierung.

Darüber sitzt eine 10 Zentimeter dicke Gummihaut, die das Boot gegenüber der Sonarortung durch feindliche Schiffe möglichst unsichtbar machen soll. Die Doppelhülle erhöht die Überlebensfähigkeit gegenüber konventionellen Torpedos, denn das Boot könnte auch die Beschädigung der Außenwand überleben. Den Raum zwischen beiden Hüllen füllen die Ballasttanks. Bis zu 500 Meter tief kann die »Kursk« abtauchen und 120 Tage lang im schwarzen Nichts unter Wasser bleiben.

Ende der 60er Jahre beunruhigte eine neue, stärkere Generation von amerikanischen atomaren Flugzeugträgern die Sowjetmarine. Sie besaß kein adäquates U-Boot, das aus großer Entfernung Schläge gegen Verbände solcher Schiffe durchführen konnte, ausreichend bestückt mit Geschossen, um die Raketenabwehr zu überwinden. Die Sowjetführung entschied sich für das Projekt eines neuen U-Bootes.

Das Konstruktionsbüro »Rubin« in Leningrad, wie Sankt Petersburg damals hieß, entwarf einen Flugzeugträger-Killer. Wie ein tauchfestes Arsenal ist er mit genügend Waffen gefüllt, um mehrere US-Schiffsverbände zu zerstören: 28 Torpedos und 24 Überschall-Marschflugkörper vom Typ »Shipwreck«, in Russland »Granit« genannt, besetzt mit konventionellen 750-Kilo-Sprengköpfen oder mit nuklearen. 550 Kilometer weit reichen diese Raketen. Sie sind in zwei Containern außerhalb des inneren Bootskörpers untergebracht, in einem Neigungswinkel von 40 Grad, an Steuerbord und Backbord zu beiden Seiten des Turms. Die zehn Meter langen Raketen können einzeln oder in Salven aus der Unterwasserposition abgefeuert werden. Das Boot verfügt über ein System kosmischer Aufklärung und Zielanzeige. Im Tauchgang nimmt es die Daten von Satelliten oder Flugzeugen mit Hilfe einer Schwimmantenne auf.

Zwei Druckwasserreaktoren treiben die »Kursk« voran. Dieser nukleare Reaktortyp ist speziell für Schiffe entwickelt worden. U-Boote, die mit Dieselmotoren arbeiten, müssen von Zeit zu Zeit auftauchen. Der atomare Antrieb ermöglicht es, über lange Zeiträume in Tauchposition zu bleiben. Die beiden Reaktoren an Bord der »Kursk« vom Typ OK-650b haben gemeinsam eine Leistung von 380 Megawatt, das entspricht etwa einem Achtel der Kapazität eines modernen Atomkraftwerks. Wasser dient dabei als Kühlmittel. Es strömt im ersten Kreislauf unter starkem Druck über die Brennstäbe im Reaktorkern, transportiert die Energie weiter über einen zweiten, getrennten Wasserkreislauf an die Dampfturbinen zu insgesamt 98 000 PS. Sie treiben die zwei siebenflügeligen Propeller am Heck an. Hier liegt einer der wenigen Schwachpunkte der »Kursk«: Sie ist zu laut.

Der Bau eines solchen U-Bootes ist Mitte der 90er Jahre ungewöhnlich. Nach dem Zerfall der Sowjetunion liegen die Streitkräfte am Boden, in den Waffenschmieden geht das Feuer aus, die Flotte sitzt vor allem mit schrottreifem Gerät an Land fest. Die Offiziere fühlen sich durch den Liebesentzug aus Moskau tief gedemütigt. Einst galten sie in ihren schwarzen Uniformen als die schmucken Kosmonauten der Meere, als Helden der Verteidigung des Sozialismus. Sie reihten sich ein in die Geschichte der russischen Flotte als Diener im maritimen Ehrentempel.

Erst dank Peter dem Großen, dem Gründer der russischen Flotte, und später im 18. Jahrhundert der Zarin Katharina II., wurde sich das Russische Reich der Bedeutung einer Seestreitmacht bewusst. Seit damals beherrscht eine Maxime das Denken der Admirale und die Doktrinen: Der Anspruch auf einen Weltmachttitel und eine mächtige Marine sind untrennbar. Der Geburtstag der russischen U-Bootflotte liegt am 19. März 1906. Damals nahm Zar Nikolaus II. per Befehl die ersten zehn U-Boote in die Seestreitmacht auf, kleine Eisenglocken mit nur ein paar Mann Besatzung. In den 30er Jahren dann legte Moskau die Grundlage für die größte U-Boot-Flotte der Welt: 211 waren es 1941. Die qualitative Unterlegenheit gegenüber dem Westen versuchte Moskau vor allem durch größere Stückzahlen auszugleichen. Zwar spottete der Bauernsohn Nikita Chruschtschow als Staatschef über die Riesenschiffe seiner Flotte als »schwimmende Särge«. Doch die Seestreitkräfte wuchsen weiter und fanden in Leonid Breschnjew einen bedeutsamen Förderer. Die Flottenpolitik der Sowjetunion erfuhr in den 60er Jahren eine offensive Ausrichtung. Die sowjetischen Schiffe zeigten Präsenz auf den Weltmeeren, suchten Stützpunkte am Mittelmeer und am Indischen Ozean. Die Flotte diente der Abschreckungspolitik im Duell der beiden Weltblöcke, sie sicherte den Zugang zu den Wasserwegen und schützte die mit dem sozialistischen Lager verbündeten Staaten. Der Nordflotte kam eine besondere Rolle zu: Sie diente als wichtigste Operationsbasis für seegestützte strategische Atomraketen, ihre Hauptwaffe war eine Armada von Atom-U-Booten. 1991 besaß die Sowjetunion weit mehr als die Hälfte aller atomaren U-Boote der Welt, fast 300. Allerdings wirkten schon damals viele dieser Boote nur auf dem Papier eindrucksvoll. Die riesige sowjetische Flotte war zumindest teilweise, wie es ein deutscher Admiral formulierte, »eine Ansammlung von schwimmenden Bojen«. Die immense Kraftanstrengung unter Wasser führte schon zu sowjetischen Zeiten zu einer Vielzahl von Störfällen und Katastrophen, doch sie wurden der Öffentlichkeit gegenüber streng geheim gehalten.

Die U-Boot-Fahrer gelten als eigene Kaste innerhalb der Flotte. Sie sind extrem aufeinander angewiesen, und das Motto »Einer für alle, alle für einen«, so sagen sie, klinge kitschig und sei doch wahr. Die gemeinsame Arbeit auf engem Raum und das Wissen um den nahen Tod schweiße sie zusammen. Die tägliche Gefahr schrecke sie nicht ab. »U-Boot-Fahrer wissen, worauf sie sich einlassen«, heißt es in der Flotte. »Sie sind moralisch für den Tod gerüstet.« Ernste, pflichtbewusste, opferbereite Männer – dieses Bild hat sich in die Köpfe gesetzt, und viele U-Boot-Fahrer glauben schon als Teil ihrer markigen Selbstdarstellung fest daran. »Der Seemann muss sich an den Gedanken gewöhnen, im Meer ehrenvoll zu sterben«, schrieb in vorrevolutionärer Zeit der russische Admiral Makarow. »Er muss diesen Tod lieben.«

Das heroisierende Selbstbild kollidierte nach dem Untergang der Sowjetunion mit der profanen Wirklichkeit: Der Niedergang der Landesverteidigung traf die Marine noch härter als die anderen Teilstreitkräfte. Es fehlten Geld und der Wille, die hypertrophe Flotte am Leben zu erhalten. Die Zahl aller Kriegsschiffe ging innerhalb der letzten zehn Jahre von etwa 600 auf 100 zurück. Statt mehr als 250 atomarer U-Boote stehen nur noch 75 zur Verfügung, und von denen sind nach Expertenschätzungen höchstens 30 Prozent einsatzfähig. Denn es mangelt an Ersatzteilen, an der Wartung der Technik. Schon bei der Konstruktion eines U-Bootes wird exakt aufgelistet, welches Teil und welcher Mechanismus nach dem Ablauf welcher Zeit zu kontrollieren oder auszutauschen ist. Eine Grundüberholung ist alle sieben bis acht Jahre vorgeschrieben. Doch häufig geht es nach dem Prinzip: Solange es noch funktioniert, fahren wir weiter, und es wird schon gut gehen. »Der russische Bauer«, resümiert ein Ex-Offizier, »bekreuzigt sich auch erst, wenn der Blitz eingeschlagen hat.«

Die Marine hat Mitte der 90er Jahre oft nicht einmal die Rechnungen der wenigen Reparaturarbeiten bezahlt. Aus Empörung darüber traten die Arbeiter der militärischen Werften im Norden Russlands sogar mehrfach in den Streik. Die erlaubte Dienstzeit vieler Atom-U-Boote sank aufgrund der fehlenden Wartung und Reparatur auf bis zu zehn Jahre – in den USA kann sie durchaus 30 Jahre betragen.

Im Jahr 1998 schreibt der damalige Oberkommandierende der Nordflotte Oleg Jerofejew: »Die unzureichende und unregelmäßige Finanzierung erweist sich als einer der Gründe für die Verringerung der Kampfbereitschaft der Flotte und für die Verschlechterung des moralisch-psychologischen Befindens der Mannschaften.« Fast die gesamte Flotte musste vor Anker bleiben. Alle geplanten Besuchsfahrten in andere Länder sagte die Marine ab. Der russische Verteidigungshaushalt rutschte auf 5,5 Milliarden Dollar, kaufkraftbereinigt sind dies etwa 40 bis 50 Milliarden Dollar – gerade mal ein Sechstel des Etats der Vereinigten Staaten. Die Misere führte zu kuriosen Vorfällen: Zur Flottenparade der Baltischen Flotte fehlte es an Geld für ausreichend Farbe. Kurzerhand wurden die Schiffe nur auf einer Seite gestrichen, der dem Land zugewandten.

Inmitten der Not verleiht die »Kursk« 1994 ihrem zukünftigen Garnisonsstandort Widjajewo am Nordmeer einen Schimmer alten Glanzes. Nach dem Stapellauf folgt eine Reihe von Tests, zuerst am Anleger, dann auf See. Am 4. Oktober fahren Kapitän

Roschkow, seine Mannschaft und eine Crew ziviler Techniker zum ersten Mal aufs Meer. Sie überprüfen alle Funktionen des Bootes und kontrollieren, ob die Werksangaben stimmen: maximale Geschwindigkeit, Tauchzeit, Tauchtiefe. Die »Kursk«, resümieren die Techniker, ist »klug und gehorsam«. Die langwierigen Tests ergeben im Gegensatz zu denen ihrer Vorgängerboote keine Beanstandungen. Roschkow schafft es, das U-Boot in der Rekordzeit von gut sechs Monaten einzuarbeiten. Die Seeleute klagen zwar, dass sie kaum noch das Ufer sehen und manchmal fünf Nächte lang nicht zum Schlafen kommen vor Arbeit. Aber sie genießen die Anerkennung dafür, dass die »Kursk« schon am 30. Dezember formal in den Kampfbestand der Kriegsflotte aufgenommen wird.

Anfang Januar streichen die Männer das Boot frisch an, richten die Ausrüstung. Dann, am 20. Januar 1995, versammelt sich die gesamte Mannschaft zur feierlichen Zeremonie im eisigen Wind auf der »Kursk«. Zum ersten Mal weht die Flagge der Marine, das blaue Andreaskreuz auf weißem Grund, über dem Turm. Nun gehören sie endlich zur Nordflotte, zur 1. U-Boot-Flottille. Fünf Tage später fährt die »Kursk« in ihren Garnisonshafen ein, in Widjajewo, die neue Heimat.

Swetlana und Nikolaj Misjak kommt es vor, als haben sie die »Kursk« aus den Windeln gehoben. Er sorgt sich um das Boot wie ein Vater und malt mit Hingabe die zwei Wappen am Turm nach, sobald die Farbe verblasst oder gar abzublättern droht. Es soll immer wie neu aussehen. Swetlana bringt ihr drittes Kind wenige Wochen nach dem Stapellauf auf die Welt. »Meine Tochter Walja und unsere 'Kursk' sind Altersgenossen«, sagt sie begeistert. Als Swetlana nach Widjajewo umzieht, erlebt sie eine erste Enttäuschung: Die Wohnung, die ihr zugesagt worden war, hat ein anderer Offizier belegt. Mit zwei Kindern und einem Säugling, Koffern und einer Kiste Äpfel als Vitaminspender im nordischen Winter steht sie auf der Straße, und Nikolaj ist fern auf See, auf dem Zentralen Posten in der zweiten Sektion. Sie kriecht bei ihrem Bruder unter. Als sie erfährt, dass eine andere Wohnung frei wird, läuft sie schnell hin und besetzt sie für ihre Familie.

Der Anfang in Widjajewo ist hart, doch nun scheint endlich alles gelungen. Die Misjaks sind in ihrem Traum angekommen – doch es ist ein Alptraum.

Widjajewo

Die Garnisonsstadt sieht aus, als sei sie weggesperrt vom Rest der Welt. Aus Murmansk, der grauen Metropole am Polarkreis, führt nur eine holperige Landstraße hierher, schlängelt sich 60 Kilometer lang über die kargen Hügel, vorbei an Zäunen und Verbotsschildern. Rundum ist Sperrgebiet. Nicht einmal ein Wegweiser zeigt nach Widjajewo, bis heute ist die Garnison in keiner Landkarte eingezeichnet. »Hier fängt Russland an«, sagen die Bewohner stolz. Doch es scheint, als würde Russland hier enden.

Wer nach Widjajewo möchte, muss Schlagbäume passieren und zwei Kontrollposten der Armee. Auch die Einwohner von Murmansk bekommen keinen Einlass. Händler brauchen Sondergenehmigungen, die Garnisonsbewohner beantragen sogar für Verwandte Passierscheine, die am Ortseingang kontrolliert werden wie Visa an der Staatsgrenze. Die ersten Soldaten stehen weit vor Widjajewo. Fremde dürfen sich der Garnison nicht einmal nähern.

Die Hauptstadt ist weit weg. Nur 100 Kilometer liegen zwischen Widjajewo und Norwegen, aber mehr als 2000 Kilometer zwischen Widjajewo und Moskau. 40 Stunden braucht ein Zug aus der Hauptstadt. Die Zeitungen aus Moskau erreichen den Polarkreis erst nach zwei Tagen – da sind sie eigentlich schon Makulatur.

Die Natur ist rauh. Manchmal erscheint die Welt grau wie ein Schwarzweißfilm: Der Schnee vergräbt die bauchigen Hügel, schwarz wachsen die Büsche darauf wie Stacheln. Meist herrscht Finsternis. Von November bis Februar wird es jeden Tag nur wenige Stunden lang hell: Am Mittag bricht die Dämmerung den Himmel auf, und am Nachmittag verschluckt die Dunkelheit die Welt erneut.

Es ist das Land des Winters. Selbst für Bäume ist es zu kalt hier. Der letzte Schnee schmilzt oft erst im Juni, Stürme toben im Herbst. Im Dezember sticht der Wind bei minus 40 Grad wie mit

Nadeln. Oft verschüttet der Schnee die Zufahrtswege in die Militärstädtchen, und die Garnisonen liegen abgeschnitten da wie Inseln im Sturm.

Früher arbeiteten die Menschen dennoch gerne im hohen Norden. Wer es in Widjajewo aushielt, den belohnte die Sowjetmacht mit Nord-Zulagen und Polar-Privilegien. Ein Jahr Dienst zählte wie zwei. Nach wenigen Jahren Arbeit hatte sich die Geduld bezahlt gemacht: Die Flotte dankte den Offizieren mit Wohlstand. Doch heute hat sich die Armut über die Garnisonen gelegt. Wer hier landet, kommt kaum wieder weg.

Manchmal, an kalten Frühjahrstagen, blickt Galina Issajenko aus ihrem Fenster in Widjajewo und wundert sich, wie schön das Elend aussehen kann. Zwischen den grauen Wohnblöcken wabert morgens heißer Dampf durch die eisige Luft, krabbelt an den Häuserwänden hoch, legt sich über die Trampelpfade im Schnee und kriecht in die Eingänge mit der abgeschlagenen Farbe. »Wie ein Indianer-Ritual sieht das aus«, denkt Galina, die Frau des U-Boot-Offiziers Wassilij Issajenko. Dabei lassen die Bewohner nur heißes Wasser durch die Außenrohre der Häuser ab. Damit die Rohre nicht wieder einfrieren, nicht platzen, damit wenigstens die Regenrinnen heil sind in Widjajewo, dem Heimathafen des Elite-U-Bootes »Kursk«.

Galina und Wassilij zogen von der sonnigen Krim in die Garnison der Nordflotte. Denn Wassilij träumte vom Norden und den besten Atom-U-Booten der Marine. Noch zu Sowjetzeiten wurde er an der Universität von Sewastopol zum Reaktoringenieur ausgebildet. Mit Auszeichnung und Goldmedaille schloss er damals sein Studium ab. Professor hätte er werden können, ein Angebot lag vor. Doch Wassilij entschied sich für die Atom-U-Boote im Norden. »Nicht, weil er das Militär liebt«, sagt Galina, seine Frau, »sondern weil der Beruf des U-Boot-Offiziers nicht denkbar ist ohne Romantik und die Liebe zum Wasser. Die Liebe zum Meer glich den Schrecken an Land wieder aus.« Das schönste Boot, fand er, sei die »Kursk«.

Galina, die junge Computerprogrammiererin am Beginn einer eigenen Karriere, folgte ihm ohne zu zögern. Dabei gibt es für

Frauen kaum Arbeit in den Garnisonsstädten des Nordens. »Ich hatte eine sehr weise Schwiegermutter«, erzählt Galina. »Sie sagte mir: Ein Mann muss entscheiden, was er will. Eine Frau soll an seiner Seite sein.« Jahrelang wird sie das Schicksal der meisten Offiziersfrauen teilen: Sie wartet klaglos.

Als Galina und Wassilij 1993 mit ihren zwei Kindern nach Widjajewo ziehen, scheint es, als hätten sie Glück gehabt: Sie bekommen zwei Zimmer für vier Personen. Doch die Wohnung in einem der Plattenbauten ist noch nicht fertig. Die Bauarbeiter lästern. Denn die Häuser, die hier am Polarkreis entstehen, sind eigentlich für den Süden projektiert. Es ist ein sowjetisches Standardmodell, und dasselbe Material wird auch am Strand von Sotschi benutzt. Galina kann sich zunächst nicht vorstellen, was das bedeuten soll. Bis sie lernt, in der Kälte zu leben.

Die Heizungen funktionieren kaum, im Winter vereist die Küchenwand. Oft schläft die Familie in Anziehsachen und deckt sich mit einem Hirschfell zu. Galina misst manchmal mit einem Thermometer nach: Zwei Grad sind es in der Wohnung. Das Wasser ist lauwarm. Draußen sind es vierzig Grad unter Null. Die Familie friert.

Wie die meisten Offiziere schleppt Wassilij irgendwann einen Schiffsofen aus einem alten U-Boot heran, einen riesigen Kasten mit Wärme-Elementen. Doch der ist zu mächtig für die Stromleitungen. Weil auch die Nachbarn so heizen, springen nach kurzer Zeit die Sicherungen heraus. Dann sitzt die Familie des Reaktorspezialisten im Kalten und im Dunkeln. »Aber natürlich gibt es in jeder Wohnung in Widjajewo einen ordentlichen Kerzenvorrat«, sagt Galina. Bald gelingt es ihnen sogar, eine Kerosinlampe aufzutreiben. Galina klagt nicht über das karge Leben. »Es ist, als ob jemand herausfinden will, was wir alles aushalten können«, sagt sie nur. »Ich weiß nicht, woraus unsere Leute gemacht sind. Denn die Männer werden trotz allem weiterarbeiten. Wahrscheinlich kann man ihnen sogar den Lohn streichen, und sie werden dennoch arbeiten.«

Galina bemerkt, wie die Garnison langsam geplündert wird. Aus dem Heizkraftwerk verschwinden Rohre, Lastwagen fahren

Lieblos wurde Widjajewo, die Garnison der Nordflotte, 1959 aus dem Boden gestampft. Viele Offiziere flüchteten in den letzten Jahren voller Frust aus der Armut und Trostlosigkeit des Nordens. Heute stehen Häuser verlassen da, in den Fenstern sind nicht einmal mehr Glasscheiben.

heran, Männer verladen das Baumaterial. »Vielleicht braucht das irgendeiner für seine Datscha.« In ihrer Wohnung fehlen beim Einzug Lampen und die sanitären Anlagen im Bad, die laut Einzugsprotokoll eigentlich da sein sollten. Wahrscheinlich, denkt Galina, wurden sie schon vorher unter der Hand verkauft. Die Familie wehrt sich nicht. »Was würde das schon nützen?«, denken Wassilij und Galina.

Die Wohnblöcke verkommen. Viele Häuser sind leer, Fenster und Türen mit Brettern vernagelt. Schön war es nie in der Garnison. Lieblos stampfte die Sowjetmacht das Städtchen 1959 am Ufer der Barentssee aus dem Boden. Der Bau musste vor allem schnell gehen. Damals erlebte die U-Boot-Flotte einen regelrechten Boom: Um mit den Amerikanern gleichzuziehen, ließ Nikita Chruschtschow Mitte der 50er Jahre in aller Eile eine Flotte von U-Booten, vor allem atomgetriebenen, entwerfen. In einem Jahr gliederten die Sowjets damals bis zu 72 U-Boote in die Flotte ein, Hunderte Marinesoldaten brauchten eine Unterkunft. Nach Widjajewo zogen 20000 Menschen. Die neue Garnison erhält

In der Ara-Bucht, zehn Kilometer vom Militärstädtchen Widjajewo entfernt, lag die »Kursk« am Anleger. Es ist das einzige U-Boot, das am Turm das Wappen der Patenstadt trägt - die Mannschaft war darauf besonders stolz.

den Namen eines sowjetischen Kriegshelden: Dem Kommandanten Fjodor Widjajew gelang 1942 eine erfolgreiche Attacke gegen die Deutschen, bevor sein U-Boot in der Barentssee versank.

Die U-Boote von Widjajewo liegen an zwei Anlegern. In den 60er Jahren waren in der Ara-Bucht und der Ura-Bucht nur Diesel-U-Boote stationiert, in den 80er Jahren kamen Atom-U-Boote hinzu. Noch heute schwimmen in der Ara-Bucht, zehn Kilometer von Widjajewo entfernt, mehr als ein Dutzend Atom-U-Boote. Doch die meisten von ihnen sind ausgemustert, warten seit Jahren auf die Verschrottung.

Die Garnison wird immer trostloser. Viele Offiziere sind weggezogen, und die verlassenen Baracken führen den Bewohnern täglich den Verfall vor Augen. Zu den grauen Plattenbauten führen nicht einmal Bürgersteige. Es gibt kein Kino, kein Café, kaum Läden. Wer Kleidung kaufen will, muss nach Murmansk fahren. In den vergangenen Jahren kursieren Gerüchte, dass Widjajewo, die kleinste Garnison der Nordflotte, entsiedelt und geschlossen werde. Es ist die einzige, die ausschließlich von der Flotte finanziert wird – und deshalb auch die ärmste. »Die U-Boot-Fahrer müssen echte Patrioten sein«, wundert sich ein orthodoxer Priester, der nach dem Unfall der »Kursk« nach Widjajewo reist. »Sonst wären sie nicht bereit, so zu leben.« Als das Haus des U-Boot-Kommandanten Gennadij Ljatschin im Fernsehen zu sehen ist, ein dreckiger, zerfallener Plattenbau, diskutieren die Moskauer am nächsten Tag darüber. »Wie können die Menschen so leben?«, fragen sich die Hauptstädter. Dabei hatte die Flotte sogar schnell noch einen Asphaltweg zu seinem Haus legen lassen. Am Pier, nur wenige Kilometer weiter, liegen einige der modernsten Atom-U-Boote der Welt.

Zum Leben fehlt oft das Nötigste. Schon beim Einzug begreift Galina Issajenko: »Ich darf nicht krank werden.« Allgemeinärzte behandeln in Widjajewo nur zufällig. Es sind Frauen von U-Boot-Offizieren, denen das Flottenkommando auf Wunsch eine leere Wohnung zuteilt. In die improvisierte Praxis werden alte Möbel geschafft, notdürftig empfangen die Ärztinnen so ihre Patienten. Wird der Mann versetzt, zieht auch die Ärztin wieder weg.

Niemand hat Geld in den 90er Jahren: Die Flotte zahlt den Sold mit monatelanger Verspätung aus. Mit dem Lebensmittelzuschlag rechnet längst keiner mehr. »Jeder hatte bei jedem Schulden«, sagt Swetlana Kusnezowa, »und manchmal gab es niemanden mehr, der etwas leihen konnte.« In Zentralrussland helfen sich die Menschen in der schlimmsten Armut mit Kartoffeln aus dem Garten. Doch hier, am Polarkreis, gedeiht Gemüse nur im Treibhaus.

In dieser Zeit wird Swetlana erwachsen. Sie ist 20 Jahre alt, Mutter eines kleinen Sohnes und hat oft nicht einmal Geld für Milch und Brot. Ihren Mann Wiktor sieht sie manchmal Monate lang nicht. Er ist als Fähnrich auf der »Kursk« und meistens unterwegs.

Die beiden haben sich in der Disco im »Haus der Offiziere« kennengelernt: Wiktor, der am Heizkraftwerk in Widjajewo seinen Wehrdienst leistet, und Sweta, die Tochter eines U-Boot-Offiziers. Sie ist damals erst 14. Wiktor kämpft hartnäckig um sie. Und er gefällt ihr, der schlaksige Junge, der so komische Ideen hat. Haut abends durch das Fenster aus der Kaserne ab, nur um bei ihr zu sein. Wenn er tags in der Garnison zu tun hat, schickt er Zettel, damit sie für ein paar Minuten vorbeikommen kann. Als Sweta Mathearbeiten schreibt, wartet er am Tor auf sie und löst die Aufgaben. Einmal schreibt er sogar einen Aufsatz über »Eugen Onegin«, den Versroman des Nationaldichters Alexander Puschkin. Nach ein paar Monaten bringt Sweta ihn mit nach Hause. Die Eltern sind skeptisch: »Ein Rekrut?«, sagt der Vater. »Der haut doch bald wieder ab.« Doch dann erzählt er dem Jungen vom Meer und von den U-Booten, und Wiktor fängt an zu träumen.

Als sein Wehrdienst zuende geht, kehrt er erst einmal nach Hause zurück. Er stammt aus Kursk in Zentralrussland. 2500 Kilometer sind das von hier aus. »Mach dir keine Sorgen«, sagt er Sweta. »Ich komme wieder.« Sweta weint und glaubt ihm nicht. Aber dann steht er eines Tages wirklich da. Sogar Töpfe und Kissen hat er in seine Taschen gestopft und mit dem Zug an das Nordmeer gebracht. Zu 0,01 Prozent ist er gekommen, weil es in der Heimatstadt Kursk keine Arbeit gab für einen wie ihn, sagt er Sweta. Weil sie zu Hause sieben Geschwister sind und die Wohnung längst zu klein ist für die große Familie. Zu 99,99 Prozent aber kehrt er wegen Sweta in den Norden zurück, seiner großen Liebe. Er zieht in eine leere Wohnung, setzt doppelte Türen ein, weil es überall zieht, und bastelt einen Ofen gegen die Kälte. Sie heiraten 1996. Wiktor ist glücklich. Er erfüllt sich sogar seinen Traum. Wiktor Kusnezow wird Fähnrich auf der »Kursk«, dem schönen U-Boot, das so heißt wie seine Heimatstadt.

Ihr Sohn Dima ist gerade drei Monate alt, als sich Wiktor für fast ein Jahr verabschiedet. Die »Kursk« muss wieder in die Werft nach Sewerodwinsk, Hunderte Kilometer von hier. Die Schiffsschrauben sind zu laut und müssen ausgebessert werden. Sonst ist die »Kursk« nicht hochseetauglich und für Spionagefahrten ungeeignet: Sie wird zu schnell entdeckt vom fremden Sonar. Die Mannschaft zieht mit. Wieder lebt man im Wohnheim. Ständig ist das Geld knapp. Manchmal verkaufen die Männer ihre Essensrationen.

Sweta ist mit dem Kleinen zu Hause, wartet auf Briefe und den Lohn. Gezahlt wird viel zu selten. Einen Teil des Solds schickt sie gleich im Umschlag an Wiktor. 200 Mark sind es umgerechnet. Sie können nicht einmal telefonieren in dieser Zeit. »Wo das U-Boot ist, ist auch die Mannschaft«, sagt Sweta. »Es ist eben ihr Haus.« Früher hat sie ihren Vater monatelang nicht gesehen, nun muss ihr Mann zur See. Der Flotte fehlen inzwischen Soldaten, ständig müssen sie auch auf anderen Booten einspringen. »Der untere und mittlere Offiziersbereich ist so ausgedünnt, dass die Zusammenstellung der Mannschaft viel schwieriger geworden ist«, sagt der Kapitän Igor Kosyr. »Es wird alles an Bord befohlen, was lebt.« Damit das Durcheinander nicht überhand nimmt, wird sogar eine Regel aufgestellt: Nur 30 Prozent der Besatzung dürfen von fremden U-Booten hinzugezogen werden. Es ist unmöglich zu planen. Fahrten werden angekündigt, verschoben, abgesagt. Sweta weiß manchmal nicht, wo ihr Mann gerade ist. Verzweifelt versucht sie, Wiktor zu überreden, sich auf ein abgeschriebenes U-Boot versetzen zu lassen. Dann hätte er nur an der Küste Dienst. Jeden Abend wäre er bei ihr. Doch Wiktor will nicht. Denn die Mannschaften dort fühlen sich unterfordert, räumen nur noch Müll weg, schippen Schnee und streichen die Kaserne. »Die Besatzungen rosten schneller als die Boote«, lästern die Seeleute.

Wiktor zieht es auf das Meer. Und Swetlana kämpft zu Hause nicht nur gegen die Einsamkeit, sondern auch gegen die Armut. »Ich weiß nicht mehr, wie ich das eigentlich geschafft habe«, sagt sie heute.

1996 wird es der Mannschaft der »Kursk« beinahe zu viel. Die Männer stehen kurz vor einem Aufstand. Seit Monaten wurde kein Sold ausbezahlt. Doch der Dienst bleibt hart. Morgens um sechs karrt ein offener Laster die Seeleute durch die klirrende Kälte zum Boot und bringt sie oft erst am späten Abend zurück. Was passiert wohl, debattieren die Männer erregt, wenn sie einfach die Befehle nicht mehr ausführen? Die Lage ist ernst genug. Junge Offiziere, die gerade ihren Dienst antreten, erleiden in Widjajewo einen Schock: »Die fragen sich: Wie soll ich überhaupt leben? Wie soll ich meine Familie ernähren?«, erzählt Iwan Nessen, Oberfähnrich der »Kursk«. Der Kapitänleutnant Sergej Loginow schreibt seiner Frau: »Ich entdecke kulinarische Geheimnisse. Wenn ich kein Brot habe, backe ich Fladen. Wasser, Mehl, ein Teelöffel Salz. Hafer, Reis, Nudeln und Grieß sind für mich derzeit Luxus.«

Manch einer klaut. Oft verschwinden die Silberplatinen aus den Akkus der Torpedos. Ein Rekrut wird verhaftet, weil er Bauelemente aus den Kontrollgeräten eines Reaktors verkaufte. Verzweifelt versetzen die Ehefrauen der Offiziere im Lebensmittelladen ihre Eheringe. »Einmal hat die Ladenbesitzerin nicht mehr anschreiben wollen«, erzählt die Ehefrau des Oberfähnrichs Nikolaj Misjak. »Sie wollte irgend etwas Wertvolles als Pfand. Als Nikolaj Geld bekam, kaufte er mir eine goldene Kette und einen Ring. Jetzt kann ich etwas abgeben, wenn wir wieder keine Rubel haben.«

Wiktor Roschkow, der erste Kommandant des Bootes, lässt den Frauenrat der Besatzung böse Briefe an das Verteidigungsministerium in Moskau schreiben. Soldaten dürften ja nicht protestieren, erklärt er der Mannschaft. Aber wo steht, dass die Frauen nicht schimpfen dürfen? Doch auch das hilft nichts.

Aus Moskau verirrt sich selten jemand in den hohen Norden. Im Herbst 1996 fliegt der ungeliebte Leiter der Präsidentenverwaltung Anatolij Tschubajs ein. Er will auch die »Kursk« besuchen, das modernste U-Boot der Nordflotte. Die Befehlshaber sind nervös. Was, wenn sich der Frust der Mannschaft vor dem hohen Gast aus dem Kreml entlädt? Der Besuch lässt erst drei Tage auf sich warten. Dann geht alles sehr schnell. Tschubajs guckt durch das Periskop und witzelt: »Klasse, da kann man den Mädchen hinterhergucken.« Die Besatzung wurde zur Vorsicht kurzerhand in die neunte Sektion gesperrt.

Der Frust zehrt an den Nerven in diesen Jahren. Allein im Jahr 1998 nehmen sich 14 Seeleute der Nordflotte das Leben. Zwölf Männer sterben, weil in ihrer Mannschaft einer Amok läuft. Der Matrose Alexander Kusminych, der auf einem Atom-U-Boot dient, bringt neun seiner Kameraden um. Er verbarrikadiert sich sogar auf dem Boot, das 40 Raketen und Torpedos trägt, bis eine Sondereinheit der Polizei ihn erschießt.

1995 hat die Flotte nicht einmal Geld, um ihre Stromrechnung zu bezahlen: Sie bleibt dem Unternehmen »Kolenergo« 4,5 Millionen Dollar schuldig. Wütend kappt »Kolenergo« der Flottenbasis Gadschijewo den Strom. Doch die Marine schickt ein bewaffnetes Kommando los, damit die Lichter wieder brennen.

An Bord der U-Boote gibt es nicht genug zu essen. Einmal, 1995, soll die »Kursk« in den Nordatlantik aufbrechen, doch wenige Tage zuvor fehlt Proviant. »Ich wusste nicht, was ich tun sollte«, erinnert sich Roschkow, der Kapitän. Er ist ein strenger Mann, der seine Arbeit liebt und Patriot bleibt, auch wenn an Bord seines Atom-U-Bootes Kartoffeln fehlen. »Ich habe verstanden, dass wir eine schwere Zeit durchstehen müssen«, sagt er, »aber ich war immer bereit, die Interessen meines Vaterlands auf jedem beliebigen Punkt der Erde zu vertreten.« Von seinen Männern verlangt er viel. »Demokratie darf auf einem U-Boot nicht herrschen«, erklärt er seiner Besatzung wieder und wieder. »Wir bereiten uns hier auf den Krieg vor. Und der Krieg beginnt, wenn wir unseren Hafen verlassen.«

Doch niemals würde er seine Mannschaft im Stich lassen. Am Abend ruft er in Kursk an, der Patenstadt des U-Bootes. »Wir sollen für mehrere Wochen aufbrechen, aber wir haben keine Lebensmittel«, sagt er den Beamten der Stadtverwaltung. »Was sollen wir tun?« Noch nie hatte eine Patenstadt in einer solchen Situation geholfen, das weiß Roschkow. Doch am nächsten Morgen bekommt der Kapitän einen Rückruf. »Wir beladen gerade die Laster«, sagt der Kursker Bürgermeister Isidor Brykajlo. »Nachher fahren sie los.« Drei Tage ist die humanitäre Hilfe quer durch Russland unterwegs. Zum ersten Mal bekommt die Mannschaft eines Atom-U-Bootes Lebensmittelhilfe aus Zentralrussland.

Roschkow ist begeistert, das Kommando der Nordflotte geschockt. »Die machten nur große Augen«, sagt Roschkow, »aber was sollte ich tun?« Später schreibt er dem Bürgermeister der Patenstadt auch, wie die Kaserne der Mannschaft am U-Boot-Pier aussieht. Da muss die Besatzung oft übernachten. Aber es fehlen sogar Betten. Es gibt keine Möbel mehr. Alles ist zerfallen. Der Bürgermeister antwortet schnell: »Wir regeln das.« Roschkow fährt nach Kursk und traut dort seinen Augen nicht. Der Bürgermeister ruft eine Versammlung der Stadtteilverwaltungen ein. Schnell wird festgelegt: Wer bringt Sessel, Tische, Gardinen, Linoleum, Waschbecken? Sogar Farbe, Hocker, Klos und Matratzen werden bis nach Widjajewo transportiert. »Es war wie im Märchen«, sagt Roschkow. Die Stadt Kursk schenkt der Mannschaft sogar einen Bus. Der U-Boot-Kommandant hatte nebenbei erwähnt, dass die Besatzung in einem offenen Laster zur Arbeit in die Ara-Bucht fahren muss, zehn Kilometer weit. »Rindertransport« nannten sie das. Am nächsten Morgen steht der Bus abfahrbereit vor der Kursker Verwaltung, sogar die Papiere sind fertig. »So etwas gibt es im normalen Leben nicht«, wundert sich der Kapitän.

Bald ist die Mannschaft der »Kursk« die wohlhabendste Besatzung von Widjajewo. Alle drei Monate treffen Laster voller Lebensmittel aus der Patenstadt ein – Hilfe für die Familien. Roschkow hatte auch von den Soldverzögerungen erzählt und den verzweifelten Offiziersfrauen. Selbst Mehl und Äpfel werden nun herangekarrt. »Wir müssen besser sein als alle anderen«, schärft Roschkow der Mannschaft nun ein. »Die Kursker sollen stolz auf ihr Boot sein.«

Doch es dauert nicht lange, bis die Garnisonsleitung am neuen Reichtum der Offiziere teilhaben will. Roschkow wird zum Stab bestellt. »Ihr müsst lernen zu teilen«, sagen ihm die leitenden Offiziere. »Es gibt zu viele Mannschaften.« Der Kapitän wird wütend. »Das ist aus Kursk für die ›Kursk‹«, antwortet er. »Alles bleibt bei meiner Mannschaft.« Als eine Delegation aus der Patenstadt zu Besuch ist, versucht sogar das Kommando der Nordflotte im Hauptquartier Seweromorsk die Hilfsgüter von der Mannschaft abzuziehen. »Es war unvorstellbar«, erinnert sich Roschkow. »Wir hatten ein Treffen, die Stadtbeamten aus Kursk, das Kommando der Nordflotte und ich. Und im Laufe des Gesprächs sagt jemand vom Kommando: ›Der Bus muss um sieben Uhr morgens abgegeben werden. Er wird in Seweromorsk benötigt.‹« Roschkow schämt sich vor den Spendern. Doch der Bürgermeister aus Kursk reagiert ruhig. Er führt den Kommandeur der Nordflotte zum Bus. Dann zeigt er ihm das Nummernschild. Es ist ein Kursker Nummernschild. Da schweigt der Admiral.

Doch Roschkow resigniert. Er wird nicht mehr geduldet, der ungehorsame Kapitän, der so für seine Männer gekämpft hat. »Ich habe überall den Druck gespürt.« Es sind seine besten Jahre, die er in Widjajewo verlebt, beteuert er heute, da er längst erfolgreicher Geschäftsmann in Moskau ist. Er kündigt 1996, im Zorn, verbittert, enttäuscht.

Der Kapitän

Als der Kapitän zur See Gennadij Ljatschin von Wiktor Roschkow das Kommando über die »Kursk« übernahm, erfüllte sich ein Jugendtraum. Ljatschin stammt aus einer Sowchose im Gebiet von Wolgograd. Sein Vater arbeitete dort im Kühlkombinat. Doch schon in der Schulzeit las der junge Gennadij über die Flotte alle Bücher, die er finden konnte. Als der 15-Jährige sich in seine Mitschülerin Irina verliebte, erwachte in ihm gerade das Verlangen, U-Boot-Offizier zu werden. Schüchtern warf er anfangs Steinchen an ihr Fenster, um sie auf die Straße zu locken. Irina wiederum wünschte sich sehnlich einen Flottenoffizier zum Mann, solch einen schicken wie ihren Vater. Der hatte früher zur glorreichen Zeit in der Sowjetmarine gedient, und Irina vergaß bis heute nicht, wie die ganze Familie 1961 weinte, als der Vater in die Armee überwechseln musste. »Die Flotte war unser Ein und Alles«, erinnert sie sich. »Als kleines Mädchen habe ich immer darauf bestanden, dass mein Vater seine Uniform trägt, wenn wir ausgingen.« Die Flotte, das bedeutete für sie ein Abenteuer aus Liebe, Meer, Traditionen, Geschichte und einer Flagge, auf die sie mit Ehrfurcht schauen konnte.

Gennadij teilte ihre Werte. Er und Irina haben sich als Gleichgesinnte früh gefunden, und das Flottenleben war ihnen eine gemeinsame Herausforderung. Eingehakt in seinen Arm fühlte sich Irina auf langen Spaziergängen voller Ruhe und beschützt. Gennadij war eher still und zurückhaltend, doch ein ehrgeiziger Junge, der mit Bestimmtheit sein Ziel ansteuerte. »Im Alter kann man ja Professor werden«, schrieb der 18-Jährige in sein Tagebuch. »Doch ich habe einen anderen Beruf gewählt: Ich möchte mein Volk und meine Heimat verteidigen. Darum sage ich allen ganz offen: Die U-Boot-Flotte ist meine Berufung.« Später erinnert er sich: »Ich habe den Dienst auf dem U-Boot selbst ausgesucht, weil er der schwerste und verantwortungsvollste ist.« Gennadij und Irina heirateten, als er 20 und sie 21 Jahre alt waren. Dann trennten sie sich für zwei Jahre: Sie studierte in Moskau, und er ging als U-Boot-Kadett nach Leningrad. In seinem ersten Zeugnis stand: »Verfügt über hohe organisatorische Fähigkeiten. Lernt und erzieht seine Untergebenen sachkundig. Gute Eigenschaften für einen Kommandantenposten.«

Das Bündnis zwischen Irina und Gennadij fand seine Erfüllung, als beide 1977 nach Widjajewo zogen. »Endlich waren wir zusammen«, erzählt sie. »Wir hatten genügend Geld, Gennadij bekam eine gute Arbeit. Wir waren glücklich. Hart wurde es nur, wenn er monatelang auf dem Meer blieb.« Das war oft der Fall, denn Gennadij Ljatschin begann eine große Karriere. Er nahm an Langstreckeneinsätzen im südlichen Atlantik und im Mittelmeer teil und erhielt mehrere Auszeichnungen. »Auf See zu Hause, zu Hause als Gast«, lautet ein Sprichwort in der Marine, und Ljatschin verkörperte es. Wenn er nach Widjajewo kam, gehörten seine Gedanken doch fast immer dem U-Boot. »Ich berichtete ihm von den Kindern, redete ganz viel«, erzählt Irina Ljatschina, »und mitten im Gespräch, in meiner Erzählung, konnte mein Mann aufstehen, zum Telefon gehen, andere anrufen, um Probleme der ›Kursk‹ zu besprechen. Ich habe das verstanden, es musste so sein. Es gab keine Feiertage, keinen Alltag, nur den Dienst. Wir haben zusammen gedient, wir haben zusammen gelitten.«

Unter den Matrosen der Garnison gilt Gennadij Ljatschin als strenger Kommandant, der im Gegensatz zu seinem Vorgänger alles an Bord selbst zu kontrollieren versucht. Er ist ein Fanatiker der U-Boot-Welt, ein Arbeitstier. Das andere Leben da oben, an Land, mit der Familie, steht immer an zweiter Stelle. Wenn sich die Silhouetten der Offiziere anderer Schiffe schon seit Stunden im Glühbirnenlicht in den Fenstern ihrer Wohnungen abzeichnen, kommt die Mannschaft Ljatschins gerade erst vom Anleger zurück. Die Ehefrauen der »Kursk«-Offiziere spotten manchmal: »Was ist denn mit dem Ljatschin? Der hat es wohl nicht eilig, nach Hause zu kommen?«

Doch der Kapitän zur See ist schlicht seinem Dienst ergeben, ein Profi, der das Boot in- und auswendig kennt und dem die drei Sterne auf den Schulterklappen die Orientierung auf dem

Weg durchs Leben geben. Von seiner Mannschaft fordert er unnachgiebig die Einhaltung des Tagesplanes und die Achtung der Bordregeln, denn er weiß, das Meer verzeiht keine Fehler. Die Männer fürchten den Kommandanten. Doch wenn er nachts ohne fremde Hilfe die »Kursk« sicher an die Piers der russischen Fjorde steuert, erfüllt das auch seine Untergebenen mit Stolz. Dann sprechen sie voller Achtung vom «Hundertfünften«, wie sie ihn mit Spitznamen nennen, weil er genau 105 Kilogramm wiegt. Ljatschins Sohn Gleb entscheidet sich im Bann des Vaters für die Laufbahn des Marineoffiziers.

In der Erinnerung an Ljatschin neigen einige der Bewohner von Widjajewo fast zur Legendenbildung: Swetlana Misjak erzählt noch heute mit Schrecken von dem Sommerabend, als ihr sechsjähriger Sohn nicht nach Hause kam. Ein bisschen durch die Gegend streunen wollte er, doch um zehn Uhr fehlte jede Spur von ihm. »Ich habe Panik bekommen«, erzählt Swetlana. »Bei uns war schon einmal ein Kind verschwunden, in eine Kanalisationsgrube gefallen.« Sie rief ihren Mann Nikolaj an, der auf der »Kursk« Wachdienst hatte. Als Ljatschin davon erfuhr, trommelte er die ganze Mannschaft der »Kursk« zusammen. Der Suchtrupp versammelte sich gerade vor dem Haus der Misjaks, da tauchte der Junge wieder auf. Er hatte über dem Spielen an der Bucht die Zeit vergessen. Ljatschin regte sich gar nicht auf, sondern nahm Swetlana beiseite und sagte nur: »Versuchen Sie erst mal, sich zu beruhigen. Und bestrafen Sie den Jungen nicht allzu sehr.« Dann ging er aus dem Zimmer und stöhnte auf der Schwelle erleichtert auf: »Gott sei Dank, da ist mir aber ein Stein vom Herzen gefallen.«

Seine Mannschaft hat sich Ljatschin sorgsam zusammengestellt. Er wechselte fast komplett die Führungsschicht der »Kursk« aus. Dazu warb er Offiziere von anderen U-Booten ab, besonders vom Schwesterschiff »Woronesch«, auf dem er selbst als Assistent des Kapitäns gedient hatte. Das freute zwar die anderen Kommandanten wenig, doch seine Kollegen in der Garnison verstanden, dass er seine wichtigen Leute kennen musste, um sich ihrer Professionalität hundertprozentig sicher zu sein. Wer sei-

Der Kommandant der »Kursk«, Gennadij Ljatschin, spricht auf dem Zentralen Posten des U-Bootes am Telefon. In den Tiefen des Nordmeeres hatte der Kapitän seine zweite Heimat gefunden, doch nach der Manöverfahrt im August 2000 wollte er den Dienst aufgeben.

nen Ansprüchen nicht genügt, den versucht er wieder loszuwerden.

Auf der »Woronesch« lernte Ljatschin den Oberfähnrich Iwan Nessen kennen und schätzen. Nessen stammt aus einer alten Flottenfamilie. Er hat vor seinem Dienst auf der »Kursk« schon im Bauch dreier U-Boot-Generationen am Sonargerät gearbeitet. Als Hydroakustiker horcht er die Umgebung unter und über Wasser aus, klassifiziert andere Schiffe und bestimmt militärische Ziele. Da er zudem die Finanzen an Bord sauber verwaltet, wirbt ihn Ljatschin als Versorgungsoffizier ab. Das ist eine schwere und verantwortungsvolle Aufgabe in den Zeiten des Mangels. Nessen muss erfindungsreich kämpfen, um die Mannschaft einigermaßen mit Kleidung und Gemüse zu versorgen und so die Arbeitslaune zu sichern. Außerdem kümmert er sich um die Auszahlung des Solds, sofern das Geld überhaupt nach Widjajewo kommt.

Zu Ljatschins Mannschaft gehören auch der junge Kapitänleutnant Dmitrij Kolesnikow, der die Turbinengruppe in der siebten Sektion befehligt. Er gilt bald als einer der »besten Seeleute in der besten Mannschaft der Nordflotte«. Sein ehrgeiziger Freund Sergej Tylik dient weiter vorne im Boot, in der zweiten Sektion, wo sich die Zentrale zur Schiffsführung befindet. Die Männer an Bord beherrschen ihre Arbeit und verschmelzen zu einem eingeschworenen Team, dem Kommandanten treu ergeben und zu jedem Abenteuer bereit. Ihre große Bewährungsprobe steht ihnen aber noch bevor.

Abenteuer im Mittelmeer

Es ist ein sonniger Tag im August 1999, und es sieht sogar ein wenig feierlich aus, als die »Kursk« von ihrem Anlegesteg in Widjajewo in den Fjord hinausgleitet. Dutzende Angehörige winken an Land. Es ist ein Abschied für lange Zeit: 78 Tage wird die Mannschaft unterwegs sein. So lange waren die Seeleute der »Kursk« noch nie von ihren Familien getrennt. Denn endlich geht es ins Mittelmeer. Fast zehn Jahre lang war kein russisches U-Boot so weit weg. Für die Garnison, für die Nordflotte, sogar für den Flottenstab in Moskau ist diese Fahrt ein besonderer Triumph. Die Welt soll sehen, dass mit Russland wieder zu rechnen ist auf den Ozeanen.

Zu Sowjetzeiten wäre eine solche Mission kaum der Rede wert gewesen. Etwa 30 U-Boote patrouillierten damals ständig durch die Meere, tauchten durch den Indischen Ozean, schwammen im Atlantik, erreichten die Philippinen und Südkorea unter Wasser. Mitte der 80er Jahre unternahm die Flotte bis zu 90 Fahrten im Jahr, und die meisten trennten sie mehrere Monate lang von ihren Heimathäfen an der Barentssee.

Das Mittelmeer hatte schon damals besondere Bedeutung: Es galt als Schlachtfeld der U-Boot-Kriege. Nirgendwo auf der Welt war der Verkehr unter Wasser so dicht. Amerikanische U-Boote lagen vor ägyptischen und albanischen Häfen auf der Lauer, um dort die Sowjets auszuspionieren. Sowjetische U-Boote beobachteten amerikanische Flugzeugträger und U-Boote, die von der Basis im spanischen Rota aus operierten. Gefährliche Jagden lieferten sie sich im Mittelmeer. Wo immer es möglich war, versuchten die Gegner, sich in aggressiven Manövern gegenseitig zu stören. Mehrmals kollidierten feindliche U-Boote versehentlich. Ende der 80er Jahre stellten die Russen ihre Fahrten aus Geldmangel ein.

Die Amerikaner jedoch sind bis heute präsent. Sie liegen vor Häfen im Nahen Osten, und während der Nato-Angriffe gegen

Serbien wurde auch die Adriaküste wichtig. Als sich die »Kursk« auf den Weg ins Mittelmeer macht, kehrt Russland in die Arena des Kalten Krieges zurück.

Die Mannschaft fühlt sich geadelt von so viel Verantwortung und Ehre. Der Ärger über die Hungerjahre ist wie weggewischt: Die Männer sind froh, auf dem modernsten U-Boot der Nordflotte arbeiten zu dürfen. »Dies ist kein Boot, sondern eine riesige Maschine«, prahlt Oberfähnrich Nikolaj Misjak. »Ich habe meine Seele in sie gelegt.« Armut und Verbitterung scheinen plötzlich verschwunden. Als das U-Boot langsam die heimische Barentssee verlässt, richtet sich Kapitän Ljatschin über Bordfunk an die Mannschaft: »Wir werden das schaffen«, sagt er bestimmt. »Ich glaube an Euch.«

Das Flottenkommando in Moskau, der Verteidigungsminister, selbst der Kreml beobachtet die Fahrt angespannt. Eigentlich sollte die »Kursk« erst im Herbst zu ihrer großen Tauchfahrt aufbrechen. Doch hektisch wurde die Operation vorverlegt. Im Frühjahr hat die Nato Serbien bombardiert, und der Angriff war auch ein harter Schlag gegen Russland. Hilflos musste der Kreml der Attacke gegen das slawische »Brudervolk« zusehen. Die Proteste Russlands verhallten folgenlos, und im Land regte sich Unmut. »Die Nato ist ein kollektiver Hitler«, schimpften die Menschen auf der Straße. »Gestern Irak, heute Jugoslawien, morgen Russland!« Doch der Westen nahm die Demütigung der Russen stillschweigend in Kauf. Alle wußten: Die Supermacht von einst hatte den Angriffen der Nato-Truppen sowieso nichts entgegenzusetzen. Das Atom-U-Boot im Mittelmeer soll die Welt daran erinnern, dass die Prinzipien der nuklearen Abschreckung noch immer in Kraft sind. Das geschwächte Russland ist noch immer Atom-Macht.

Die Mannschaft der »Kursk« weiß, wie wichtig ihr Auftrag ist, und der Stolz darauf lässt die Entbehrungen der zweieinhalb Monate besser ertragen. »Der Dienst war hart«, sagt der ehemalige Matrose Dmitrij Besedin, der damals an Bord der »Kursk« seinen Wehrdienst leistete. »Doch da ist auch Romantik. Denn das Boot war unser Haus. Wir hatten ein besonderes Verhältnis zu ihm. Wieviel Blut, Schweiß und Wissen steckt darin. Das Boot war in dieser Zeit unser Leben.« Voller Ehrfurcht zitiert er eine Weisheit der sowjetischen U-Boot-Offiziere: »In der Mannschaft eines U-Bootes bleiben alle am Leben. Oder alle sterben.«

Man versteht sich blind an Bord. Die Besatzung eines U-Bootes fühlt sich manchmal wie eine große Familie. Wer zum ersten Mal taucht, wird getauft. Unter lautem Gegröle der anderen trinken Neuankömmlinge einen Dreiviertel Liter Salzwasser, der sie prompt auf die Bordtoilette treibt. Danach versuchen sie, einen Hammer zu küssen, der an einem Bindfaden von der Decke baumelt. Was das bedeuten soll, kann keiner erklären, doch zum Lohn gibt es eine Urkunde und Glückwünsche vom Kommandanten.

»Die meisten Offiziere sind richtig fanatisch«, wundert sich der ehemalige Matrose Besedin. »Sie leben für den Dienst und die Familie. In dieser Reihenfolge.« Anderen Soldaten fühlen sich die U-Boot-Fahrer meilenweit überlegen. Sie sind stolz auf die Disziplin an Bord, sogar auf ihre Uniform. Zum Dienst kommen sie stets in frisch gebügelter Hose. »Wer sich nicht aufmerksam kleidet«, heißt es, »wird auch seinen Dienst nicht aufmerksam tun.«

Auf der Tauchfahrt in den Süden ist der Zusammenhalt der Besatzung besonders groß. »Wir wussten: Ljatschin steuert unser Boot, und wir stehen wie eine Einheit hinter ihm«, erinnert sich Besedin. »Jeder funktionierte wie ein Zahnrad.« Respekt ist der Lohn. Ljatschin kennt sogar die Rekruten persönlich, er wirbt die Wehrdienstpflichtigen oft sogar selbst an. In Kursk tritt er manchmal vor Absolventen technischer Institute auf, preist den Dienst auf dem U-Boot und verspricht feste Verträge. Im Mittelmeer erkundigt er sich bei den Matrosen, wie es ihnen an Bord ergeht. So viel Aufmerksamkeit ist selten in der russischen Armee, in der Rekruten oft systematisch schikaniert werden.

Die Matrosen spüren sogar den Luxus. In den Einheiten an Land hungern die Soldaten oft bei Hirsebrei und Wassersuppe – an Bord der »Kursk« bereitet der Koch Tolja Beljajew mittags und abends drei Gänge zu. Es gibt jeden Tag Fleisch, zum Geburtstag sogar Torte. Für die Fahrt ins Mittelmeer wurden drei Tiefkühltruhen mit Lebensmitteln an Bord gebracht. Das Fleisch ist so gut, dass der Koch darüber Witze macht: »Das ist ja nur Filet«, spottet er, »kein einziger Knochen! Woraus soll ich jetzt Suppe kochen?«

Manchmal tritt die ganze Mannschaft in der Küche an, um Pelmeni zu formen, kleine russische Teigtaschen. Selbst die Wehrdienstpflichtigen dürfen täglich ein Glas Rotwein trinken. Einer von ihnen wiegt nach seinem Dienst auf der »Kursk« 18 Kilogramm mehr als vorher.

Der Fregattenkapitän Anatolij Schubin, zuständig für Erziehungsfragen, arbeitet Programme aus, um die Besatzung unter Wasser bei Laune zu halten. Ausnahmsweise dürfen sogar die Rekruten den Fitnessraum benutzen, der eigentlich den Offizieren vorbehalten ist. Hanteln und Laufbänder stehen darin, genug für ein bisschen Gymnastik an Bord. Zu viel Sport belastet das Herz und ist deshalb auf U-Booten sowieso verboten. Wer will, kann auch die Bordsauna besuchen. Zur Erfrischung danach steht ein Schwimmbad bereit. Im Aufenthaltsraum laufen Actionfilme per Video, auch Komödien sind im Angebot. Nach dem Essen treffen sich viele vor dem Raucherzimmer: Nur drei Mann haben in der winzigen Kammer Platz, und deshalb müssen die Raucher meist Schlange stehen. Manchmal organisiert Schubin kleine Wettbewerbe. In der Tiefe des Mittelmeers, fern von der Heimat, spielen Offiziere und Rekruten Filmszenen nach, messen die Kräfte beim Armdrücken oder kurbeln am Glücksrad. Auch die Langeweile ist ein Feind, der besiegt werden muss.

Deshalb durften sogar Haustiere mit auf die große Fahrt. Ein Käfig voller Wellensittiche, ein Aquarium, eine Katze und die weiße Ratte Larissa tauchen im Bauch des Atom-Kreuzers durch das Mittelmeer. Larissa gehört eigentlich dem Fähnrich Wiktor Kusnezow. Als er sich einen Hund anschaffte, musste die Ratte aus dem Haus. Seither lebt sie in der Reaktorsektion und wird zunächst liebevoll dressiert. Doch kurz vor der Rückkehr nach Widjajewo verurteilt das Bootskommando sie zum Tode. Ratten an Bord sind eben doch verboten. »Wir haben sie auf Seemannsweise bestattet«, erzählt ein Matrose. »Ins Wasser geworfen.«

Zum ersten Mal ist die Mannschaft so lange unterwegs, ohne Verbindung nach Hause, ohne einen Blick aus dem Fenster, eingesperrt in eine Stahlbüchse voll künstlicher Luft. »Manchmal hatte man den Eindruck, man wird ein bisschen verrückt«, erzählt der Matrose Besedin. Sogar das Gefühl für Entfernungen verliert sich hier unten. Für die Mannschaft sieht es im Mittelmeer genauso aus wie zu Hause im Nordmeer: jeden Tag dieselben Gesichter, dieselben Maschinen, dieselben verschlungenen Rohre an den niedrigen Decken. »Das ist ein ständiger Kampf mit sich selbst«, erinnert sich der ehemalige Matrose Alexander Gomola. »Du sehnst dich nach Luft, Sonne und fester Erde. Du verstehst auf einmal, wie sehr der Mensch das alles braucht.«

Die Besatzung ist angespannt. Lärm stört rund um die Uhr. Dauerstress kratzt auf und macht gleichzeitig müde. Zweimal täglich ruft Ljatschin Probealarm aus. Dann kämpft die Mannschaft gegen Wasser, das einbrechen, gegen Feuer, das ausbrechen könnte. Sogar Rekruten montieren Feuerlöscher mit verbundenen Augen zusammen. Die Furcht vor dem, was hier unten passieren könnte, hat sich längst in den Köpfen der Matrosen festgesetzt. »Nur Dummköpfe haben keine Angst«, trösten sie sich.

Einmal wird wirklich Alarm geschlagen: Irgendwo ist ein Feuer ausgebrochen. Sofort schließen sich alle Bootssektionen. Ein Sicherheitshebel qualmt. Doch er wird sofort gelöscht. Die Angst schleicht erst später durch die Sektionen, als schon alles vorbei ist.

Später schrillt oft Kampfalarm durch das U-Boot. Die »Kursk« taucht an Norwegen vorbei, gleitet zwischen Island und Großbritannien in den Nordatlantik hinein und schwimmt schließlich die Westküste Europas entlang bis nach Südspanien. Dem Kapitän Gennadij Ljatschin gelingt es, die »Kursk« unbemerkt durch die Meeresenge bei Gibraltar zu schiffen, ein Husarenstück, das die russischen Seeleute bis heute mit Ehrfurcht erfüllt. Voller Stolz, aber auch voller Misstrauen fahren die Russen in das Mittelmeer. »Früher hatten wir hier einen ganzen Verband, eine Verwaltung für unsere U-Boote, wir hatten Basen, die wir für Reparaturarbeiten aufsuchen konnten oder einfach nur, um unsere Reserven aufzufüllen«, klagt Gennadij Ljatschin. »Heute ist die Infrastruktur völlig zerschlagen.« Die Mannschaft weiß: Verbindung zum Stab der Nordflotte kann die »Kursk« nur zu verabredeten Zeiten aufnehmen. Dazu muss sie jedesmal auftauchen. Sonst gibt es keine Unterstützung im Mittelmeer.

Schon bald hören die Hydroakustiker, wie die Sonarbojen der Amerikaner ins Wasser zischen. Damit wollen die Gegner jede Bewegung an Bord der »Kursk« fixieren. Das ist nicht einfach. Die Sonarbedingungen im Mittelmeer sind verheerend. Salzwasser trifft auf Süßwasser, kaltes Wasser auf warmes Wasser, überall werden die empfindlichen Lauschgeräte abgelenkt. Doch bald ist das U-Boot entdeckt. Ljatschin befiehlt Stille. Tagelang sitzen die Männer beinahe regungslos da, lauschen und warten unter Wasser. Selbst Gespräche sind verboten. Keiner darf die Schotten zuschlagen, die Küchengeräte sind abgestellt. Ohne Erlaubnis darf niemand umhergehen. Die Anspannung erinnert an Krieg. »Bildlich gesprochen waren unsere Hände stets am Abdrückknopf«, sagt Ljatschin später in einem Interview. »Wir waren jederzeit bereit, Kampfaufgaben zu übernehmen.«

Doch die »Kursk« soll nur spionieren. Ein Katz- und Maus-Spiel unter Wasser beginnt. Das U-Boot der Russen macht sich auf die Suche nach Flugzeugträgern und Verbänden der Nato. »Alles musste herausgefunden werden: Die Zusammensetzung der Truppen des Gegners, die Route seines Aufmarschs, der Charakter seiner Tätigkeit«, berichtet der Kapitän. Außerdem soll eine Attacke auf die amerikanischen Schiffe simuliert werden. »Wir haben uns ganz ruhig an die amerikanischen Flugzeugträger angenähert und unser Programm abgearbeitet«, erzählt ein Oberfähnrich später. »Wenn jemand das Kommando gegeben hätte, wären von dem Flugzeugträger nur Erinnerungen geblieben.«

Die Amerikaner beobachten die Russen aufmerksam. Es ist das erste Mal seit mindestens vier Jahren, dass die Russen ihnen so nah auf den Leib rücken. Sie verfolgen die »Kursk«, wo immer es möglich ist. Voller Genugtuung spürt Ljatschins Mannschaft, dass Flugzeuge und U-Boote der Nato neugierig die Nähe zum

Eindringling aus Russland suchen. »Eine ganze Flugzeugträgergruppe wurde eingespannt«, erinnert sich der Oberfähnrich Iwan Nessen. Beim Auftauchen sehen sie aus der Ferne manchmal die Nato-Kampfjäger in der Luft. »Wir haben den zahlreichen Truppen des Gegners das Leben schwer gemacht«, prahlt Ljatschin im Interview. »Der Gegner war gezwungen, kolossale Ausgaben auf sich zu nehmen. Allein der Treibstoff, der während der Suche nach unserem Boot verbraucht wurde, hat mehr als zehn Millionen Dollar gekostet.«

Auf dem Rückweg nach Widjajewo ist die Mannschaft glücklich, die schwere Mission bestanden zu haben. Das U-Boot hat der aufregenden Fahrt ohne technische Probleme standgehalten. »Die ›Kursk‹ ist einzigartig und hat gegenüber den Booten des Gegners eine ganze Reihe Vorteile«, resümiert Ljatschin nach der Rückkehr. »Unsere Waffen übertreffen die Waffen des Gegners an Reichweite und Kraft. Wir können aus der Tiefe des Ozeans heraus mehrere Ziele gleichzeitig attackieren. Wir können gegen Ziele auf dem Land schießen, auf einzelne Schiffe und große Verbände. Das Boot ist sicher, auch unter den komplizierten Bedingungen der Verfolgung.« Dass der Kapitän einen Hungerlohn bekommt, gerät nun in Vergessenheit.

Auf der Rückreise in die Garnison zählen die Männer unter Wasser die Tage bis zur Ankunft. In den letzten Stunden an Bord schlafen sie kaum noch, sie essen nicht mehr vor Ungeduld. Am 19. Oktober 1999 läuft die »Kursk« endlich am Anlegesteg von Widjajewo ein. Der Empfang ist grandios. Am Pier warten aufgeregt die Angehörigen. Auch Michail Mozak, heute Stabschef der Nordflotte, ist dabei, als die Mannschaft noch etwas wakkelig auf den Beinen erstmals wieder Land betritt. »Es gab keinen einzigen Katastrophenalarm an Bord«, meldet Ljatschin zufrieden. Dem Matrosen Besedin wird ganz schwindelig an Land. »Du bist die Luft nicht mehr gewöhnt!«, wundert er sich. Er bemerkt erstaunt, dass sich der Boden unter seinen Beinen endlich nicht mehr bewegt.

Die »Kursk« gilt nun als bestes Boot der Nordflotte, und der Mannschaft werden sogar Orden versprochen für die erfolgreiche Fahrt ins Mittelmeer. Einen Monat später reist Ljatschin nach Moskau. Er soll Wladimir Putin Bericht erstatten, dem neuen Ministerpräsidenten. Der Premier hört dem U-Boot-Kommandanten aufmerksam zu.

»Besonders wurde vermerkt, dass das Boot und die Mannschaft so gut vorbereitet waren«, erzählt Ljatschin. Putin gefällt dem U-Boot-Kommandanten. Seit seiner Ernennung durch Jelzin im August 1999 weht ein neuer Wind durch das Land. Die Armee marschiert wieder in Tschetschenien ein, ein neuer Krieg hat begonnen. »Wenn wir die Terroristen auf der Toilette finden, dann killen wir sie eben auf dem Klo«, poltert Putin vor laufenden Kameras. Das Militär ist begeistert: Endlich darf es sich für die hohen Verluste und die Schmach des Rückzugs im ersten Krieg rächen. Selbst Menschen, die den Krieg nie unterstützt hatten, fordern auf einmal Rache an den Tschetschenen. Denn die Rebellen sollen für die Explosionen von drei Wohnhäusern in Moskau verantwortlich sein. Wochenlang lebt die Hauptstadt in Angst vor ihnen. Doch der Verdacht, dass die Bomben in Wirklichkeit vom Geheimdienst selbst gezündet wurden, wird nie ganz ausgeräumt.

Die Militärs fühlen sich im Aufwind. Putin, der schneidige Macher, scheint einer von ihnen zu sein. Mehr als 15 Jahre lang diente er beim KGB, und seine wichtigsten Berater stammen aus den alten Strukturen. In Tschetschenien führt er auch gegen die Medien Krieg. Freie Berichterstattung ist nicht mehr möglich. Das Staatsfernsehen verbreitet die Kriegspropaganda im ganzen Land.

Putin verspricht auch, der Flotte wieder zu altem Glanz zu verhelfen. Und offenbar meint er es ernst. Kaum ist er im März 2000 zum Präsidenten gewählt, besucht er am 5. April 2000 selbst die Nordflotte. Einen so hohen Gast gab es hier schon lange nicht mehr. Geduldig hört er sich im Hauptquartier von Seweromorsk die Klagen der Admirale über den chronischen Geldmangel der Nordflotte an, über die beißende Armut und den Frust. An Bord des Atom-U-Bootes »Karelija« trinkt er in fünfzig Meter Tiefe einen Krug Salzwasser und wird so zum U-Boot-Fahrer getauft. »Ich habe das nicht aus Neugier gemacht«, sagt Putin später. »Ich

Wladimir Putin, damals noch Ministerpräsident, empfängt Kapitän Gennadij Ljatschin (links) nach der erfolgreichen Fahrt ins Mittelmeer. Auch Flottenchef Wladimir Kurojedow (rechts) wollte den Kommandanten der »Kursk« beglückwünschen.

habe gesehen, mit welcher Hoffnung die Seeleute mich anblickten. Es war zu wenig, an Bord zu gehen, ein paar aufbauende Worte zu sagen und das Boot wieder zu verlassen. Eine Tat war nötig: Ich musste mit ihnen aufs Meer fahren. Meine Leibwächter und Berater sagten mir, als erster Mann im Staat dürfe ich das nicht riskieren. Denn jede Fahrt im U-Boot ist auch ein Risiko. Doch ich war dazu verpflichtet. Nur so konnte ich die Seeleute davon überzeugen, dass es notwenig ist, Russland zu dienen.« Die Zeitungen drucken ein Foto vom Besuch: Putin steht auf dem Turm eines U-Bootes und blickt entschlossen in die Ferne – eine Pose, selbstherrlich wie Napoleon. Ihm zu Ehren schießt die Flotte eine strategische Rakete in den Himmel. Das Flottenkommando hat Grund, auf den Ruhm der alten Zeiten zu hoffen. »Als Putin Präsident wurde, haben wir sofort die Veränderungen bemerkt«, berichtet Misjak, der von Beginn an auf der «Kursk« diente. »Endlich spürten wir, dass wir auf einem Elite-U-Boot arbeiten.« In der Hauptstadt kleben neue Plakate am Straßenrand: »Die Seemacht, zur Ehre Russlands« steht darauf.

Der Präsident unterzeichnet ein Dokument, das die Grundlagen der Kriegsmarine für die kommenden zwei Jahrzehnte festlegt. »Weltmeer« ist sein Code-Name. Russland wird seine Interessen demnach nicht nur in den angrenzenden Seegebieten, sondern auch auf den Ozeanen vertreten. Die Flotte soll auf die Weltmeere zurückkehren, Russland endlich wieder Seemacht sein. »Wenn wir wollen, dass Russland aufblüht und ein starkes, einflussreiches Land in der Welt wird, müssen wir der Flotte genügend Einfluss einräumen«, verkündet Putin. »Russland kann nicht ohne Flotte leben.«

Kopf der neuen Strategie ist Wladimir Kurojedow, der Oberkommandierende der russischen Flotte und ein enger Vertrauter Putins. »In den 80er und 90er Jahren fanden in unserem Lande Veränderungen statt, die auf die Marine eine verderbliche Wirkung ausübten«, erklärt er in einem Interview mit der Militärzeitung »Krasnaja Swesda«. Nun müsse die Marine wieder erstarken. Kurojedow plant, eine neue Generation strategischer Unterwasser-Raketenkreuzer entwickeln zu lassen, Waffensysteme zu modernisieren und neue Raketenwaffen für Schiffe zu bauen. Neue Flugzeugträger mit erhöhter Kampfkraft sollen entstehen, die Kurojedow mit hochpräzisen Angriffsraketen und U-Boot-Abwehrwaffen ausrüsten will. Die Küstenaufklärung brauche neue »Schlagkomplexe«, Schiffe und U-Boote benötigten weltraumgestützte Navigationssysteme. Die Marine müsse wieder der nuklearen Abschreckung dienen und die Schiffe anderer Staaten unter Kontrolle halten. Mindestens 32 Atom-U-Boote benötige die Flotte dazu, von denen die meisten in den Garnisonen der Nordflotte stationiert werden sollen. Mehr als ein Viertel des Verteidigungsbudgets möchte die Flotte dafür – statt der üblichen elf Prozent.

Auch der »Kursk« ist eine neue Aufgabe zugedacht. Im Herbst 2000 soll sie den Flugzeugträger »Admiral Kusnezow«, den Kreuzer »Peter der Große« und 20 andere Schiffe auf einer bedeutenden Fahrt begleiten. Es soll der erste Schiffsverband Russlands sein, der nach vielen Jahren das Mittelmeer durchkreuzt. Die Flotte scheut dafür keine Ausgaben. Allein der Flugzeugträger werde 10 000 Tonnen Masut brauchen, Erdölrückstand, der zum Heizen von Kesseln verwendet wird, außerdem 6000 Tonnen Kerosin und einige tausend Tonnen Öl, schätzen Experten. »Wir müssen unsere Technik in Kampfbereitschaft halten«, urteilt der Vizeadmiral der Nordflotte, Wiktor Jarygin, zufrieden. »Schiffe sind nicht zur Dekoration da.« Die Taktik der Mittelmeerfahrt soll im August 2000 in der Barentssee trainiert werden, bei dem größten Flottenmanöver seit einem Jahrzehnt.

Tschernobyl zur See

Der Anspruch, den Putin mit der Flottenpolitik verbindet, ist unrealistisch hoch. Zwar sehen viele in dem neuen Präsidenten eine Lichtgestalt Russlands, und es kommt ihnen so vor, als ob sein Erscheinen bereits den Horizont über der Marine aufhellt. Doch die russische Politik erschöpft sich zumeist in pathosbeladenen Beschwörungen und Versprechen. Symbolische Taten ersetzen das wahre Handeln, und ihre Suggestivkraft erschafft eine neue Realität aus Wunsch und Blendung.

Die Wirklichkeit aber ist düster. Der Großteil der Schiffe liegt in den Häfen und Buchten herum, verrostet, havariert oder leckgeschlagen. Der Sicherheitsdienst der einst gewaltigen Nordflotte ist zerfallen. Rettungsschiffe und Tauchglocken sind veraltet oder seit Jahren ausgemustert. In Zeiten, in denen allein die Versorgung mit ausreichend Treibstoff scheitert, wird Sicherheit zur Ausnahme. Der materielle und moralische Verfall lässt auch die Sicherheit an Bord verkommen. Die Flottenführung bemüht sich zwar seit dem Zusammenbruch der Sowjetunion, die skandalösen Zustände weiterhin vor der Öffentlichkeit geheimzuhalten. Doch manchmal gelingt das nicht.

Im Juli 1998 kämpft der Fregattenkapitän Lewon Abramow mit der Nordflotte. Seit zwei Jahren versucht die Marine, den 37jährigen Vertragsoffizier loszuwerden. Abramow wurde unbequem, denn er hatte die Sicherheitsvorschriften an Bord verinnerlicht und versuchte, sie pedantisch einzuhalten. Seine Beharrlichkeit, die zuweilen in halsstarrigen Eifer überging, isolierte ihn so sehr in der großen Familie der schwarzen Uniformträger, dass diese ihn verstieß. Doch Abramow verklagte den Kommandanten der 1. Flottille, focht verbissen um sein Recht auf Arbeit und Anerkennung und tauchte dabei immer tiefer in die endlos scheinenden Korridore der Militärgerichte ab. Nun, gut zwei Jahre vor dem Untergang der »Kursk«, sollte die vierte und letzte Instanz über seinen Fall entscheiden.

Das Verhängnis nahm für Abramow seinen Lauf, als er im Februar 1996 auf ein Atom-U-Boot in den Stützpunkt Poljarnyj am Eismeer versetzt wurde. Der Spezialist für Elektromechanik war ein hochgeschätzter Offizier der Nordflotte: Im Jahr 1987 hatte das Flottenkommando den Kapitänleutnant zum Studium an die Akademie der Kriegsmarine gesandt – eine ehrenvolle Versetzung. Während der Ausbildungsjahre übersprang er sogar einen Dienstgrad, denn der Verteidigungsminister verlieh ihm per Befehl gleich den Rang eines Fregattenkapitäns. Das Atom-U-Boot, auf dem Abramow in Poljarnyj dienen sollte, befand sich seit drei Jahren formal im Reparaturzustand. Doch bereits 1995 wurden die Arbeiten in der Schiffsreparaturwerft aus Geldmangel eingestellt. Die Mannschaft konservierte das Schiff, so gut es ging, und blieb im seltsamen Zustand der Halbbereitschaft vor Anker liegen. In einem solchen Fall war es häufiger Brauch in der Nordflotte, das Innere des Bootes bei Bedarf zu plündern: Manche Instrumente oder Apparate wurden für den Einsatz anderswo ausgebaut, die meisten jedoch schlicht ausgeschlachtet. Verarmte Offiziere, die seit Monaten keinen Sold mehr gesehen hatten, bekamen für die Buntmetalle und für wertvolle Rohstoffe an speziellen Sammelpunkten wenigstens ein bisschen Bargeld. Nach dem Personalausweis oder der Wohnadresse fragte bei diesem schwarzen Geschäft keiner der Händler.

Als Abramow die »elektromechanische Gefechtseinheit Nr. 5« übernahm, bemerkte er sofort, dass Ausrüstungsteile fehlten. Sein Resümee war niederschmetternd: Den wasserdichten Abschluss des Korpus und aller Kreisläufe an Bord sah er als nicht gewährleistet an. Eine Überprüfung der lebenserhaltenden Systeme war nicht möglich. Im Notfall, schloss Abramow, könnte die Technik versagen und das Boot auf den Grund sacken. Die Sicherheit der Besatzung war nicht gewährleistet.

Der Fregattenkapitän weigerte sich, seinen Posten anzutreten. Er forderte eine Kommission, um die Einsatzbereitschaft des Bootes zu überprüfen. Daraufhin versuchte der Kommandant, mit Befehlen und Drohungen Abramow zum Einlenken zu bewegen. Der renitente Offizier schrieb Beschwerden an die Staatsanwaltschaft und beging so ein Sakrileg gegen das oberste Gebot der Militärs: das Prinzip von Befehl und Gehorsam. Abramow ignoriere die Anforderungen des Gesetzes »Über die militärische Pflicht und den militärischen Dienst«, stellte der Kommandant erbost fest. Auf das Dauerfeuer aus Beschwerden antwortete die Flotte mit einem Bombardement von Akten, Protokollen, Beschlüssen.

Das Militärgericht der Nordflotte ist faktisch kein unabhängiges Organ, und seine Richter verkünden die Urteile in den schwarzen Uniformen aller Flottenangehörigen. Die Entscheidungen spiegeln vor allem die Interessen der Flottenführung wieder. Doch das Urteil im Fall Abramow kommt einer Sensation gleich: Der langen Beschwerdeliste des Offiziers wird stattgegeben, sein finanzieller und moralischer Schaden ist durch die Flotte auszugleichen. Zu eindeutig scheint den drei Richtern die Sachlage. Der Vorsitzende des Gerichts kommentiert anschließend die Entscheidung: »Abramows Forderungen betrafen die Sicherheit der Menschen auf dem U-Boot, und wir sind zu dem Schluss gekommen, dass dieser Punkt entscheidend ist.« In drei Instanzen hat Abramow die übermächtige Flotte besiegt, vor den Militärgerichten der Garnisonen Widjajewo und Seweromorsk und dem der Nordflotte. Abramow bekommt alle seine Rechte zugesprochen und zudem eine symbolische moralische Entschädigung: 900 Rubel vom Flottenverband und 100 Rubel von der Flottille. Da die militärische Finanzverwaltung keinen Ausgabeposten für »moralische Entschädigung« kennt, entscheiden die Buchhalter, dass der Kommandant der 1. Flottille, Michail Mozak, seinen Anteil aus dem eigenen Portemonnaie bezahlen soll.

Mehrere Zeitungen schreiben über das Urteil des Gerichts und bekommen Probleme. Mozak, noch immer außer sich vor Wut, fordert eine Entschuldigung für die Berichte und droht mit Klagen. »Der Artikel kränkte mich und die Flotte, die unter den Bedingungen langanhaltender und systematischer Finanzierungsrückstände fortgesetzt der Pflicht und dem Eid Treue leistet und die Sicherheit der Meeresgrenzen Russlands garantiert.« Mozak verleumdet Abramow als Querulanten, der nur die Ausfahrt aufs Meer verhindern wollte. Seinen Beschwerdebrief schließt er mit den Sätzen: »Dies ist die Meinung des Militärischen Rates der Flottille, der Divisions- und Schiffskommandanten, der Offiziere, die Abramow vor dem Ehrengericht der Offiziere einen Feigling nannten.« Michail Mozak stieg im Sommer 1999 zum Stabschef der Nordflotte auf. Eine Woche nach dem Untergang der »Kursk« wird er im russischen Staatsfernsehen einen Satz von historischer Bedeutung sprechen.

Den aufmüpfigen Offizier Lewon Abramow kommt der Sieg gegen die Flotte nach zweijährigem Rechtsstreit teuer zu stehen. Im Sommer 1998 läuft sein Dreijahresvertrag aus, und die Marine will mit dem Spezialisten für Elektromechanik nichts mehr zu tun haben. Er steht auf der Straße, fast ohne Geld. Mehr als sieben Monate lang hat die Flotte wegen des Streits vor Gericht seinen Sold nicht bezahlt, und nach dem letzten Urteil stellt sie sich stur. Ein Kampf ums Geld setzt ein, und erst nach einigen Gefechten bezahlt sie – allerdings nur einen Teil der Schulden. Abramow ist müde und verbittert, die verbissene Auseinandersetzung hat ihn viel Kraft gekostet. Er zieht zu Verwandten seiner Frau in Nowgorod, und bis heute hat er keine eigene Wohnung für seine Familie gefunden.

Abramow gehört zu den wenigen, die sich über Mängel im System nicht nur aufregen, sondern gegen sie ankämpfen. In Russland ist es außerordentlich schwierig, seine Stimme zu Gehör zu bringen. Demokratisches Verständnis hat bisher nur eine Minderheit geprägt, und dem Gebäude einer Zivilgesellschaft fehlt noch das verlässliche Fundament. Die Justiz ist unterentwickelt, und die Distanz jener, die den Staat verkörpern, zu den anderen Menschen unten im Land ist riesig. Das Recht des Einzelnen wird zumeist zerschmirgelt vom vermeintlichen Recht des Staates und der selbstbezogenen Ideologie einer privilegierten Kaste. Wer den Kampf aufnimmt, wie Abramow, muss dies jahrelang tun, ohne Hoffnung auf Erfolg und mit dem Risiko, das eigene Leben zu zerstören. In seiner Art ist Abramow ein Pionier. Mancher, der nach ihm aufbegehrt, wird es leichter haben.

Doch sein Einsatz für die Sicherheit auf den Atom-U-Booten hat nicht ein Unglück und den Tod eines Menschen verhindern können. Schon vor seiner Versetzung nach Poljarnyj hatte Abramow die Flotte herausgefordert. Er verweigerte als Offizier auf einem Atom-U-Boot der »Akula«-Klasse in der Garnison von Sapadnaja Liza, dem Standort der 1. Flottille, aus Sicherheitsgründen die Zustimmung zu einer Gefechtspatrouille. Als die direkten Vorgesetzten Abramows auf seine Beschwerden nicht reagierten, schrieb er Eingaben an die Staatsanwaltschaft und die Technische Hauptabteilung der Russischen Kriegsflotte und warnte vor dem Zustand des Atomreaktors an Bord. Das war zuviel des Widerspruchs: Der Störenfried wurde damals versetzt, sein Nachfolger war leichter zu handhaben. Das U-Boot fuhr hinaus aufs Meer und musste nach einer Havarie eingeschränkt manövrierfähig in den Hafen zurückkehren. Doch zur fälligen umfangreichen Reparatur reichte es wieder nicht. Dann, im Januar 1998, passierte an Bord ein tödlicher Unfall. Der Korvettenkapitän Sergej Solowjow, ein früherer Untergebener Abramows, wollte in der vierten Sektion einen Defekt beheben. Eigentlich hätten nur Spezialisten der Schiffsbauwerft »Nerpa« diese Arbeiten ausführen dürfen. Doch die Flotte hatte kein Geld dafür. Deshalb hieß es intern, die Offiziere selbst sollten alles tun, um die Gefechtsbereitschaft der Schiffe aufrechtzuerhalten. Die Verantwortung fiel auf den zurück, der dem Druck der Höhergestellten nachgab.

Solowjow arbeitete am System des ersten Wasserkreislaufes des Atomreaktors, als ein Verschluss brach. Wasser schoss in die Sektion, Aerosole traten aus, und Solowjow starb, nachdem er ein giftiges Gasgemisch mit Ammonsalpeter eingeatmet hatte. Abramow beklagte daraufhin in einer Eingabe an den Generalstaatsanwalt, dass trotz seiner Beschwerden seit zwei Jahren die Störungen im Reaktorbereich nicht behoben worden seien. Das rechtzeitige und unerlässliche Verbot jeder Nutzung des Reaktors hätte den Tod Solowjows verhindert.

Die Flotte führte eine interne Untersuchung durch und kam zu einem ihr angenehmen Ergebnis: Das Verfahren wird einge-

Manche Buchten bei Murmansk gleichen Schrotthalden im Wasser. Zwei Männer durchsuchen die Wracks nach brauchbarem Metall.

stellt, denn Solowjow habe unkorrekt gehandelt, und seine Vorgesetzten hätten davon nichts gewusst. Es gebe keinen Schuldigen, außer Solowjow, dem Toten selbst.

»Solange Moskau kein Geld hat, um für die Sicherheit der U-Boote zu garantieren, sollte es die gesamte Flotte dichtmachen«, schimpft der norwegische Umweltschützer und U-Boot-Experte Nils Bøhmer. »Sonst sind Unfälle hier nicht zu vermeiden.« Ihn sorgt vor allem das atomare Erbe der Nordflotte, das schon zu Sowjetzeiten das Militär überforderte: Niemand kümmerte sich je darum, was mit den schwimmenden Atomkraftwerken nach Ende ihrer Dienstzeit geschehen soll. Während des Kalten Krieges entstand in den Werften zwar U-Boot um U-Boot, doch der Bau von Abwrack-Einrichtungen wurde immer wieder verschleppt. Heute sind nirgends auf der Welt so viele Atomreaktoren auf so kleinem Raum konzentriert wie in den Basen der Nordflotte bei Murmansk. Etwa 100 ausgemusterte U-Boote, die meisten von ihnen ausgestattet mit zwei Reaktoren, dümpeln in den Fjorden der Garnisonen herum. Keiner weiß, was mit ihnen geschehen soll. Manche von ihnen verrotten bereits seit einem Jahrzehnt an den Pieren.

Eigentlich müsste Russland sie schnell und sicher vernichten – zwei Drittel, weil sie hoffnungslos veraltet sind, den Rest, um den Start-I-Abrüstungsvertrag zu erfüllen. Doch dazu fehlt der Regierung vor allem Geld. 1,5 Milliarden Dollar würde die Verschrottung der ausgedienten Atom-U-Boote der Nordflotte kosten, schätzt das russische Atomministerium: Für die sichere Zerstörung nur eines U-Bootes muss die Flotte weit über zehn Millionen Dollar zahlen. Doch im Haushalt des Jahres 2001 sind nur sechs Millionen für Umweltprogramme im Norden vorgesehen.

Auch moderne Technik fehlt. Es gibt nicht einmal genügend Schweißgeräte, um den Stahl der Boote zu durchtrennen. Dringend benötigt werden Zwischenlager für radioaktive Abfälle und Wiederaufbereitungsanlagen oder sichere Endlager. Die Arbeiter der Werften sind ungeschult. Improvisation und Chaos regieren den Alltag, Sicherheit ist längst Luxus geworden.

In den Häfen der Nordflotte liegen die Boote wie Zeitbomben. Nur aus einem Teil wurden die Brennstäbe entfernt – hochgradig radioaktives Material, das Strontium-90 und Cäsium-137 enthält. Dabei ist der technische Zustand der ausgemusterten Boote oft erbärmlich. Der Lack, der den Metallkorpus vor Salzwasser schützen soll, ist abgeblättert. In die Gehäuse frisst sich Rost. Wenn sie leck schlagen, versinken die Boote samt strahlender Fracht. In manche der korrodierten Boote wird den ganzen Tag über Luft gepresst, um sie so über Wasser zu halten. Schon ein simpler Stromausfall kann eine Katastrophe bedeuten.

Einige der U-Boote können kaum mehr zu einer Abwrackwerft geschleppt werden, glaubt Jurij Wischnewskij, der Vorsitzende der russischen Atomaufsichtsbehörde: »Sie würden einfach auseinander brechen.« Nach ursprünglicher Planung sollen U-Boote mit nuklearem Treibstoff an Bord nicht länger als fünf Jahre an der Küste liegen. Doch einige schwimmen nun schon zehn Jahre dort.

Je länger die Brennstäbe im Innern der Boote bleiben, desto gefährlicher werden sie. Denn sie verformen sich oder werden brüchig. »Niemand weiß, wie alte Brennstäbe reagieren, wenn sie herausgezogen werden«, sagt der Umweltschützer Alexej Klimow. »Solche Experimente hat es nie gegeben. Die Wissenschaft ist hier am Ende.« An einige der älteren Modelle wagen sich die Abwracker kaum heran. Die Reaktoren der 30 Jahre alten »Alpha«-Klasse wurden mit Flüssigmetall gekühlt, das sich nach der Abschaltung verhärtete. Die Brennstäbe können nicht mehr herausgezogen werden. In Sewerodwinsk liegen seit Jahren acht Atom-U-Boote am Kai. Jedes von ihnen ist ein Sonderfall: In einem wurde der Reaktor überhitzt, die Brennstäbe kleben aneinander wie Brei.

Seit Jahren warnen Umweltschützer vor möglichen Folgen, vor einer Kettenreaktion, einem zweiten Tschernobyl. Besonders Norwegen fürchtet eine Verseuchung seines Küstenstreifens und der fischreichen Gewässer der Barentssee. »Doch geändert hat sich in den vergangenen Jahren fast nichts«, sagt der U-Boot-Experte Alexander Nikitin resigniert. Der Gouverneur von Murmansk, Jurij Jewdokimow, warnt: »Ich möchte nicht brutal erscheinen. Aber ich glaube, nur wenige Menschen in Europa können das wahre Risiko abschätzen.«

Die Brennstäbe können auch deshalb nicht entfernt werden, weil die Lager der Nordflotte längst überfüllt sind. Deponien mit strahlendem Müll sind hier so selbstverständlich wie anderswo Schrottplätze. Um Murmansk herum lagern mehr giftige und strahlende Abfälle als in allen Zwischen- und Endlagerstätten der westlichen Welt zusammen.

900 Tonnen radioaktiven Materials fallen allein bei der Verschrottung eines einzigen U-Bootes an. Denn außer den Brennelementen müssen auch die kontaminierten Kühlflüssigkeiten und feste Abfälle entsorgt werden – verstrahlte Filter, Instrumente, auch das Reaktorgehäuse, der Brennraum des Nuklearantriebs.

Die Lagerstätten sind eine Katastrophe. Eine Deponie können die Murmansker sogar aus den Fenstern ihrer Wohnungen sehen: Der strahlende Müll liegt in fünf Kähnen auf dem Wasser, ungeschützt gegen Sturm, mitten im Hafen, wenige hundert Meter von Wohnhäusern entfernt. Abgebrannter Brennstoff und flüssige Kühlmittel werden provisorisch auf dem Gelände von Werften und Flottenbasen deponiert. 30 Kilometer von Murmansk entfernt bewacht ein Rentner das Atom-Lager »Radon« – er hat nicht einmal einen Geigerzähler. Norwegische Experten erschraken, als sie in Sewerodwinsk eine Anlage zur Aufbereitung und Lagerung schwach radioaktiver flüssiger Abfälle besichtigten: Sie war quasi nicht mehr einsatzfähig. In der ehemaligen Elite-Werft »Sternchen« in Sewerodwinsk, in der die U-Boote in mühseliger Handarbeit auseinandergebaut werden, rosten verstrahlte Reaktorteile unter freiem Himmel. Zisternen, in denen flüssiger radioaktiver Müll aufbewahrt wird, sind alt und undicht. Radioaktives Wasser tropft in den Hafen, warnen Umweltschützer.

Als eine norwegische Delegation zum ersten Mal das Atomlager in der Andrejew-Bucht besuchen durfte, machte sich Entsetzen breit: »Die Anlage ist derart verfallen, dass unverzügliches Handeln notwendig ist«, berichtete der norwegische Staatssekretär Espen Barth Eide. Am Ufer des Fjords der Nordflotte lagern seit Jahren 21 000 gebrauchte Brennstäbe – nur 60 Kilometer von der norwegischen Grenze entfernt. Die Container stehen im Freien, Risse ziehen sich durch die Betonmäntel, und zu den Brennelementen sickert das Wasser. Insgesamt hat die Nordflotte sechs Deponien. Halbwegs sicher sind zwei.

Kaum ein Schritt im teuren und hochkomplizierten Prozess der Verschrottung funktioniert reibungslos. Einige der Spezialschiffe, die die gebrauchten Brennstäbe aus den U-Booten heben, sind so alt, dass sie selbst verschrottet werden müssten. Dabei ist die Verladung der Brennstäbe besonders riskant. Um sie aus dem Reaktor herauszuziehen, muss ein Kran zunächst vorsichtig den Deckel des Reaktors öffnen. Fällt er dabei herunter, kann es zur Explosion im Reaktor kommen – einer Atomkatastrophe. Als Mitte der 80er Jahre ein ähnlicher Unfall in Tschaschma bei Wladiwostok geschah, wurde die gesamte Bucht im Umkreis von 40 Kilometern verseucht. Das ausgebrannte, radioaktive Wrack liegt jetzt noch an der Küste.

Um die strahlenden Brennelemente zur Verarbeitung in die Wiederaufbereitungsanlage »Majak« im sibirischen Tscheljabinsk zu verfrachten, fehlen sichere Spezialcontainer. In ganz Russland gibt es gerade vier. Nur zwei Güterzüge sind für solche Fahrten im Einsatz. Doch »Majak« ist ausgelastet.

Was mit dem übrigen Müll aus den Atom-U-Booten geschehen soll, weiß niemand. Wissenschaftler plädieren dafür, die strahlenden Reaktoren in einer Endlagerstätte zu vergraben – entweder auf der Kola-Halbinsel oder auf der Insel Nowaja Semlja, die nach 42 oberirdischen Atombombentests sowieso unbewohnbar bleibt. Bislang werden die radioaktiven Reaktoren meist in meterlange Metall-Eier eingeschweißt und am Ufer ins Meer gelegt – als sei das Nordmeer nicht schon ohne sie ökologisches Katastrophengebiet.

Jahrzehntelang diente es den Sowjets als Müllkippe: Die Arktische See ist der größte Atomfriedhof der Erde. Bis 1991 verklappte die sowjetische Marine das verseuchte Abwasser aus den U-Boot-Reaktoren ins Meer: mindestens 150 000 Tonnen. Auch der Abfall der Atom-Eisbrecher landete tonnenweise im Wasser. Vor der Insel Nowaja Semlja entsorgte die Sowjetunion sieben Atomreaktoren aus U-Booten. 1989 versank das sowjetische U-Boot »Komsomolez« nur 400 Kilometer vor der norwegischen Küste. Noch immer rostet es am Meeresboden, mit hochgradig radioaktiven Brennstäben und zwei Atomtorpedos an Bord.

Internationale Projekte, die Russland heute bei der Verschrottung der U-Boote helfen sollen, kommen nur schleppend voran. Norwegen finanzierte eine Anlage zur Lagerung von flüssigen Abfällen in Sewerodwinsk. 1999 wurden mit Hilfe der Amerikaner sechs U-Boote, im Jahr 2000 acht vernichtet. Doch Washington zahlt nur für die Zerstörung strategischer Atom-U-Boote, die mit Langstrecken-Atomraketen ausgerüstet sind und deshalb auch amerikanische Städte bedrohen.

Das Tempo der Hilfsaktionen ist viel zu langsam, klagen Umweltschützer. Das liegt auch an Russland. Oft blockieren bürokratische Hindernisse die Hilfsbemühungen. Das Militär ist nicht immer begeistert. Wenn es Hilfe aus dem Ausland annimmt, muss es seine streng geheimen Basen öffnen – eine zusätzliche Demütigung für die Admirale. Am liebsten würden sie die Probleme nicht aus den eigenen Reihen hinaustragen. Die Nerven liegen schon lange blank. Als die norwegische Umweltorganisation 'Bellona' 1996 in einem Bericht über die Nordflotte jede marode Deponie, jedes rostige U-Boot, jedes veraltete Transportschiff akribisch genau beschrieb, ließ der Inlandsgeheimdienst FSB einen der Autoren als Spion verhaften: Alexander Nikitin, Mitarbeiter der Umweltorganisation und ehemaliger U-Boot-Kapitän der Nordflotte. Fast ein Jahr wurde er gefangengehalten, obwohl weltweit Menschenrechtsorganisationen für seine Freilassung kämpften. 'Amnesty International' bezeichnete ihn gar als den ersten politischen Gefangenen seit Andrej Sacharow, dem berühmten Regimekritiker der Sowjetunion.

Auch andere gerieten unter Druck. Wo immer die Umweltorganisation gearbeitet hatte, tauchten Angehörige des Geheimdienstes auf, durchsuchten Wohnungen, verhörten Zeugen. Mitarbeiter von ›Bellona‹ flohen voller Angst ins Ausland. Familienangehörige wurden im Westen in Sicherheit gebracht.

Im Fernen Osten kämpft der ehemalige Offizier Grigorij Pasko noch immer um sein Recht. Der Militärjournalist hatte für einen japanischen Fernsehsender recherchiert, wie die russische Pazifikflotte Atommüll im Meer verklappt. 1997 wurde er verhaftet. Seither laufen Prozesse. Pasko wurde aus dem Gefängnis entlassen, doch bis heute nicht freigesprochen.

Alexander Nikitin lebt in Freiheit. Fünf Jahre lang dauerte sein Kampf mit dem Staat. »Ich habe in einem Alptraum gelebt«, sagt er heute. »Oft kam es mir vor, als sei Breschnew wiederauferstanden.« Nikitin ist ein freundlicher, ruhiger Mann, der die Jahre voller Angst der Flotte nicht verziehen hat. Manchmal steigt Wut in ihm hoch. Einmal sieht er den Vizepremier Ilja Klebanow im Fernsehen. »Wir haben keine militärischen Geheimnisse«, behauptet Klebanow. »Bei U-Booten gibt es nur zwei: Wo es sich befindet und wen es vernichten soll.« Einen Moment lang ist Nikitin sprachlos. »Fünf Jahre wurde ich gequält wegen dieser Geheimnisse«, sagt er. »Und nun stellt sich heraus: Es gibt sie gar nicht.«

»Alles ist genau geplant«

Das Wetter soll gut werden zum Flottenmanöver, erst für die zweite Hälfte des Monats August sagt der Wetterdienst Herbststürme über der Barentssee vorher. Voller Zuversicht blickt das Kommando der Nordflotte auf die bevorstehende Marineübung. Seit zehn Jahren war kein Manöver so aufwändig, die Übung ist ein Meilenstein in der Vorbereitung auf die große Fahrt ins Mittelmeer. Die wichtigsten Schiffe werden im Einsatz sein. Als Flaggschiff dient der atombetriebene Kreuzer »Peter der Große«, der »Granit«-Raketen mit atomaren Sprengköpfen abschießen kann. Er ist erst vier Jahre alt und der modernste Kreuzer der Nordflotte. Im Kriegsfall soll »Peter der Große« feindliche Atom-U-Boote und Schiffe vernichten, er dient außerdem als Basis für die Marine-Infanterie. Auch der Kreuzer »Marschall Ustinow« mit seinen sechs Tonnen schweren »Basalt«-Raketen an Bord und seinen Torpedos wird startklar gemacht. »Admiral Kusnezow« soll auslaufen, der einzige Flugzeugträger, der der Nordflotte nach dem Zusammenbruch der Sowjetunion geblieben ist. Sein Vorläufer, »Admiral Gorschkow«, wurde aus Geldmangel an Indien verkauft. »Admiral Kusnezow« ist das mächtigste Schiff, das am Manöver teilnehmen wird: Es misst 300 Meter Länge, trägt 52 Kampfflugzeuge und zählt eine Besatzung von 2000 Mann. Im Herbst soll der Flugzeugträger den Schiffsverband auf seiner Fahrt ins Mittelmeer anführen. Danach wird er lange pausieren: 2001 muss »Admiral Kusnezow« zu planmäßigen Reparaturen ins Dock.

Zum Manöver starten außerdem U-Boot-Jäger, Fregatten, Raketenboote, drei Atom-U-Boote, insgesamt mehr als 30 Schiffe. 7800 Menschen werden an der Übung teilnehmen, fast 2000 mehr als im Jahr zuvor. Zum ersten Mal sind auch Fliegerstaffeln aus der Ukraine dabei. Admiral Wjatscheslaw Popow, der seit anderthalb Jahren Kommandeur der Nordflotte ist, soll das Manöver leiten: Er ist ein erfahrener, ruhiger Seemann, ein ehemaliger

U-Boot-Kommandant, der als besonnen und streng gilt. Im Hintergrund arbeitet seit Monaten ein eigener Manöverstab, um die Details abzusprechen. »Wir hatten alles genau vorbereitet«, sagt der Manöverkoordinator Wladimir Geletin. »Nichts wollten wir dem Zufall überlassen.« Die Barentssee, die sich über 1,4 Millionen Quadratkilometer zwischen der russischen Kola-Halbinsel, der norwegischen Finnmark und Spitzbergen ausdehnt, ist eine komplizierte Region: Seit 1974 können sich Russland und Norwegen nicht über den Grenzverlauf auf dem Meer einigen. Ein Gebiet, so groß wie halb Norwegen, ist zwischen den Staaten noch immer umstritten. Doch über das Manöver wird das Nachbarland rechtzeitig in Kenntnis gesetzt.

Der Westen erwartet die Marineübung der Russen voller Neugier: Die Muskelspiele der Flotte sollen vor allem der Nato imponieren. Doch diesmal sind sie auch in Russland bedeutsam. Am 11. August, einen Tag nach dem geplanten Beginn des Manövers, tagt im Kreml der nationale Sicherheitsrat. Dort ist ein heftiger Streit über die Zukunft der Armee entflammt, die gründlich reformiert werden soll. Die strategischen Streitkräfte sollen gestärkt werden, fordert der Verteidigungsminister Igor Sergejew. Doch Stabschef Anatolij Kwaschnin, ein Vertrauter Putins, will die konventionelle Armee ausbauen. Nach seinen Plänen würden die bodengestützen Interkontinentalraketen verringert – und die Atom-U-Boote der Flotte zu den wichtigsten Trägern der Nuklearbewaffnung. Die Marine hätte endlich wieder eine Schlüsselrolle in den Streitkräften. Das Manöver kommt gerade recht: Es soll den Herren aus Moskau noch einmal die Schlagkraft der Flotte demonstrieren. Denn die Admirale hoffen, dass der Stabschef sich durchsetzt. Die demütigende Geldnot, so glauben sie, wäre dann endlich vorbei.

Der Manöverkoordinator Geletin, 48 Jahre alt, arbeitet viel in diesem Sommer, obwohl er eigentlich erschöpft und niedergeschlagen ist.

Das Unglück hatte sich nicht einmal angekündigt. Es war mit Wucht hereingebrochen über seine glückliche Familie, die so eng mit der Flotte verbunden ist.

Der Kapitän zur See Wladimir Geletin, 49, hat das Manöver der Nordflotte vorbereitet. Sein Sohn Boris war Kapitänleutnant auf der »Kursk«.

Schon Geletins Vater diente als Offizier bei der sowjetischen Marine, und für den Sohn, der in den Garnisonen der baltischen Flotte aufwächst, ist er ein leuchtendes Beispiel. Auch Wladimir will Marineoffizier werden. »Vielleicht liegt das daran, dass es in diesen kleinen Garnisonsstädten wenig andere Möglichkeiten gibt als die, auch Soldat zu werden«, überlegt er. Seine Mutter möchte ihm das harte Militärleben lieber ersparen. Ein Jahr lang studiert Wladimir ihr zuliebe an einem Institut für Fischereiwirtschaft. Länger hält er es nicht aus. Gegen den Willen der Eltern schreibt er sich schließlich auf der Flottenlehranstalt ein und wird aus Kaliningrad, dem ehemaligen Königsberg, zur Nordflotte geschickt. 20 Jahre lang fährt er zur See. Er bereut es nicht. Wladimir macht Karriere, wird Kommandant eines Kreuzers und stellvertretender Chef eines Divisionsstabs. Er liebt das Meer, die Kälte des Nordens, selbst die langen Wintertage, an denen es nicht hell wird. »Es ist etwas Unerklärliches«, sagt er, »das mich fortwährend anzieht. Wenn man mich jetzt auf ein Schiff befehlen würde, dann würde ich dem Befehl rennenden Schrittes folgen.«

Dieselbe Geschichte wiederholt sich 20 Jahre später. Auch Boris, Geletins Sohn, will zur Marine: Er ist in den Garnisonen der Nordflotte aufgewachsen und möchte wie seine Freunde am liebsten Offizier werden. »Ich verberge nicht, dass wir davon nicht begeistert waren«, sagt Wladimir Geletin. »In Russland hatte es so viele Veränderungen gegeben. Irgendwann waren das Meer und die Kriegsschiffe voller Prestige gewesen. Mein ganzes Leben lang hatte ich gedacht, dass der Beruf eines Offiziers ein echter Männerberuf ist. Doch plötzlich war die Lage der Streitkräfte nicht mehr günstig. Nun hatte etwas anderes Prestige. Wir schlugen ihm vor, Jurist zu werden.« Doch Boris, der Junge, der seinem Vater so ähnlich sieht, lässt sich von seiner Idee nicht abbringen. »Irgendjemand muss bei der Armee bleiben«, sagt er seinen Eltern. »Jemand muss diese Arbeit tun.« Sie mögen ihm darauf nichts mehr erwidern. Geletin liebt sein Land, er ist pflichtversessen und arbeitswütig, und die Worte des Sohnes bewegen ihn.

Boris wird glücklich bei der Flotte. Schon früher fuhr er gern mit seinem Vater Wladimir auf das Meer. Wie der Vater liebt er das Wasser. Er liebt auch seine Arbeit. Wie Boris es sich erträumt hatte, darf er sofort auf einem Atom-U-Boot dienen. Bereits nach kurzer Zeit wird er Offizier, Kapitänleutnant im Torpedoraum. Bald heiratet er, zieht nach Widjajewo, und seine Frau Tatjana bringt einen Sohn auf die Welt, einen aufgeweckten Jungen.

Es ist Anfang Mai, als sich der Kleine plötzlich schlecht fühlt. Die Eltern bringen ihn ins Krankenhaus. Doch sie werden bald wieder nach Hause geschickt. Der Tumor sitzt hinter dem Auge. »Angeboren«, erklären die Ärzte. »Sie sagten uns gleich, dass sich sein kleines Leben in diesen wenigen Jahren erschöpft hatte«, erzählt Wladimir Geletin. Zwei Monate lang quält sich das Kind. Es ist gerade vier Jahre alt, als es am 18. Juli 2000 stirbt.

»Es gibt nichts Schlimmeres, nichts Unnatürlicheres als den Tod eines Kindes«, sagt Geletin. Sein Sohn Boris ist außer sich. An der Trauer zerbricht die Ehe. Mit Sorgen beobachten die Eltern, wie der Sohn sich vor Kummer zermürbt. »Lenk dich ab«, rät ihm der Vater, »fahr doch zum Manöver.« Immerhin sind die Freunde dort und die geliebte Arbeit. Nach der Beerdigung seines Kindes hat Boris zwar Sonderurlaub bekommen, und er könnte ihn eigentlich bis Ende August ausdehnen. Doch Boris überlegt, ob er ihn nicht unterbrechen soll. Noch ist sein U-Boot, die «Kursk«, in den Fjorden der Nordflotte unterwegs. Außerdem wird noch eine Delegation aus der Patenstadt Kursk erwartet. Boris hat noch genug Zeit zum Nachdenken.

Die Männer aus der Patenstadt reisen Ende Juli an und sind in Widjajewo glücklich wie große Jungen. Die Flotte ist wie ein buntes Abenteuer für die Stadtbeamten und Geschäftsleute aus Mittelrussland. »Wir wussten ja früher überhaupt nicht, wo dieses Widjajewo ist«, sagt der Kursker Unternehmer Wiktor Bobryschew. Der Norden gefällt ihnen: die rauhe See, das herbe Klima, das beinahe unbewohnte Land mit den bauchigen Hügeln. Alles ist anders als in Kursk, der grauen Provinzstadt. Die Luft ist schwer und schmeckt nach Salz. Tags nimmt der stellvertretende Kommandant der »Kursk«, Alexander Schubin, die Gruppe auf Ruderbooten zum Fischen mit. Kopfgroße Krebse ziehen sie aus dem Wasser. Abends picknicken sie am Meeresufer, es gibt gegrillten Fisch, Krebse und Wodka. Als sie ausgelassen aufbrechen wollen, denken sie, es ist zehn Uhr am Abend. Da ist es schon drei Uhr morgens, und die Dämmerung kriecht noch immer nicht in den Himmel. Wie verzaubert kommt ihnen dieses Land vor, unwirklich und schön.

Manchmal wundern sie sich leise, wie die Offiziere aus dem Elite-Boot so leben können: In den hässlichen Wohnkästen der Garnison gibt es nicht einmal warmes Wasser, in den Hausfluren fehlen überall Fensterscheiben. Eingänge sind zugenagelt. So sieht Armut aus, denkt jeder für sich. Den Gästen aus Kursk kommt Widjajewo auf einmal noch weiter weg vor, isoliert, wie weggeschnitten vom Leben.

Die Besatzung der »Kursk« freut sich über die Gäste. Die Geschäftsmänner und Beamten bringen Geschenke mit: Fernseher und Kassettenrecorder für die Kaserne, einen Lastwagen mit Paketen voller Obst, Gemüse, Schokolade für die Familien der Seeleute. Auch das Kommando der Nordflotte hofiert die Paten mittlerweile. In Seweromorsk, dem Kommandostützpunkt, werden sie von Admiralen empfangen. Für viele Offiziere ist die Patenstadt die einzige Hoffnung, um den Norden je wieder zu verlassen. Die Stadtverwaltung von Kursk verspricht, ehemaligen Mannschaftsmitgliedern nach Ende des Dienstes Wohnungen und Arbeit zu besorgen. Für Gennadij Ljatschin, den Kapitän des U-Bootes, ist der Umzug nach Kursk bereits beschlossene Sache.

Den »Tag der Flotte« am letzten Wochenende im Juli dürfen die Gäste sogar auf dem U-Boot verbringen. Das ist eine besondere Ehre. Zum ersten Mal nimmt auch die »Kursk« an der Parade vor dem Kommandostützpunkt der Nordflotte teil. Ein Motorboot bringt die Delegation vor die Küste von Seweromorsk. Dort liegt die »Kursk« majestätisch vor Anker. Als sich das Motorboot dem schwarzen Koloss nähert, staunen die Männer. Mächtig kommt ihnen das U-Boot vor, wie eine Festung aus Stahl, die stolz und blank aus dem Wasser ragt. Über eine wackelige Brücke, die mit Schiffstauen befestigt ist, klettern sie vorsichtig an Deck. Oben hat sich die ganze Mannschaft zur Begrüßung in einer Reihe aufgestellt. Das war aus dem Motorboot heraus gar nicht zu sehen, wundern sich die Besucher. Richtig festlich sieht es aus: Bunte Wimpel spielen im Wind, das Wappen vorne am Turm ist frisch gepinselt. Vor lauter Aufregung weiß der Delegationsleiter gar nicht, was er den Offizieren der Elitemannschaft sagen soll.

Die Besucher dürfen das U-Boot besichtigen. Der Unternehmer Wiktor Bobryschew hat seine Videokamera angestellt: »So etwas«, denkt er, »sieht man nur einmal in seinem Leben.« Die Männer lachen, weil sie sich kaum durch die runden Durchgänge zwischen den Sektionen quetschen können: Steckt man erst die Beine durch oder die Arme? Im Speisesaal lädt der Kapitän zum Essen ein. Es gibt Borschtsch, Fleisch und trockenen Rotwein, man trinkt auf die Flotte, die Mannschaft und den wunderschönen Tag. Sogar die Sauna wird eingeheizt für die Kursker. Später dürfen die Geschäftsleute vom Deck aus die Kreuzer beobachten, die während der Parade des Flottentages langsam an den Tribünen am Ufer vorüberziehen. »Wir hatten das großartige Gefühl, einen außergewöhnlichen Tag erlebt zu haben«, sagt Bobryschew.

Anfang August werden rasch die letzten Vorbereitungen für das Manöver erledigt. Der Oberkommandierende der Flotte, Wladimir Kurojedow, muss den Manöverplan unterzeichnen: Geplant sind vor allem Schießübungen mit Raketen, Marschflugkörpern und Torpedos. Außerdem wird Taktik trainiert. Panzerkreuzer sollen versuchen, auf die U-Boote zu zielen, und die U-Boote attackieren ihrerseits die Kreuzer. Um Unfälle zu vermeiden, fährt ein Spezialschiff vor Beginn das Territorium ab und setzt Markierungstonnen. Das Übungsgebiet bleibt vier Tage lang gesperrt: Über die Schifffahrtsämter und auf diplomatischem Wege wird das Manöver im voraus angekündigt. Dabei gibt die Flotte keineswegs ihre genauen Pläne preis. Sie legt nur gefährliche und deshalb geschlossene Zonen fest.

Eigentlich ist vor Manövern auch eine »Säuberung« des Gebietes vorgesehen. Flugzeuge, Schiffe und U-Boote spüren unliebsame Spionage-Gäste auf und verjagen sie mit Drohverhalten. Doch das Kommando der Nordflotte unternimmt gegen die Eindringlinge diesmal nichts. Dem Befehlshaber war die Suche zu teuer: »Um ein ausländisches U-Boot aufzuspüren, brauche ich Treibstoff, um unsere Spezialapparate auf das Meer hinauszufahren und eine normale Suchaktion zu beginnen«, sagt Popow, der Chef der Nordflotte, später. »Wenn ich wieder Treibstoff habe, wird es keine ausländischen U-Boote mehr in der Barentssee geben.«

Auch die Mannschaft der »Kursk« bereitet sich auf das Manöver vor. Doch einer fehlt an Bord. Wiktor Kusnezow, der Fähnrich aus Kursk, hat wegen »dringender Familienangelegenheiten« zehn Tage Urlaub genommen.

Seine Mutter Olga in Kursk ist schwer erkrankt. Jeden Tag ruft er zu Hause an, vor Sorge kann er kaum noch schlafen. Stundenlang geht Wiktor nachts mit dem Hund spazieren. Selbst Swetlana, seine Frau, weiß nicht, wie sie ihn aufheitern soll.

Schon bei seinem letzten Besuch zu Hause im Mai war etwas Merkwürdiges passiert. Olga zeigte Wiktor zwei große Verhärtungen unter ihrer Brust. Wiktor beunruhigte das nicht beson-

Wiktor Kusnezow (links), Fähnrich aus Kursk, posiert mit zwei Kameraden an Bord des U-Bootes.

ders. Seine Schwester Lena in Moskau ist Krankenschwester am renommierten Botkinskij-Krankenhaus: »Sie wird schon wissen, wenn das etwas Schlimmes ist«, dachte er. Doch Lena wusste nichts von der sonderbaren Krankheit. Olga hatte sich nur ihrem Lieblingssohn anvertraut. Sie war immer stolz auf den Offizier, der so schick in seiner schwarzen Uniform aussieht und sein Leben als einziger ihrer Söhne im Griff hat. Außerdem klagt Olga nicht gern. Probleme macht sie lieber mit sich selber aus. Sie hat sieben Kinder großgezogen, sich als Postbotin abgerackert, die Familie ganz alleine durchgebracht. Sie dachte, es sei das beste, einfach abzuwarten.

Als Wiktors Schwester Lena einen Monat später von den Tumoren erfährt, holt sie die Mutter schnell nach Moskau ins Krankenhaus. Es ist alles zu spät, sagen die Ärzte. Der Krebs hat sich bereits ausgebreitet. Selbst die Leber ist zerfressen. Die Ärzte wollen den hoffnungslosen Fall nicht einmal mehr operieren. Ein halbes Jahr geben sie Olga noch. Die Kinder beschließen, der Mutter nicht zu sagen, dass sie sterben muss.

Später kann Lena die Ärzte wenigstens überreden, die Tumore unter der Brust zu entfernen. Weil die Mutter darauf besteht.

»Ich fahre nicht eher nach Hause, bis ich geheilt bin«, sagt sie resolut. Die Ärzte warnen: Vielleicht überlebt sie den Eingriff nicht. Lena, Wiktor und ihre Geschwister beraten sich immer wieder am Telefon. Schließlich entscheiden sie, das Risiko einzugehen.

Als die Familie erfährt, dass Wiktor Urlaub beantragt hat, wartet sie dringend in Moskau auf ihn. Auch Olga möchte ihn unbedingt sehen, bevor sie operiert wird. Wiktor weiß nicht, was er tun soll. Mit dem Zug braucht er zwei Tage für eine Fahrt. Von seinem Urlaub bliebe so fast nichts übrig. Außerdem kann er sich die Fahrkarten nicht leisten. Das Recht auf eine Gratisreise nach Hause hat er bereits im Mai verbraucht. Wiktor beschließt deshalb, in Widjajewo zu bleiben, bei seiner Frau Swetlana und seinem Sohn Dima. Er hofft sehr, seine Mutter im Herbst noch einmal wiederzusehen.

Liebe

Als die junge Lehrerin aus dem U-Bahnzug stieg und die Rolltreppe zum Ausgang der Metrostation »Pionerskaja« betrat, ahnte sie noch nicht, dass sie am oberen Ende das größte Glück ihres Lebens treffen würde. Ein Offizier der Nordflotte wartete dort auf sie, am 26. Dezember 1999. Sieben Monate und 16 Tage sollte dieses Glück andauern.

Olga arbeitet als Lehrerin für Biologie im Gymnasium Nr. 70 im Norden Sankt Petersburgs. Die zierliche Frau bewohnt eine Einzimmerwohnung in einem der Plattenbauklötze, die als Gürtel der Trostlosigkeit die Stadt zu umzingeln scheinen. Olga ist 29 Jahre alt, doch ihr zartes Gesicht unter den weinrot gefärbten Haaren lässt sie mädchenhaft aussehen. Einige der Lehrerinnen wundern sich, dass die hübsche Frau noch nicht verheiratet ist, und ihre ältere Kollegin Irina Kolesnikowa will ein bisschen nachhelfen. Sie erzählt in den Unterrichtspausen im Herbst 1999 immer wieder von ihrem ältesten Sohn Dmitrij, der auf einem U-Boot dient und bald Heimaturlaub bekommt. Olga nimmt die Bemerkungen ihrer Kollegin nicht ernst. Sie verspricht, sich dann mit ihm zu treffen und hofft, dass es niemals dazu kommt.

Doch am 26. Dezember darf die Mutter triumphieren. Da die orthodoxe Kirche Russlands das Weihnachtsfest dem alten, Julianischen Kalender gemäß erst zwei Wochen später feiert, ist es ein normaler Arbeitstag. Irina passt Olga ab und sagt: »Erinnerst Du Dich, was Du mir versprochen hast?« Ihr Sohn Dmitrij ist endlich gekommen, und sie lädt die jüngere Kollegin auf eine Pirogge, einen Kuchen, ein. Olga muss nachgeben.

An der Metrostation soll Dmitrij abends auf die beiden Frauen warten. Als die Rolltreppe sich ihrem oberen Ende nähert, erblickt Olga einen Mann: Riesig erscheint er ihr und ziemlich unansehnlich. »Was ist denn das?«, fragt sie sich amüsiert. Dmitrij ist so komisch angezogen, steckt in einer viel zu kleinen Jacke, aus der die Arme mit den prankenhaften Händen herausragen, und hat sich eine Zipfelmütze mit Bommel über den Kopf gezogen. Ungewöhnlich sieht er aus, gar nicht wie ein Offizier, denkt Olga, und so bleibt ihr Dmitrij Kolesnikow vom ersten Blick an nicht gleichgültig.

Er hat ein rundes, offenes Jungengesicht, blonde Haare, sein Lachen dröhnt fröhlich. Aber wenn er redet, tritt der Kapitänleutnant hervor. Kategorisch spricht er und klar, überzeugt davon, im Recht zu sein und das Kommando zu haben. Dmitrij stammt aus einer Flottenfamilie: Schon der Vater diente im Bauch der sowjetischen U-Boote. Zwei Tage, so erzählt der Vater, hat sich sein Sohn nach dem Ende der Schulzeit eingeschlossen, um über die Zukunft zu entscheiden. Dann kam Dmitrij raus und sagte zu ihm: »Ich werde in Deine Fußspuren treten.« Da die medizinische Kommission der Flotte bemängelte, dass er sechs Kilogramm Übergewicht hatte, aß der 18-Jährige nur noch Gurken und Joghurt, bis die neue Uniform richtig saß. Dmitrij besuchte die Militärische Dserschinskij-Lehranstalt in Sankt Petersburg und schloss die Ausbildung mit Auszeichnung ab, dem »Roten Diplom«.

Er kam an dem Tag zur Flotte, an dem sein Vater sie verließ. Mit dem Dienst auf der »Kursk« ging sein größter Wunsch in Erfüllung. Dmitrij opferte der Ehre, auf dem modernsten Boot der russischen Meeresstreitkräfte zu dienen, vom ersten Tag an sein Leben. Er war ein U-Boot-Verrückter und kaum von Bord zu vertreiben. Die Choreographie von Mensch und Maschinen faszinierte ihn, und er begeisterte sich am Gefühl, perfekt zu funktionieren. Später einmal brachte er Olga eine Videokassette mit, voller Aufnahmen aus dem Innern der »Kursk«. Es war spät abends, und Olga wollte schlafen. Doch Dmitrij legte die Kassette in den Videorecorder ein und rief: »Schau doch, was für eine Schönheit! Wie kann Dich das nicht interessieren?« Da machte sie sich einen starken Kaffee, setzte sich neben ihn und sah sich müde bis in die Nacht hinein die Bilder von Turbinen und Generatoren an, die ihn so euphorisch stimmten.

In der ersten Zeit nach dem arrangierten Rendezvous zeigt sich der junge Mann in der schmucken, schwarzen Uniform mit den blitzenden Knöpfen noch schüchtern. Während der Spaziergänge durch den Januarschnee traut er sich kaum, bei ihr einzuhaken. Die Liebe zwischen Olga und Dmitrij entwickelt sich nicht ganz einfach: Beide sind es gewöhnt, Befehle zu erteilen. Doch Olga ordnet sich bald in der direkten Auseinandersetzung unter, gibt nach und setzt sich wiederum auf listigen Wegen, mit Charme und Koketterie, durch. Die eigenständige Lehrerin entdeckt für sich, dass es ihr wichtiger ist, ihm eine Frau zu sein, und sie meidet den offenen Kampf mit Dmitrij. Sie versöhnt sich mit dem Rollenbild der Geschlechter, das viele Frauen und Männer in Russland prägt: Der Mann ist entschieden, kühn und hart, und die Frau an seiner Seite bereitet ihm voller Gefühl und Aufopferung das Heim. »Die Welt ist das Haus des Mannes, und das Haus ist die Welt der Frau«, resümiert Olga. »Er hat die Entscheidungen getroffen für uns beide, und ich bin an seiner Seite weiblich geworden.«

Der 23. Februar soll ihr für immer in Erinnerung bleiben. Es ist der Tag der Armee, und da Olga so vieles in ihrer Liebe symbolisch findet, prägt sich ihr auch dieses Datum fest ein. Sie erwacht am Morgen, öffnet die Augen und erkennt, dass sie ihn liebt. »Wir sind für einander geboren«, denkt sie, und Dmitrij, den sie zärtlich Mitja nennt, erwidert ihr Gefühl. »Wir mussten ziemlich lange warten darauf, er 27, ich 29 Jahre lang. Doch nun sind wir so voller Glück, dass wir uns manchmal selbst erschrekken.« In solchen Momenten erzählt ihm Olga, die russische Literatur zeige, dass die wahre Liebe nur tragisch enden könne. Da antwortet Mitja verstört: »Olja, Du liest zuviel.«

Sie kennen sich knapp zwei Monate lang, da macht Mitja ihr einen Heiratsantrag. Im Schneeregen, auf den schlammigen Wegen am »Schwarzen Flüsschen«, wo im Duell eine tödliche Kugel einst Alexander Puschkin traf, dreht er Olga plötzlich mit einem Ruck zu sich und sagt: »Ich möchte, dass Du meine Frau wirst.« Er ist ganz rot im Gesicht, seine Lippen zittern. Sie kokettiert, möchte es noch ein Mal hören und antwortet: »Du fährst morgen in den Norden zurück, lass uns noch ein Jahr warten.« Doch dann stimmt sie der Heirat zu.

Vorerst reißt ihn der Einsatzplan zurück nach Widjajewo, wohl fast für ein Jahr lang. Am nächsten Tag fährt er ab, und zum ersten Mal freut er sich nicht darauf, zu seinem U-Boot zurückkehren. Nun gibt es noch etwas Wichtigeres als den Dienst.

Die überirdische Kraft, mit der sich Olga jede Freude und jeden Schrecken in ihrem Leben erklärt, wirkt noch einmal zugunsten des Paares: Mitja bekommt Sonderurlaub. Sie stellen in der Kirche zwei Kerzen auf als Dank, und am 28. April heiraten sie in Sankt Petersburg. Ein Monat bis zu seiner Abfahrt und später ein ganzes gemeinsames Leben bleiben ihnen noch, denkt Olga. Nicht mal ins Theater gehen sie mehr, denn das wäre verlorene Zeit gewesen, ohne Umarmung, ohne Küsse. Nicht eine Stunde möchten sie sich trennen, und wenn sie es doch müssen, schreiben sie einander kleine Liebesbotschaften. Olga legt die Papierchen in die Zuckerdose oder klebt sie innen an die Toilettentür. Mitja versteckt die Zettel in ihrem Arbeitsheft, in ihrer Kosmetiktasche

Am 20. Mai muss Mitja endgültig zurück in seine Heimatbasis. Aber noch einmal, gut einen Monat später, werden sich die Verliebten wiedersehen. In den Schulferien fährt Olga nach Widjajewo, in diese fremde Welt aus Männerbündnis und Verlorenheit. Bisher hatte Dmitrij dort gar keine eigene Wohnung, schlief mal auf dem U-Boot, mal in der Kaserne. Doch nun, für seine Frau, sucht er sich schnell eine leere Einzimmerwohnung. Olga ist erst entsetzt: Die Heizkörper lecken, warmes Wasser gibt es nur selten, im Fußboden klaffen Risse zwischen den Brettern. Ein altes Sofa und zwei Stühle hat Mitja noch auftreiben können. An die zerkratzten Wände hängte er seine Krawatten und einen leeren Bilderrahmen. Doch für sie wird die Wohnung das Paradies, weil er da ist.

Abends kommen lauter Seeleute aus Mitjas Mannschaft vorbei, um, der Reihe nach, die Frau des Kapitänleutnants zu inspizieren. Der »goldene« Freund, wie ihn seine Kameraden wegen seiner Großherzigkeit und Verlässlichkeit nennen, gilt als Frauenhasser, und alle wetteten darauf, dass dieser Dmitrij Kolesnikow niemals heiraten wird. Seine Braut, so schien es ihnen, war die »Kursk«. Er spricht mit einer solchen Zärtlichkeit von seinem

Boot, dass sogar Olga manchmal eifersüchtig wird. Als sie die »Kursk« besuchen darf, begrüßt sie das U-Boot am Anleger mit den Worten: »Guten Tag, liebe Frau, die mir meinen Mann wegnimmt!«

Olga geht an Bord und ist schockiert: Alle Räume sind so eng, kompakt, vollgestopft mit Apparaturen, Röhren, Knöpfen und Hebeln. »Wie könnt Ihr all diese Maschinen nur steuern?«, fragt sie verwirrt. Mitja lacht, stolz, und sagt: »Ach, weißt Du, auch Bären kann man dressieren.« Ihr Zweimetermann, der auf dem Erdboden mit seinen 120 Kilogramm Gewicht so massig und unbeweglich wirkt, zwängt sich mit einer beeindruckenden Geschmeidigkeit wie ein Hase durch die winzigen Durchgänge zwischen den Sektionen und Etagen. Er zeigt seiner Frau seine Kajüte, klein und stickig wie ein Vierbettabteil im Schlafwagen. Er filmt sie in wackeligen Aufnahmen mit einer Videokamera, wie sie eingeschüchtert durch die Gänge des Bootes tänzelt, durch ein offenes Luk winkt, wie sie sich mit einem Lächeln voller Glück im Torpedoraum an die riesigen grünlichen Geschosse lehnt. Mitja scherzt: »Frauen an Bord, das ist ein schlechtes Omen.«

Angst hat er nicht, sagt Mitja seiner Frau, nicht vor dem Meer, nicht vor dem Boot. Auch seine Kameraden sprechen lieber nicht von Furcht. »Wir denken einfach nicht nach über den Tod«, sagt Nikolaj Misjak. »Wer zu denken anfängt, sollte besser nicht zur Armee gehen. Gedanken über den Tod sind eine potentielle Gefahr, denn dann reagierst du sicher nicht richtig.« Wenn doch etwas passiert, beruhigen sich die Offiziere, dann, das ist sicher, werden sie gerettet.

Olga dagegen schaudert bei der Vorstellung, dass über dem U-Boot Hunderte Meter Wasser sein könnten. Auf einem Schiff wäre es schon ganz etwas anderes, da ist wenigstens Luft zum Atmen – aber hier, gefangen in der Röhre. Die Furcht verfolgt die junge Frau, und sie achtet auf die bösen Zeichen. In der Wohnung zerbricht der Spiegel, und beide erschrecken. Das gilt in Russland als ein schlechtes Omen. Doch Mitja sagt: »Lass uns schnell die Scherben wegräumen. Das Wichtigste ist, dass Du nicht in die Splitter schaust.«

Kapitänleutnant Dmitrij Kolesnikow und seine Frau Olga vor dem Ehrenwappen der »Kursk« am Turm des U-Bootes. Olga besucht im Juli 2000 zum ersten Mal die Garnison Widjajewo – ihre zukünftige Heimat, wie sie denkt.

Dann schenkt er ihr ein Gedicht, das mit einem Vierzeiler endet:

»Wenn die Stunde kommt zu sterben,
Obwohl ich solche Gedanken verjage,
Möchte ich noch eines Dir zuflüstern,
Meine Teure, ich liebe Dich.«

Ein leichtes Grauen befällt Olga, als sie die Zeilen liest. Sie fürchtet nun die Einsamkeit. Als er einmal zwei Tage durchgehend Dienst hat auf der »Kursk«, tritt sie nachts ans Küchenfenster und schreibt mit ihrem Lippenstift auf die Glasscheibe: »Wo bist Du, mein Geliebter?«

Am 10. Juli fährt Olga vom Bahnhof in Murmansk zurück nach Sankt Petersburg. 24 Stunden dauert die Fahrt. Am Abend zuvor hat Mitja ihr in die Videokamera gesprochen: »Noch ein Tag, dann wird es hier wieder leer sein, trostlos und einsam.« Die Kassette nimmt sie mit. Ihr Mann bringt sie zum Zug, trägt ihre Taschen ins Abteil. Dann umarmt er sie plötzlich ganz fest und weint. Als Olga am nächsten Morgen durch das Geruckel des Waggons erwacht, schaut sie auf das Abteilfenster und sieht dort die hingekritzelten Worte: »Ich liebe Dich«. Das hat Mitja kurz vor der Abfahrt heimlich als kleine Abschiedsbotschaft in den Staub auf der Scheibe geschrieben.

Er schickt ihr Briefe nach Sankt Petersburg, und sie planen die Zukunft. Im Winter will sie ihren Beruf aufgeben und nach Widjajewo ziehen, in die schäbige Wohnung. Kinder möchte sie bekommen, und sie kauft einen Kinderwagen, der noch monatelang in ihrer Diele stehen wird, dort, wo Gäste die Stiefel abstellen. In drei Jahren verlässt er die Flotte, und im Scherz stellen sie sich vor, in das Haus ihrer Mutter zu ziehen und ein Loch in die Dekke zum ersten Stock zu schlagen als Luk, wie im U-Boot.

Zum Winter soll Mitja zu einer großen Fahrt ins Mittelmeer aufbrechen. Olga träumt davon, bei seiner Rückkehr am Anleger zu stehen und ihn zu begrüßen. Immer wieder legt sie das Video aus Widjajewo ein, um sich ihm nahe zu fühlen, betrachtet die Bilder, auf denen sie mit befreundeten Paaren zwischen dem kargen Strauchwerk des Nordens picknicken. Die Männer lachen anfangs verkrampft, später löst der Alkohol die Verlegenheit auf, und sie prosten in die Kameralinse, voller jungenhaftem Stolz, leicht und frei im Glück der Gedankenlosigkeit. Die Gegenwart gehört ihnen, und die Zukunft, da sind sie sicher, werden sie erobern.

Der Abschied

Als sich Oberfähnrich Nikolaj Misjak von seiner Schwiegermutter in Belgorod verabschiedet, gibt sie ihm einen guten Rat: »Geh nicht unter mit Deinem U-Boot!« Eigentlich hatte Misjak gar nicht hierherkommen wollen, nach Belgorod, 2700 Kilometer südlich von Widjajewo. Doch dann konnte ihn seine Frau am Telefon überreden, sie und die Kinder aus dem Urlaub abzuholen und bei dieser Gelegenheit selbst ein paar Tage auszuspannen. »Du bist doch kein General!« sagte sie ihm. »Es muss doch auch ohne Dich gehen! Du bist ein Fähnrich!« Den ganzen Sommer hatte sie sich auf dem Land vom Garnisonsleben erholt – ihr Mann sollte wenigstens ein paar Tage Urlaub bekommen. Schließlich stimmte er zu.

Nun hat es Misjak wieder eilig, nach Widjajewo zurückzureisen. Denn er steht im Wort. »Du kannst fahren«, sagte ihm Kapitän Gennadij Ljatschin, als sie den Kurzurlaub durchsprachen, »aber bei der Schießübung brauche ich Dich!« Misjak ist einer der erfahrensten Männer an Bord der »Kursk«, einer der wenigen, die sogar schon beim Bau in Sewerodwinsk dabei waren und beim Stapellauf im Mai 1995. Seinem Kapitän musste er versprechen, pünktlich zu sein. Der Zug aus Belgorod fährt direkt nach Murmansk. »Wenn auf der Strecke nichts passiert«, rechnet Misjak, »werde ich rechtzeitig in Widjajewo sein.«

Nadeschda Tylik kommt bereits Anfang August aus dem Urlaub zurück: Jedes Jahr besucht sie zusammen mit ihrem Mann ihre gemeinsame Heimatstadt Anapa in Südrussland. Doch sie freut sich, wieder nach Widjajewo zurückzukehren, denn hier ist Katja, die Tochter, und Sergej, ihr Sohn. Den sieht sie etwas seltener, seit er eine eigene Familie hat. Aber sie weiß immer noch, wo er gerade steckt: Er wohnt in der Nachbarschaft und ist so nah, dass sie ihn aus dem Fenster beobachten kann, wenn er morgens zur Arbeit geht. Nach dem Dienst auf der »Kursk« kommt er manchmal zu Besuch. »Er hat mich niemals vergessen«, sagt Nadeschda. »Wir gehörten zusammen.«

Oberfähnrich Nikolaj Misjak an seinem Arbeitsplatz in der »Kursk«. Das U-Boot, so dachte er beim Stapellauf, sollte ihm und seiner Familie Glück und eine reiche Zukunft bringen.

Nach ihrer Rückkehr aus dem Urlaub sieht sie ihn gerade zweimal – da kommt er schon wieder, um sich zu verabschieden. An Trennungen ist sie eigentlich gewöhnt. Auch ihr Mann diente als Offizier bei der Flotte. Er machte Karriere, wurde Kommandant eines U-Bootes und opferte der Marine mehr als zwei Jahrzehnte seines Lebens. Von 14 Jahren Dienst, rechnete sie einmal aus, verbrachte er gerade zwei Jahre zu Hause. »Der Dienst stand immer an erster Stelle«, sagt Nadeschda. Die meiste Zeit war ihr Mann irgendwo auf dem Meer unterwegs, genau wie jetzt Sergej, 24, Oberleutnant auf der »Kursk«.

Seine Mutter hätte ihm das harte Leben in der Garnison gern erspart. »Mir tat die Familie leid, die ohne den Mann leben muss.« Aber für Sergej, der an das Leben im Norden gewöhnt ist, kam kein anderer Beruf in Frage. Er ist ehrgeizig. Sofort nach seiner Ausbildung wurde er auf die »Kursk« versetzt und hat bald die Navigationsgruppe unter sich. »Du warst Kommandant«, sagt er seinem Vater manchmal, »aber ich werde Admiral.«

Als er nach dem Flottentag zu Besuch kommt, erzählt er den Eltern vom Manöver. An Bord der »Kursk« sollen Torpedos ge-

Nadeschda Tylik küsst ihren Sohn Sergej, Oberleutnant an Bord der »Kursk«. Der 25-Jährige war ein ehrgeiziger Offizier: Er träumte davon, Admiral zu werden.

testet werden, berichtet er. Er sagt auch, das sei sehr ernst: »Mama, wir haben den Tod an Bord.«

Nadeschda erschrickt. Doch Sergej beruhigt sie gleich: »Mach Dir keine Sorgen.« Spätestens am 15. August will er wieder zu Hause sein, zum Geburtstag seiner Frau Natalja. Als sich Sergej am Morgen von ihr verabschiedet, hat er schon seine Uniform an, und Natalja trägt Lisa auf dem Arm, die einjährige Tochter. »Es war ein gewöhnlicher Abschied«, sagt Natalja. »Für ein paar Tage. Nicht für ein Leben.«

Es ist noch vor sieben Uhr morgens und hell wie am Tag, als sich die Mannschaftsmitglieder auf den Weg zum U-Boot machen. Der Fregattenkapitän Wassilij Issajenko fährt zum ersten Mal auf der »Kursk« mit, weil an Bord ein Reaktorspezialist gebraucht wird. Er schafft es sogar noch, seiner Frau zu sagen, dass er wieder unterwegs sein wird. Am Abend zuvor hat er frei, und auf dem Nachhauseweg sammelt er schnell ein paar Pilze. Gemeinsam isst die Familie zu Abend. Wassilij, Galina und ihre beiden Kinder sind gerade erst aus dem Urlaub von der Krim zurückgekehrt. Sie fühlen sich gut erholt und haben neue Pläne für die Zukunft. Vielleicht wollen sie bald in einen kleinen Ort bei Sankt Petersburg ziehen.

In düsterer Stimmung verlässt Wiktor Kusnezow das Haus: Er macht sich noch immer Sorgen um seine todkranke Mutter Olga. Sie hat die Krebsoperation überlebt und soll nun mit dem Zug zurück nach Kursk fahren. Sobald er aus dem Manöver zurückkehrt, will er sie unbedingt anrufen.

Wassja Kitschkaruk hat nicht einmal seine Zahnbürste eingepackt. Der Fähnrich möchte gern an Land bleiben: Kitschkaruk kommt in den letzten Wochen mit seiner Arbeit nicht hinterher. Zu viele Dokumente haben sich angesammelt: Er ist für die Bestellung von Lebensmitteln und Material zuständig und wird dafür nicht einmal extra vergütet. Deshalb hätte er jetzt gern frei. Er lässt sogar seinen Freund Iwan Nessen bei Ljatschin vorsprechen, damit er nicht zum Manöver muss. Doch der Kapitän bleibt hart. »Ich mag es, wenn alle an Bord sind«, sagt Ljatschin und lächelt. Am Abend muss Kitschkaruk noch rasch seine Sachen holen. Bevor er aus dem Haus geht, küsst er die Kinder. »Ich bin bald wieder da«, sagt er ihnen.

Irina Ljatschina, die Frau des Kapitäns, vergisst beim Abschied diesmal ihren Lieblingswitz: »Flirte nicht mit anderen Frauen«, sagt sie ihrem Mann Gennadij sonst, »und trink nur Wasser.« Ljatschins Tochter Dascha gibt ihrem Vater gewöhnlich eine Puppe mit auf die Fahrt. Doch das tut sie heute nicht. Die Familie ist ein wenig traurig. Denn eigentlich sollte auch Ljatschins Sohn Gleb, ein Offiziersschüler, mit an Bord der »Kursk« sein, um dort, beim Vater, ein Praktikum zu absolvieren. Doch es klappte nicht, und Gleb ist noch immer enttäuscht darüber. Das Manöver soll schließlich die letzte Ausfahrt seines Vaters sein. Denn die Familie hat genug vom Leben im Norden. Der Alltag strapaziert die Nerven. Der 45jährige Kommandant, der mit seinen Atomraketen den dritten Weltkrieg auslösen könnte, verdient gerade 400 Mark im Monat. In der Wohnung steht ein elektrischer Ofen, nachdem bei der letzten Reparatur im Haus der alte Heizkörper zwar herausgerissen, doch kein neuer an die Rohre angeschlossen wurde. Warmwasser bereitet sich die Kapitänsfamilie mit dem

Elektrokocher. Nach 23 Jahren in Widjajewo wollen die Ljatschins wieder nach Zentralrussland ziehen. Die Gebietsverwaltung in Kursk versprach, ihnen eine Wohnung zu stellen und bei der Arbeitssuche zu helfen. Der Kapitän freut sich auf die letzte Fahrt. Unterwegs wird er, wie es die Tradition verlangt, seine Pantoffeln ins Meer werfen, bevor er für immer von Bord geht. Irina winkt ihrem Mann ein letztes Mal durchs Fenster zu.

Ljatschins Nachfolger an Bord der »Kursk« steht schon fest: Michail Kozegub, die rechte Hand des Kapitäns, soll nach dem 15. August das Kommando übernehmen. Eigentlich wollte auch er am Manöver teilnehmen. Doch dann bestellte ihn der Flottenstab ins Hauptquartier nach Seweromorsk. Kozegub bleibt an Land.

Auch ein anderer fährt nicht mit. Der Fähnrich Nikolaj Kirillow bekam kurzfristig Sonderurlaub, weil seine Mutter in Ischewsk erkrankt war. Am Tag zuvor ist er abgereist. Schnell suchte Ljatschin Ersatz für ihn. Schließlich springt der Fähnrich des U-Bootes »Woronesch«, Andrej Poljanskij, ein.

In der Eile schafft es Poljanskij nicht einmal, seiner Frau Oksana zu sagen, dass er mit der »Kursk« zum Manöver aufbricht. Denn Oksana ist gerade in Südrussland, und dort hat sie kein Telefon. Jedes Gespräch ins Postamt muss er umständlich per Telegramm ankündigen. Andrej beschließt, sich diese Mühe nicht zu machen. Was sind schon vier Tage? Er ist glücklich und ausgelassen: Vor sechs Wochen hat Oksana in Südrussland einen Sohn auf die Welt gebracht. Vier Jahre lang hat das Paar auf das Kind gewartet. Andrej konnte Nikita, den kleinen Jungen, noch nicht sehen. Ungeduldig hat er Oksana im letzten Brief gefragt, wem das Baby eigentlich ähnlich sieht. Im September wird er seine Familie endlich nach Widjajewo holen.

Im Militärkrankenhaus der Flottenbasis Sapadnaja Liza packt der Fähnrich Oleg Sucharew am Morgen des 10. August schnell seine Seifensachen zusammen. Wegen einer Krümmung der Nasenscheidewand hatten ihn die Ärzte am 24. Juli eingewiesen. Er war nicht begeistert von dem Aufenthalt im Krankenhaus, aber die Atmungsorgane müssen für eine Tauchfahrt auf dem U-Boot in Ordnung sein, erklärten ihm die Ärzte. Nun ist die Wunde geheilt, und Sucharew beeilt sich, pünktlich nach Widjajewo zu kommen. Zum Manöver soll er wieder an Bord sein. Doch als er den Pier erreicht, ist der Anlegeplatz schon leer. Das U-Boot ist früher als geplant ausgelaufen, und im Krankenhaus hatte ihm niemand Bescheid gesagt. Oleg Sucharew meldet sich beim Diensthabenden ab, damit er später keinen Ärger bekommt.

In der Eile hatte es die Mannschaft nicht einmal geschafft, die dicken Torpedos von Bord zu bringen. Sie sind gut zehn Meter lang, die größten der russischen Flotte. Ihr Antrieb, ein Gemisch aus Kerosin und Wasserstoffperoxid, ist hochexplosiv. Während eines Manövers dürfen sie laut Dienstvorschrift eigentlich nicht an Bord sein. Doch in Widjajewo gibt es keine Spezialkräne zum Ausladen mehr. Zu Sowjetzeiten waren in der Nordflotte noch 77 in Betrieb. Nun sind die meisten nicht mehr funktionstüchtig, die Nutzungsfristen wurden längst überschritten. 516 Millionen Rubel, 39 Millionen Mark, forderte die Staatsduma bereits für die nötigen Reparaturen. Doch die Regierung folgte dem Parlamentsbeschluss nicht. Die Mannschaften haben sich seit langem an den Missstand gewöhnt: Wer Waffen ausladen will, muss manchmal wochenlang warten. Über die Verletzung von Manöverregeln wundert sich deshalb keiner.

Auch andere Waffen sind an Bord. Die »Kursk« hat 22 »Granit«-Raketen geladen, von denen eine während der Marineübung verschossen werden soll. In der ersten Sektion des U-Bootes liegen die Torpedos vom Typ »Uset-80«, solide und pflegeleichte Waffen mit elektrischem Antrieb. Einen solchen Torpedo, der zu Übungszwecken anstelle des Gefechtskopfs mit einer speziellen Spitze bestückt wird, soll die »Kursk« während des Manövers auf einen Schiffsverband abfeuern. Vielleicht sind auch »Schkwal«-Torpedos an Bord, die wertvollste Fracht im Bauch des U-Bootes. Diese Wunderwaffe der russischen Marine misst acht Meter Länge und hat ein Kaliber von 53 Zentimetern. Bereits in den 80er Jahren wurde der Prototyp des Raketentorpedos entwickelt, dessen Name »Sturmböe« nicht ganz unberechtigt ist. Während normale Torpedos eine Geschwindigkeit von nicht ganz 100 Kilometern pro Stunde erreichen, zieht der »Schkwal« mit knapp 400 Kilometern pro Stunde durch die See. Der Westen fürchtet die Unterwassergeschosse, die mit taktischen Atomsprengköpfen bestückt werden und ganze Trägerkampfgruppen vernichten können, ohne dass diesen Zeit zur Gegenwehr bliebe. Die Waffe, so heißt es, sei eine »Revolution unter Wasser«.

Als die »Kursk« ins Manöver aufbricht, bleibt noch einer an Land. »Es wäre gut, wenn Nessen während des Manövers die Löhne vorbereiten kann«, sagt am Abend zuvor Ljatschins Assistent. Iwan Nessen, Oberfähnrich an Bord, ist für die Buchhaltung zuständig, und im Monat zuvor hatte es Probleme mit den Löhnen gegeben: Die Mannschaft war von einer Ausfahrt zurückgekehrt, und in der Finanzabteilung der Garnison hatten die Offiziere keine Zahlungsunterlagen vorbereitet. Der Sold wurde damals mit Verspätung ausgegeben. Das darf nicht wieder passieren, denkt Ljatschin. »Ich bestätige«, antwortet der Kapitän. »Nessen bleibt.«

Der Oberfähnrich macht sich sofort an die Arbeit. Sein Computer steht an Bord des U-Bootes, und Nessen weiß: Wenn er die Lohnzettel in der Nacht nicht fertigtippt, muss er doch mit zum Manöver. Am frühen Morgen hat er es geschafft. Ihm bleibt sogar noch Zeit fürs Frühstück. Dann legt er sich in seine Koje und döst. Vom Kommando »Alles auf die Plätze« wird er wach. Ruhig packt er seine Sachen. Bis die Leinen gelöst werden, sind noch 15 Minuten Zeit. Er steigt nach oben, während die Besatzung betriebsam durch das Boot eilt.

Dmitrij Kolesnikow, Kapitänleutnant in der Turbinenabteilung, läuft ihm über den Weg: Er ist gut gelaunt, denn er hat heute Geburtstag. Gestern hat er sich am Telefon rasch von seiner Frau Olga in Sankt Petersburg verabschiedet. Sie sollte wissen, dass sie ihn heute nicht erreichen kann. Ihre Glückwünsche und ihr Päckchen würde er nun erst bekommen, wenn er am nächsten Mittwoch nach Widjajewo zurückkehrt.

Im Torpedoraum richten sich die beiden Experten der kaukasischen Firma »Dagdisel« ein. Sie sollen während des Manövers Waffentests durchführen und sind zum ersten Mal an Bord der

»Kursk«. Ihr Auftrag ist so geheim, dass nicht einmal ihre Familien in Dagestan erfahren haben, auf welchem U-Boot die Männer eingesetzt sind. Doch daran haben sie sich längst gewöhnt. »Dagdisel« ist ein streng geschlossener Betrieb: Zu Sowjetzeiten war es sogar verboten, den Namen des Rüstungsunternehmens zu nennen.

Waffentests sind während eines Manövers zwar eigentlich untersagt. Aber der Nordflotte schien es praktischer, die Manöverausfahrt gleich dafür zu nutzen, denn das spart Treibstoff.

Welche Experimente die Ingenieure durchführen sollten, hat die Öffentlichkeit in Russland bis heute nicht erfahren. Vielleicht wollten sie den elektrischen Antrieb der Übungstorpedos »Uset-80« durch die flüssige, hochexplosive Mischung aus Wasserstoffperoxid und Kerosin ersetzen: Die Antriebsbatterien enthalten teure Platinen aus Silber, die von den Soldaten manchmal geklaut werden. Die Tests sind wichtig. Seit Jahren bleiben bei »Dagdisel« die Aufträge aus, und einige Abteilungen des einst so prestigeträchtigen Unternehmens mussten Mitte der 90er Jahre auf die Produktion von Mähdreschern ausweichen. Doch jetzt interessiert sich China für die Torpedos. Nach erfolgreichen Tests, so heißt es, werden sie vielleicht mit einer großen Bestellung aus Peking belohnt.

An Bord merkt keiner den beiden Ingenieuren die Aufregung an. Mamed Gadschijew ist ein erfahrener, ruhiger Mitarbeiter, ein talentierter Konstrukteur, der bereits in vielen U-Booten durch die Meere getaucht ist. Gerade wurde er zum Abteilungsleiter befördert. Sein Kollege Arnold Borissow, Mitglied der Flotte, hat sich zu »Dagdisel« versetzen lassen, um nicht auf einem U-Boot dienen zu müssen. Es ist seine erste Dienstreise. Kurz vor der Abfahrt muntert Gadschijew ihn auf. »Wir werden in der Kapitänskajüte sitzen und Spezialverpflegung erhalten«, sagt er seinem Kollegen.

In der zweiten Sektion bereitet Boris Geletin seinen Arbeitsplatz vor. Für das Manöver hat er seinen Urlaub doch unterbrochen: Er hält es für seine Pflicht, bei der wichtigen Schießübung dabei zu sein. Außerdem soll ihn die Fahrt vom Tod seines Sohnes ablenken. Sein Vater Wladimir wird in den nächsten Tagen rund um die Uhr im Flottenstab von Seweromorsk arbeiten. Er ist einer der leitenden Offiziere des Manöverstabes, alle Informationen laufen bei ihm zusammen. Wladimir ist sehr stolz auf seinen Sohn: »Ich weiß, er würde immer wieder so handeln.«

Auch Alexander Ruslew meldet sich zum Dienst. Der Bootsmann des U-Bootes »Woronesch« fährt nur ausnahmsweise auf der »Kursk« mit: Denn das Manöver wurde um einige Tage vorverlegt, und Nikolaj Misjak, der Bootsmann der »Kursk«, ist noch immer mit dem Zug aus Belgorod unterwegs. Erst drei Tage später trifft er in Widjajewo ein. Noch im Bus nach Hause wird er erfahren, dass er zu spät kommt. Er grämt sich und macht sich Vorwürfe: Es ist das erste Mal, dass die »Kursk« ohne ihn abgefahren ist.

Für Alexander ist es kein Problem, seinen Kollegen zu ersetzen. Er lebt seit Jahren nur für seine Arbeit. Still und müde ist er geworden, seit er auf dem U-Boot dient, bemerken die Freunde. Er spielt kein Fußball mehr, geht nur noch selten zum Fischen. Er hat nicht einmal eine Familie. Den Freunden kommt es manchmal so vor, als habe er mit seinem Leben bereits abgeschlossen.

Nessen steigt von Bord, dreht sich auf dem Anleger um und grüßt die »Kursk« mit der flachen Hand an der Mütze. Eigentlich müsste er sich beeilen. Doch ein seltsames Gefühl hält ihn fest. Auf dem Turm des U-Bootes sieht er nun Kapitän Ljatschin. Nessen blickt auf die Uhr. Es ist genau neun Uhr morgens am 10. August. Die »Kursk« legt vom Pier Nr. 10 ab, dreht sich, nimmt langsam Fahrt auf und entschwindet am Ausgang der Bucht in Richtung Meer.

Das Manöver

Selbstbewusst tritt der Chef der Nordflotte, Admiral Wjatscheslaw Popow, in Seweromorsk vor die Fernsehkameras. Es ist ein wichtiger Tag für ihn: Am nächsten Morgen soll das Marinemanöver 2000 beginnen – das größte seit zehn Jahren. »Wir wollen zeigen, wozu die Flotte fähig ist«, prahlt er: Die Übung sei der letzte wichtige Schritt, bevor zum ersten Mal ein Schiffsverband der russischen Flotte ins Mittelmeer startet. Die Journalisten freuen sich über die optimistischen Worte. »Wir waren in diesem Moment sogar ein bisschen stolz auf die Nordflotte«, sagt Oleg Nugajew, der das Manöver als Kameramann für das Staatsfernsehen ORT filmen soll. »Wir dachten, dass sich wirklich etwas geändert hat.« Doch dann folgen die alten Klagen über den teuren Treibstoff und die lästigen Sparmaßnahmen: »Es ist also doch alles wie immer«, denken die Korrespondenten.

Die Kameraleute, die für das russische Fernsehen in Murmansk arbeiten, haben Erfahrung mit Manövern. Besonders erfolgreich war die Übung im Jahr zuvor. Damals gab es so viel zu filmen, dass sie zum Schluss kein Material mehr übrig hatten: Alle Leerkassetten waren bespielt, die Batterien aufgebraucht. Als die letzten Raketen krachten, spielten sie deshalb aus Langeweile an Bord des Kreuzers Karten. »Es war ein Riesenlärm«, erinnern sie sich. »Die hörten gar nicht wieder auf zu ballern.« Mit viel Verspätung kehrten sie damals nach Hause zurück. Auf die neue Flottenübung hat deshalb keiner von ihnen Lust.

Die Kameraleute beschließen, das Manöver auch in diesem Jahr von Bord des Kreuzers »Marschall Ustinow« zu filmen. Von hier aus haben sie den besten Blick auf »Peter der Große«, den mächtigsten und modernsten Kreuzer der Nordflotte. Die Schiffe schwimmen stets parallel zueinander, auch der U-Boot-Jäger »Admiral Tschabanenko« ist nicht weit weg von ihnen.

Es ist herrliches Sommerwetter, als am Freitag, dem 11. August, morgens die Schießübungen beginnen. Draußen auf dem

Meer, acht Stunden Fahrt von der Küste entfernt, weht beinahe kein Wind, die Sonne strahlt vor wolkenlosem Blau. Guter Dinge legen die Kameraleute die ersten Kassetten ein. Die »Kursk« soll um zwölf Uhr mittags den Manövertag eröffnen. Der Abschuss des Marschflugkörpers ist von Bord des Kreuzers »Marschall Ustinow« mit bloßem Auge zwar nicht zu erkennen, doch durch die Objektive der Kameras sieht es schön aus, wie das U-Boot die Rakete aus der Tiefe der See in den Himmel drückt.

Danach warten alle auf den Höhepunkt des Tages. 40 Minuten später soll der Kreuzer »Peter der Große« eine »Granit«-Rakete abfeuern. Voller Spannung halten die Kameraleute ihre Objektive bereit. Doch es bleibt still. Wegen technischer Probleme wird der Schuss um eine Stunde verschoben, heißt es. Die Journalisten schaffen es noch, schnell zu Mittag zu essen, bevor um 13.40 Uhr der zweite Versuch folgt. Es ist wieder ein aufregender Moment, und diesmal sieht alles gelungen aus. Aufrecht zischt die Rakete in den Sommerhimmel. Oleg Nugajew, der Journalist aus Murmansk, hat seine Kamera genau auf das Geschoss gerichtet, das sich 500 Meter von ihm entfernt in die Höhe reckt.

Plötzlich kippt die Rakete ab. Schert aus dem steilen Bogen aus, taumelt. Sieben Tonnen Metall knallen ins Meer, schieben das Wasser haushoch nach oben. Die Seeleute an Bord des Kreuzers »Marschall Ustinow« schmunzeln ein wenig. Bevor »Peter der Große« vom Stapel lief, galt ihr Kreuzer als der modernste der Nordflotte. Sie sind immer noch eifersüchtig auf den neuen Konkurrenten, gönnen ihm heimlich sogar den peinlichen Misserfolg.

Minuten später beobachtet Nugajew, wie von Bord des Kreuzers »Peter der Große« der Kommandohubschrauber in die Luft abhebt. Popow, der Chef der Nordflotte, verlässt offenbar das Manövergebiet. Das ist eigentlich nicht üblich bei einer Übung dieser Größenordnung. »Der ist sauer!«, lästern die Matrosen. »Jetzt bereitet er jemandem einen warmen Empfang!« Noch etwas Merkwürdiges passiert. Ein wenig später soll die »Kursk« angeblich einen Torpedo abschießen. Doch der Schuss bleibt scheinbar aus. Am Nachmittag spricht niemand mehr davon.

Nugajew wundert sich erst darüber, schiebt es aber rasch auf das Durcheinander des missglückten Manövers.

Denn das Desaster des zweiten Manövertages nimmt seinen Lauf. Die Mannschaft vom Kreuzer »Marschall Ustinow« soll nun »Basalt«-Raketen abfeuern, sechs Tonnen schwere Geschosse, die mehr als 550 Kilometer weit zielen können. Aber die Luken der Rohre öffnen sich nur kurz, stinkender Qualm steigt auf. Die Garantie der Raketen sei seit fünf Jahren abgelaufen, erzählen Offiziere an Bord. Die Flotte wolle so ihre alten Geschosse loswerden – als Sparmaßnahme bei der Verschrottung. Auch ein zweiter Versuch schlägt fehl. An Bord macht sich Galgenhumor breit. »Wo sind die Raketenleute?« brüllt der Kommandant des Kreuzers über Bordlautsprecher. Jemand antwortet: »Die haben sich aufgehängt!«

Am Nachmittag soll wenigstens noch das Waffensystem »Wasserfall« an Bord des Kreuzers »Marschall Ustinow« getestet werden. Die Flugkörpertorpedos tauchen erst ins Wasser und starten dann aus der Tiefe in den Himmel, damit der Besatzung an Bord nichts passiert. Die Antriebsstoffe gelten als hochgiftig. Doch nach dem Startzeichen geschieht wieder nichts. Das Geschoss bleibt einfach im Raketenrohr stecken. Den Kameraleuten wird schon ein bisschen mulmig: Was, wenn die giftigen Stoffe nun im Rohr explodieren? Die Seeleute haben aber offenbar keine Angst. Ein Mann in Zivilkleidung stochert mit einer Brechstange in der Öffnung herum, und die Rakete plumpst faul ins Wasser.

Der wichtigste Manövertag neigt sich seinem Ende zu, und die Kameraleute haben bislang fast nichts filmen können. Sie hoffen nicht einmal mehr auf die Raketenattacke. Dabei sollen die Panzerkreuzer einen Angriff der Raketenboote abfangen. Popow hatte sich die Übung für das Manöver im vergangenen Jahr ausgedacht, und damals war sie ein voller Erfolg gewesen. »Es war wahnsinniger Aufwand und irrsinnig laut«, sagt ein Journalist. Er fühlte sich dabei ziemlich unwohl. »Die können doch unser Schiff treffen«, dachte er. Alles ging gut im vergangenen Jahr. Diesmal fangen die Kreuzer nicht alle Geschosse ab – eines fliegt gleich weiter Richtung Norwegen. »Das große Manöver«, sagt ein Zeuge, »war ein totaler Reinfall.«

Mit beinahe leeren Filmkassetten kehren die Journalisten am nächsten Abend in den Hafen von Seweromorsk zurück. Im Fernsehen ist von dem Debakel nichts zu sehen. Den Beitrag über die Flottenübung strahlt der Sender RTR erst am Sonntag aus, als die »Kursk« schon einen Tag lang vermisst wird. Schamlos ist darin von einem »erfolgreichen Manöver« die Rede. Fast alle Bilder stammen aus dem Archiv. Wer sie aufmerksam betrachtet, dem fällt auf, dass im Beitrag sogar mehrmals das Wetter wechselt. Nur eine Aufnahme ist aktuell: der Start der Rakete vom Kreuzer »Peter der Große«. Der fehlgeleitete Einschlag ins Wasser wurde herausgeschnitten. Schon einen Tag später wird sich der Kameramann an diese Sequenzen erinnern.

Als Oleg Nugajew am Montag nachmittag vom Unfall der »Kursk« hört, fällt ihm die Rakete sofort wieder ein. Ein schlimmer Verdacht gärt in ihm. Wahrscheinlich wurde die »Kursk« von der Rakete getroffen, denkt er. Laut Manöverplan befand sich das Atom-U-Boot nämlich ganz in der Nähe des Kreuzers. Im Nachhinein scheint alles zusammenzupassen, glaubt der Journalist: Technische Probleme verzögerten den Raketenabschuss von Bord des Kreuzers genau um eine Stunde. Doch die Mannschaft der »Kursk«, die in dieser Zeit unter Wasser schwamm, wusste nichts davon: Um Verbindung zur Manöverleitung aufzunehmen, muss das U-Boot erst an die Oberfläche auftauchen. Vielleicht tat es das genau in dem Moment, als der Kreuzer »Peter der Große« zum zweiten Mal versucht, die Rakete abzuschießen. Die »Kursk« taucht auf – und lenkt damit das Geschoss um. Denn die Steuerelektronik im Kopf der Raketen orientiert sich sofort an empfangenen Funksignalen.

»Friendly fire« ist bei Manövern schon häufiger vorgekommen. Meist waren technische Pannen der Grund, doch oft führte auch Schlamperei zu einem Unglück. Zu Sowjetzeiten schoss ein Abfangjäger Su-11 bei Astrachan versehentlich ein Düsenflugzeug ab: Die Besatzung des Jägers hatte vergessen, die Kampfgeschosse gegen Übungsmunition auszutauschen. 1979 wies der

Stab eines Fliegermanövers den Piloten eines Düsenflugzeugs an, einem ungarischen Passagierflugzeug zu folgen. Er hatte es mit einem Manöverteilnehmer verwechselt. Eine Rakete schlug sogar schon einmal in einer Stadt ein: in Atyrau im Westen Kasachstans. In Tadschikistan flog ein Manövergeschoss in eine russische Panzerkolonne und tötete sechs Soldaten. Auch in der Ukraine landete eine Rakete nicht dort, wo sie eigentlich landen sollte: Sie zerstörte am 20. April 2000 ein Wohnhaus in der Stadt Browary.

Pannen gab es auch bei der Marine. Noch in der Sowjetunion wurde bei einer Übung in der Barentssee ein Beiboot von einer Rakete versenkt. Vor wenigen Jahren landete ein fehlgeleitetes Geschoss sogar in einem Waldsee in Finnland. Am 29. September 1996 verschwand ein ukrainisches Fischerboot spurlos: Die russische Flotte dementierte hartnäckig, dass sein Verschwinden etwas mit der Raketenübung der Schwarzmeerflotte zu tun hatte, die wenige Kilometer weiter zu Ende ging. Das letzte Unglück geschah am 24. April 2000, knapp vier Monate vor der Tragödie der »Kursk«. Ein Geschoss der Schwarzmeerflotte durchbohrte das zivile Schiff »Alexander Wereschagin«. Es hatte versehentlich das Manövergebiet durchkreuzt.

Wurde auch die »Kursk« von einer Rakete zerstört? Eine solche Tragödie würde jedenfalls erklären, warum Popow, der Chef der Nordflotte, so plötzlich das Manövergebiet verließ, überlegt der Murmansker Korrespondent Nugajew. Doch trotzdem ist sein Verdacht nicht mehr als ein schreckliches Gefühl.

Denn die »Kursk« hat noch einen Tag lang zu leben. Am Abend läßt Kapitän Ljatschin das U-Boot auftauchen: Nur so kann er die Funksignale des Manöverleiters Popow empfangen. Popow wiederholt noch einmal den Plan für den nächsten Tag. Morgen, Samstag, soll die »Kursk« einem Schiffsverband auflauern und einen Übungstorpedo verschießen. Ljatschin bestätigt, dass er die Aufgabe verstanden hat.

Nicht nur Nugajew und seine Kollegen haben das Manöver verfolgen können. Es lockte auch viele ungebetene Zuschauer und Lauscher an. Einige Nato-Staaten haben neugierig Spionageschiffe und U-Boote in die Barentssee geschickt, um festzustellen, auf welchem technischen Stand sich die Russen befinden. Die westlichen Aufklärer nehmen die russischen U-Boote bereits mit Hilfe von Satelliten wahr, besonders bei der Ausfahrt aus dem Kriegshafen, beim Auftauchen, aufgrund der Wärmespur oder gar beim Auswerfen des Mülls von Bord. Auch von Flugzeugen aus ist ein U-Boot der »Kursk«-Klasse zu orten, da es das erdmagnetische Feld seiner Umgebung spezifisch verändert. Doch während eines Manövers lassen sich durch die Auswertung des Funkverkehrs oder durch die Frequenzmessung der Flugkörper wie Raketen und der beteiligten Kreuzer noch viel mehr Informationen sammeln. Dafür lauern Spionageschiffe, vollgestopft mit Überwachungs-High-Tech, und vor allem U-Boote in der Nähe des Geschehens.

Die U-Boote haben den Vorteil, schwer auffindbar zu sein. Sie hängen sich unbemerkt an Flottenverbände und spionieren mit Hilfe von Schallspektrumsmessungen die Schiffe aus, von der Antriebsmaschine über den Dieselgenerator bis hin zur Mikrowelle in der Kombüse. Jedes Schiff hat seine eigene Abstrahlcharakteristik, und anhand der gemessenen Daten kann es exakt bestimmt werden. Auch die Klasse und Ausrüstung der beteiligten U-Boote lässt sich dank der hochentwickelten Sonarsysteme ausspionieren: Je größer und damit lauter ein U-Boot ist, desto stärker sind die Schallwellen, die es aussendet. Die »Kursk« war weithin wahrnehmbar, vermutlich, so schätzen Experten, über Dutzende von Seemeilen hinweg.

Das Katz-und-Mausspiel unter Wasser gehörte während der Konfrontation zwischen West und Ost zu den bevorzugten Vergnügungen der Admiralität. Die sowjetische Flotte hatte lange Zeit eher passiv agiert und vor allem die eigene Küste geschützt. Doch in den 60er Jahren trieb eine offensiver ausgelegte Strategie die östlichen U-Boote zum Spionagekrieg hinaus in die Ferne, vor allem vor die Küsten »kapitalistischer Feindstaaten« wie der USA, aber auch in die skandinavische Inselwelt. Die sowjetische Marine hat konsequent den schwedischen Schärengürtel erforscht, Hafen- und Marineanlagen ausgekundschaftet. Vermutlich wurden dabei vor allem Mini-U-Boote aus Leichtmetall mit zwei bis vier Insassen eingesetzt. Die batteriebetriebenen Minis waren nur schwer zu entdecken und konnten auch Spione aussetzen oder abholen.

Offiziell dementierte Moskau die Anschuldigungen aus Schweden und machte sich sogar über ein dort herrschendes »Periskop-Syndrom« lustig. Der schwedischen Marine gelang es trotz vieler Vorfälle nicht, die fremden Unterwasserobjekte ausreichend zu dokumentieren oder gar aufzubringen. Nur einmal, im Herbst 1981, wurde die U-Boot-Spionage der Sowjets offensichtlich. Vor dem Marinestützpunkt Karlskrona fuhr damals die »U-137«, ein Boot der »Whiskey«-Klasse, auf einen Felsen auf. Der Kapitän, so versuchte Moskau abzuwiegeln, habe betrunken falsch navigiert, und der Westen spottete über den russischen »Whiskey on the rocks«. In Wirklichkeit hatte die »U-137« sich während einer Spionagefahrt auf dem Felsen festgerammt.

Im Spionagekrieg unter Wasser erwiesen sich die Amerikaner mit ihren leiseren U-Booten und höheren Sonarleistungen den Russen gegenüber langfristig als wissenschaftlich und technisch überlegen. Die meisten US-Boote konnten die Gegner orten, bevor diese sie wahrnahmen. Sherry Sontag und Christopher Drew berichten in ihrem Buch »Jagd unter Wasser« von einer Rekord-Verfolgungsjagd, bei der im Jahr 1967 ein US-U-Boot ein bis dahin unbekanntes Boot der sowjetischen »Yankee«-Klasse 47 Tage lang verfolgte. Journalisten der »New York Times« erfuhren bald nach Beginn dieser Kundschafterfahrt davon und titelten in der Zeitung: »Neue sowjetische U-Boote lauter als erwartet«. Die Admirale in Moskau erfuhren so von der Verfolgung ihres Bootes aus der Zeitung.

Eine Glanzleistung gelang der US-Marine im Ochotskischen Meer, wo sie Anfang der 70er Jahre ein Unterseetelefonkabel anzapfte. Das amerikanische U-Boot »Halibut« hatte per Periskop am Strand ein Schild ausfindig gemacht, das vor der Beschädigung eines hier verlegten Kabels warnte. Es verband die Halbinsel Kamtschatka, wo sich geheime sowjetische U-Boot-Basen und Raketentestanlagen befanden, mit der Stadt Wladiwostok, in der das Hauptquartier der Pazifikflotte saß. Per Induktion konnten die Lauscher am Meeresgrund Gespräche abhören, ohne das Kabel zu beschädigen. Anfangs verharrte das U-Boot dazu wochenlang auf dem Meeresboden, später konstruierten die Amerikaner Abhörgestelle, die bis zu einem Jahr lang Gespräche aufzeichneten und dann per U-Boot abtransportiert wurden. Als die Sowjets nach mehr als zehn Jahren auf die Abhöranlagen an ihrem Seekabel aufmerksam wurden und sie bargen, entdeckten sie auf einem Bauteil den Stempel »Eigentum der Regierung der Vereinigten Staaten«.

Die Flotte ihrer U-Boote war und ist für die Großmächte von immenser Bedeutung, da sie einen wichtigen Baustein der atomaren Abschreckung darstellt. Im Gegensatz zu den landgestützten Interkontinentalraketen oder den Flugzeugstaffeln mit Atombomben sind die strategischen Raketen-U-Boote nur schwer zu orten und auszuschalten. Als klassische Zweitschlagwaffe verleihen sie der Abschreckungspolitik erst Glaubwürdigkeit. Das gibt dem Kräftemessen der Besatzungen raketentragender U-Boote beim Anschleichen, Warten und gegenseitigen Belauern seine besondere, gefährliche Note. Gegen die riesigen sowjetischen U-Boote, länger als ein Fußballfeld und mit bis zu 20 ballistischen Raketen bestückt, blieb nur eine effektive Art der Spionage: eigene U-Boote. Die amerikanische Marine setzte alles daran, Informationen über die waffenstarrenden Unterwasserfestungen zu sammeln. Das war ihr manches Risiko wert und der Grund für die jahrzehntelangen Erkundungsfahrten aus kurzer Distanz.

Das Verfolgungsspiel kann leicht zu einer Kollision führen: Die Kapitäne navigieren ihre Unterwasserschiffe, indem sie ständig die Messung der Schallwellen ihrer Umgebung interpretieren. Die hochsensiblen Lauschanlagen der Hydroakustiker sind die Augen des U-Bootes. Bei dieser passiven Ortung von Objekten ist das U-Boot allerdings nach hinten beinahe »blind«, da das Geräusch der eigenen Schrauben die Schallortung unmöglich macht. Es entsteht eine Zone »akustischen Schattens«. Dies nutzt der Jäger aus und folgt dem belauerten U-Boot möglichst dicht. Um zu erkennen, was sich hinter ihnen abspielt, befehlen die Kapitäne sogar manchmal scharfe Manöver bis hin zu einer

Wende um 180 Grad – überraschend für den Verfolger. Das U-Boot kommt dann mit Höchstgeschwindigkeit auf seiner ursprünglichen Bahn zurück. Ein Manöver, das die amerikanischen Seeleute als »Crazy Iwan« bezeichnen. Wenn sich die Boote dabei zu nahe kommen und ein kleiner Fehler passiert, stoßen sie zusammen.

Die Zahl aller Kollisionen ist ein wohlgehütetes Geheimnis. Die Militärs und Geheimdienste sind zudem leicht versucht, manche Angaben zu manipulieren, um der Politik gegenüber die Bedeutung der eigenen Arbeit zu unterstreichen und sich weitere Fördermittel zu sichern. Dem Zusammenprall des Metalls unter Wasser folgte auf dem Land eine eingespielte Diplomatie, um die psychologischen Schäden für das Verhältnis der Großmächte gering zu halten. Nach den letzten beiden Kollisionen amerikanischer und russischer U-Boote 1992 und 1993 ordneten die US-Präsidenten an, die Zahl der Aufklärungsfahrten zu verringern und auf Distanz zu achten. So wird bei Manövern angeblich ausreichend Abstand gehalten, doch die U-Boot-Kapitäne schwimmen in einer Grauzone und haben dabei immer das Ziel der militärischen Vorteilsnahme vor Augen.

Das Sommermanöver in der Barentssee und die Aktionen der »Kursk« wurden von mindestens drei westlichen U-Booten und zwei Aufklärungsschiffen verfolgt. Die amerikanischen U-Boote »Memphis« und »Toledo« und die englische »Splendid« überwachten das Übungsgebiet. Die US-Marine beteuerte später, ihre Boote hätten einen Sicherheitsabstand von 70 Seemeilen eingehalten. Aber in Wirklichkeit, so erzählen Marineoffiziere, beachten die Kommandanten diese Regel nicht immer und dringen sogar manchmal ins Übungsgebiet ein. 1997 näherte sich ein amerikanisches U-Boot der »Los Angeles«-Klasse bis auf vier Meilen russischen U-Booten, die Interkontinentalraketen abschießen sollten. Erst als Hubschrauber Wasserbomben abwarfen, verschwand der Eindringling aus dem Operationssektor.

In der Barentssee sind auch die Spionageschiffe »Loyal« aus den USA und »Marjata« aus Norwegen auf Lauschposition gefahren. Sie zeichnen in einer Flut von Daten ein verkorkstes

Manöver auf, das am Samstag planmäßig seinem Ende entgegengeht. Der Moskauer Verteidigungsminister erholt sich von den schweren Debatten am Vortag im Sicherheitsrat, Präsident Putin fliegt in seinen Urlaub ans Schwarze Meer, und halb Russland döst auf den Datschen vor sich hin. Es scheint ein ganz normaler Sommertag im August zu sein, sonnig und träge.

Zwei Explosionen

Der schnarrende Alarmton gellt durch das Gewirr von Röhren, Maschinen und Menschen. Er erfüllt das Boot von der Bugspitze bis zum Heck, dröhnt in den Ohren der Seeleute und elektrisiert ihre Nerven. Ein Torpedoabschuss steht bevor. Kommandos hallen durch die Sektionen, und die Männer hasten zur Gefechtsbereitschaft an ihren Platz im U-Boot. Schnell, der Torpedo muss raus aus dem Rohr, raus aus der »Kursk«. Kapitänleutnant Dmitrij Kolesnikow beobachtet mit wachen Augen in der siebten Sektion die Messanzeigen seiner Instrumente. Nebenan lärmen die Turbinen. Vom Knall des Torpedoschusses würde er wohl wie immer nichts spüren, hier im Heck des riesigen U-Bootes. Die Luken zwischen den Sektionen sind geschlossen. Konzentriert wartet die Mannschaft auf den entscheidenden Moment: Die »Kursk« übt den Krieg im Manöver, und dabei geht es an Bord um Leben und Tod.

Für den Menschen ist das U-Boot eine Zone höchsten Risikos. Besonders jetzt, vor dem Abschuss, fühlt das jeder. Anspannung packt die Seeleute. Sie haben jeden Handgriff Hunderte Male geübt und verschmelzen erneut mit der Maschine zu einer Einheit, zu einer tödlichen Unterwasserwaffe. Bisher ist immer alles gut gegangen.

Im Bug des Giganten befindet sich die erste Sektion, groß wie eine Sporthalle, unterteilt in mehrere Decks. Hier lagern die Torpedos, Übungs- und Gefechtswaffen, säuberlich aufgereiht, ein Arsenal des Todes. Die elektrisch angetriebenen Unterwassergeschosse, Kaliber 533, liegen auf Stellagen bereit, daneben die hochentzündlichen »Dicken« mit einem Durchmesser von 65 Zentimetern – ein grünes, zigarrenförmiges Metallgeschoss mit roten Bauchringen und schwarzer Spitze. Das Werkzeug der Seeleute in der ersten Sektion wird aus einer Speziallegierung hergestellt, damit es nicht aus Versehen beim Auftreffen auf Metall einen Funken schlägt. Die Zangen und Gabelschlüssel müssen fettfrei sein, da Ölreste unabsichtlich Sauerstoff in Brand setzen könnten. Der Torpedoschütze, so scherzen die U-Bootfahrer gegen den Schrecken an, macht nur einmal im Leben einen Fehler.

In der ersten Sektion der »Kursk« haben die Seeleute ihre Posten eingenommen. Vorne an den linken Torpedoschächten warten die zwei Vertreter der Militärfirma »Dagdisel« auf den Abschuss. Der Torpedo, der mit dem gewaltigen Feuer seines Antriebs gleich die Barentssee durchschneiden soll, steckt in einem der rechten Schächte.

In der Kommandozentrale in der zweiten Sektion laufen aufgeregt die hohen Offiziere zusammen. Fünf Vertreter des Garnisonsstabes der 7. U-Boot-Division von Widjajewo haben ausnahmsweise den schwankenden Boden der »Kursk« betreten, um während des Manövers dem Kommandanten und seiner Crew bei der Arbeit zuzusehen. Kapitän Gennadij Ljatschin spürt die Nervosität in der stählernen Röhre vor dem Abschuss. Es ist seine letzte Ausfahrt, und nur noch ein paar Torpedoschüsse trennen ihn vom Abschied von der »Kursk«. Doch heute will es Ljatschin allen noch einmal zeigen: Die Teilnehmer des Manövers werden für ihr Können während der Übungen von den Offizieren des Stabes benotet. Die »Kursk« soll als Primus in den Hafen zurückkehren. Gespannt sehnen alle das Kommando »Pusk« herbei – »Feuer«.

Bereits am frühen Morgen des 12. August hatte die Kursk ihren Übungssektor für diesen Manövertag erreicht, etwa 140 Kilometer nordöstlich von Murmansk im Eismeer. Das Planquadrat, in dem nur Schiffsbewegungen stattfinden sollen, die der Routenplan des Manövers vorsieht, ist 15 mal 20 Meilen groß. Innerhalb des Sektors darf der Kapitän der »Kursk« autonom handeln. Das U-Boot kann durchaus ohne Kontakt zum Kommandostab längere Zeit abtauchen. Der Sektor umfasst Gebiete, die nur gut 100 Meter tief sind, extrem flach für den U-Boot-Riesen.

Zuerst feuerte die »Kursk« erfolgreich einen Marschflugkörper ab. Danach ging der Manövereinsatz seinem krönenden Abschluss entgegen: Die Aufgabe der »Kursk« bestand darin, zwischen 11.30 Uhr und 18 Uhr einem Schiffsverband aufzulauern, der das Planquadrat auf südöstlichem Kurs durchfahren sollte. Es galt, das Hauptschiff, den Kreuzer »Peter der Große«, zu orten und einen Übungstorpedo abzuschießen. Diese Torpedos sind an der Stelle des Sprengkopfes mit einer Apparatur bestückt, die das Ansteuern des Ziels elektronisch erfasst. Wenn das der Fall ist, gilt der Schuss als erfolgreich. Der Torpedo taucht nach dem virtuellen Treffer auf, wird von speziellen Schiffen aus dem Wasser gefischt und zur Auswertung der gesammelten Daten in die Garnison zurückgebracht.

Um 8.51 Uhr meldet sich Kommandant Ljatschin über Funk beim Flottenstab in Seweromorsk: »Wir sind bereit zum Einsatz.« Der Stab erteilt die Erlaubnis, mit dem Manöver wie geplant fortzufahren. Es ist offiziell der letzte Funkkontakt mit der »Kursk«. Das U-Boot taucht ab und gleitet mit etwa acht Knoten Geschwindigkeit in Sehrohrtiefe voran, mit ausgefahrenen Antennen, auf der Suche nach dem Torpedoziel. Das »feindliche« Schiff, die »Peter der Große«, befindet sich zu dieser Zeit vermutlich noch etwa 30 Meilen im Nordwesten des Sektors der »Kursk«.

Doch vielleicht hat Ljatschin noch einen weiteren Funkspruch abgesetzt. Wiktor Baranez, ehemaliger Offizier des Generalstabs, berichtet, der Kommandant habe gegen elf Uhr aufs höchste alarmiert noch einmal mit dem Stab Kontakt aufgenommen. Er habe einen defekten Torpedo an Bord gemeldet und dringlich gefragt: »Was sollen wir tun? Bitte um Erlaubnis für Abschuss.« Es besteht höchste Explosionsgefahr, denn die »Dicken« besitzen allein durch ihr Antriebsgemisch aus Kerosin und Wasserstoffperoxid die Zerstörungskraft einer kleinen Bombe. Die Zeit verrinnt, der Stab zögert lange mit der Antwort. Zu lange.

Am Samstag, dem 12. August 2000, zeichnet der Computer der seismologischen Station von Karasjok in Nordnorwegen um 11 Uhr, 28 Minuten und 27 Sekunden Moskauer Zeit eine Explosion im Manövergebiet der Barentssee auf. 2 Minuten und 15 Sekunden später folgt eine zweite, viel gewaltigere Explosion mit der Stärke eines kleinen Erdbebens. Doch die heftigen Ausschläge auf dem Diagramm werden die Mitarbeiter des seismologischen Instituts in Oslo erst am Montag aufrütteln. Am Wochenende ist es unbesetzt.

In der Tiefe

Das Beben der ersten Explosion lässt die »Kursk« erzittern. Im Gefühl des Schocks brauchen die Männer auf dem Zentralen Posten lange Sekunden, bevor sie wieder handeln können. Vielleicht gelingt es Kapitän Ljatschin noch, ein Alarmsignal zu geben, doch das innere Kommunikationssystem des Bootes könnte schon unterbrochen sein. Vermutlich befiehlt er noch: »Alle Tanks ausblasen.« Dann schießt Druckluft in die Tauchzellen, um das Ballastwasser rauszudrücken. Bei einem Unfall an Bord ist das Allerwichtigste, so schnell wie möglich aufzutauchen. Nur nicht unter Wasser bleiben. Aber die Zeit ist zu knapp, die Zerstörung zu groß, das Feuer zu stark.

Die zweite Explosion erschüttert die »Kursk« mit der Kraft von mehreren Tonnen Sprengstoff. In Dmitrij Kolesnikows siebter Sektion stürzen die Metallschränke um, Kisten fliegen durch die Kammern, und die Eisenhülle des U-Bootes knackt und knirscht, einem Ächzen gleich. Der Kapitänleutnant versteht sofort, dass vorne etwas Schreckliches passiert sein muss.

Von der ersten Sektion sind nur noch ein paar Rohre vorhanden. Verbogene Bleche, verbeultes Metall ragen ins Nichts. Die Explosion hat die Schotten bis zur vierten Sektion eingedrückt, und in das bizarre Knäuel von zerborstenen Aggregaten und zersplitterten Instrumenten rast das Meereswasser. Kapitän Ljatschin, die Offiziere vom Stab, die Männer auf dem Zentralen Posten haben keine Zeit mehr zu reagieren. Die gemeinsame Kraft von Feuer und Wasser schlägt über ihnen zusammen. Sie werden erdrückt oder ertrinken. Das Hirn des Bootes geht unter im Inferno. Brüllend rast das Wasser herein und überschwemmt die glimmenden Zeiger der Armaturen, die Computer und Videobildschirme. Es verwüstet den Kontrollraum, erobert die Mannschaftsunterkünfte, stürmt in die Kombüse, reißt Kabelstränge wie Fädchen aus den Maschinen und schlägt Pumpen aus der Verankerung. Wütend pfeift die zusammengepresste Luft. Letzte Funkenbündel sprühen aus den Schaltpulten, und einige Zifferblätter leuchten noch phosphorgrün, als das Wasser sie verschluckt. Erst die Schotten zur fünften Sektion, die zum Schutz der beiden Atomreaktoren verstärkt sind, gebieten vermutlich der Flut vorerst Einhalt.

Die Reaktoren haben sich bereits nach der ersten Explosion abgeschaltet. Schon ein minimales Aussetzen des Stromnetzes, ein Kurzschluss aktivieren das sensible Schutzsystem. Abschaltstäbe fallen in den Reaktorkern. Der Motor des Bootes erstirbt.

Das Wasser im vorderen Teil des Bootes drückt den Bug nach unten, und es prallt auf den Grund der Barentssee auf. Die Schockwelle schleudert die Überlebenden in den hinteren Sektionen gegen die Maschinen und Wände.

Die »Kursk« ist in den Schlamm des Meeresgrunds geschlagen. Ein letztes Mal vibriert der stählerne Körper und kommt dann, ganz langsam, im Schlick zur Ruhe, 108 Meter unter der Wasseroberfläche.

Als die Männer die Augen wieder öffnen, ist es dunkel. Auch die Notlampen zeigen keinen Lichtstrahl. Der Atomreaktor arbeitet nicht mehr, und die Zellen der Ersatzbatterie im untersten Deck der ersten und zweiten Sektion wurden zerfetzt ins Meer geblasen oder stehen unter Wasser. Die Stille nach dem Dröhnen der Katastrophe verwundert die Männer, und sie glauben, taub zu sein. Das vertraute Brummen der Maschinen und das Rauschen der Ventilation fehlen. Nur langsam löst sich der Schrecken aus den Körpern der Überlebenden im hinteren Teil des U-Bootes. Die Männer in der siebten Sektion klopfen vermutlich an die Wand zur sechsten, lauschen auf die Antwort der Kameraden. Doch sie hören nur das Schmatzen des Wassers, das über Risse im Metall und die Rohrsysteme unerbittlich ins Heck eindringt. Sie legen die Hände an die Luktür, spüren, wie die Kälte in ihre Finger kriecht, und sie ahnen, dass das Element ihres Lebens, das Wasser, in den vorderen Sektionen bereits den Tod gebracht hat.

Der Weg nach vorne ist ihnen versperrt: zum Torpedoraum, von wo aus die Seeleute im Notfall selbst ins Meer aussteigen können, und zum wichtigsten Rettungsmittel der »Kursk«, dem

»Schwimmruderhaus«, einer Rettungskapsel im Turm. Die ganze Mannschaft könnte in ihr Platz finden. Ein solches Fluchtmanöver ist jahrelang nicht einmal während der Notfallübungen geprobt worden, denn die Führung der »Kursk« hielt das Boot für unsinkbar. In der Rettungskapsel gibt es Lebensmittel, Trinkwasser und eine Erste-Hilfe-Apotheke mit Herzmitteln, Abschnürbinden und Verbandszeug. Sie ist auf Pyropatronen am U-Boot befestigt. Sind alle Seeleute versammelt, wird die Kapsel abgesprengt. Sie schießt nach oben, taucht auf und schwimmt. Durch die Explosion aber wurde sie zerstört.

Kolesnikow, der Chef der Turbinensektion, übernimmt als Ranghöchster wahrscheinlich das Kommando über die Männer. Sie wissen nicht, was passiert ist. Von wo aus dringt Wasser ein? Wo liegen sie auf dem Grund? Wie tief? In den Sektionen gibt es noch tragbare Notleuchten und Batterien. Auch wenn sie nicht nass geworden sind, halten sie meist nicht sehr lange. Nur selten werden die veralteten Batterien gegen neue ausgetauscht. Manche der Taschenlampen leuchten gerade wenige Minuten lang, manche ein paar Stunden. Die Männer müssen sparsam umgehen mit dem Licht.

Die Vorschriften an Bord eines U-Bootes sind streng: Nach einem Unfall muss jeder in seiner wasserdicht abgeschlossenen Sektion bleiben. Das eindringende Wasser oder das Feuer dürfen sich auf keinen Fall weiter ausbreiten. Die eherne Regel lautet: Jeder stirbt für sich allein. Doch vielleicht waren im Moment des Unglücks die Sektionen nicht hermetisch voneinander isoliert. Die Überlebenden können sich über Klopfzeichen verständigen und signalisieren, dass ihre Sektionen sicher sind. Das ganze Geschehen erscheint so unerklärlich und unterscheidet sich gespenstisch von allen Notfallübungen. Kolesnikow weiß, dass die Turbinensektion einer Falle gleicht. Sie müssen weiter ins Heck des U-Bootes, in die Rettungssektion, wenn sie noch eine Chance haben wollen.

Die Männer bahnen sich einen Weg in die neunte Sektion und stoßen dabei auf den Oberfähnrich Andrej Borissow, dessen Knochen zerschmettert sind. Sie tragen und zerren ihn mit sich, durch das einen Meter breite Luk ins Heck des Bootes. Auf die neunte Sektion konzentriert sich nun all ihre Hoffnung, dem eisernen Sarg am Meeresboden zu entfliehen. Auf den gelben Lukdeckel über ihren Köpfen, der in die Schleuse des Notausstiegs führt, in die Freiheit. Raus in die weiche See, weg von all dem Metall. Dem Licht und der Erde entgegen.

Stetig läuft das Wasser nach, drückt die verbliebene Luft zusammen und treibt die Männer in der neunten Sektion aufs obere Deck. Vom Schock über das Unfassbare sind die Seeleute noch fast apathisch. Wann werden die Suchboote sie finden? Der Zentrale Posten, so vermuten sie, ist ausgelöscht, und mit ihm das Notsystem zur Unterwasserkommunikation. Sie hoffen, dass die Signalboje mit dem Funknotruf aufgestiegen ist. Zu Essen gibt es genügend in der Rettungssektion, für eine Woche, in speziellen Behältern, auf dem Oberdeck gelagert. Vor allem Schokolade, die Platz spart und dabei sehr kalorienhaltig ist. Auch Trinkwasser lagert in ausreichender Menge in der Sektion, und wer klaren Kopf behält, weiß sich zu helfen: Auf dem gesunkenen U-Boot »K-19« hat es Kapitänleutnant Poljakow einst 24 Tage ausgehalten, eingesperrt in die zehnte Sektion. Gegen den Durst fing er Kondenswasser auf.

Einige der Überlebenden ziehen die Montur aus Kamelhaar über, die ihnen ein letztes Mal Wärme schenken soll. Die wollene Unterwäsche ist beliebt bei den Seeleuten, weil sie beim Angeln herrlich schützt vor der Kälte. Oft lassen sie die Montur einfach mitgehen, und der verantwortliche Bordoffizier flucht über die verschwundene Notausrüstung. Wenn er kein Geld findet, um sie zu ersetzen, fehlt sie im Fall eines Unglücks.

Nun müssen noch die orangefarbenen Tauchanzüge vorbereitet werden und die Gasflaschen. In den Sektionen stehen nach Plan für alle Seeleute, die dort im Fall der Kampfbereitschaft ihren Posten haben, Anzüge bereit. Wer von einer Sektion in die nächste übergeht, muss seine Tauchmontur mitnehmen. Zwei Gasflaschen dazu, eine mit Sauerstoff, eine mit einem Stickstoff-Sauerstoff-Gemisch. Beide oder zumindest eine der beiden Flaschen trägt der Aussteigende vor dem Bauch, weil er so besser die

Gaszufuhr regulieren kann. Die Tauchmontur erlaubt das Verlassen des U-Bootes aus einer Tiefe von maximal 100 Metern. Sie wiegt schwer, das Glas der Helmmaske beschlägt sehr schnell, und eine Verständigung mit anderen ist nicht möglich. Aber jetzt könnte sie den Überlebenden den größten ihrer Wünsche erfüllen: eigenständig das Boot zu verlassen.

Die Männer legen Borissow einen Notverband an, und der weiß, dass er als Schwerverletzter schon jetzt verloren ist. Dann tritt einer von ihnen an den Deckel des inneren Luks. Er hebt die Arme und versucht, es zu öffnen.

Überleben und Sterben

Sergej Danejkul weiß, was es bedeutet, in einem U-Boot am Meeresgrund gefangen zu sein. Als er vom Unglück der »Kursk« erfährt, befällt ihn das Grauen seines Martyriums noch einmal. Er erleidet einen Anfall von Bluthochdruck. »Ich habe mich an all das Schreckliche wieder erinnert«, erzählt er. »Ich fühlte mich fast am Platz der Männer in der 'Kursk', unten am Grund.«

Die Geschichte seines U-Bootes, der »K-429«, ist ein Beispiel für Schlamperei und Verantwortungslosigkeit. Sie zeigt zugleich, dass eine Rettung aus fast aussichtsloser Lage vom Meeresboden möglich ist. Das gelang der sowjetischen Flotte nur ein einziges Mal, im Juni 1983. Damals ging die »K-429« in einer Bucht vor Kamtschatka unter. 104 Mann konnten sich aus dem eisernen Sarkophag am Meeresgrund retten – »auf feuchtem Weg«, wie es in der Seemannssprache heißt. Sergej Danejkul kommandierte die zweite Sektion des U-Bootes. Er kontrollierte das Schaltpult für die lebenswichtigen Systeme an Bord: Ballastaufnahme, Trimm, Trinkwasser. Mehr als drei Tage lang saß er in der Tiefe fest, eingesperrt mit dem Gedanken an das Ende.

Die »K-429« war im Mai von einer sechsmonatigen Fahrt durch den Indischen Ozean zurückgekehrt. Die Mannschaft ging in den Urlaub, das Boot lag zur Reparatur in der Werft. Der Kommandant träumte von einer Dozentenstelle in Leningrad, die er bald antreten sollte. Doch dann kam der Befehl vom Stab, sofort zum Torpedoschießen auszufahren. Der Kommandant protestierte, da nur ein Teil der eingespielten Mannschaft noch erreichbar war. Aber es half nichts. Schließlich ging eine zusammengewürfelte Truppe an Bord, nur 40 Prozent der Originalbesatzung waren dabei. Vor der Ausfahrt aufs Meer standen der »K-429« bloß drei Stunden zur Verfügung, um das Boot zu testen. Ob alle Sektionen und Systeme wasserdicht waren, konnte gar nicht überprüft werden – ein grober Verstoß gegen die Sicherheitsregeln.

Vermutlich hatten Flottille und Division ihren Plan zur Erprobung der Kampfbereitschaft noch nicht erfüllt. Um auf die vorgeschriebenen Zahlen zu kommen, wurde überhastet ein Torpedoschießen angesetzt.

Vor der Fahrt ins Manöverfeld muss das U-Boot in einer Bucht ausgetrimmt werden. Die Seeleute pumpen Kraftstoff und Wasser zwischen den Tanks hin und her, bis es eine stabile Lage erreicht. Die hinteren und vorderen Zisternen nehmen Wasser auf, dann kommen die mittleren an die Reihe. Plötzlich sinkt die »K-429« wie ein Stein auf den Meeresboden. Der Ballast ist falsch berechnet worden. Die Mannschaft arbeitet fahrlässig: Durch die Absperrschieber eines undichten Ventilationsschachtes bricht Wasser in die vierte Sektion ein, wo sich der Reaktor und die Generatoren befinden. Der Bootsmann dort macht schreiend Meldung und riegelt dann die Schotten seiner Sektion, vorschriftsgemäß und todesmutig, gegenüber den Nachbarsektionen ab. Die Energieversorgung setzt aus, das Licht erlöscht, die Notbeleuchtung springt an. Wenig später antwortet die vierte Sektion nicht mehr, so sehr die Matrosen der Nachbarkammern auch an die Luktüren hämmern. Alle 14 Mann sind tot, ertrunken. Ihnen ist es noch gelungen, den Reaktor abzuschalten. Dann sind sie aufs obere Deck geklettert, um den Wassereinbruch zu stoppen. Doch der Versuch, die Absperrschieber zu schließen, misslang. Nach drei Minuten stand die gesamte Kammer unter Wasser. Die Seeleute haben nicht mehr versucht, in die dritte Sektion zu fliehen.

Als die »K-429« sinkt, ist Sergej Danejkul gelähmt vom Schock. »Ich stand da und konnte minutenlang nicht ein Wort sagen«, erinnert er sich. »Ich fühlte eine bleierne Zunge und schaute nur auf die Tiefenanzeige: 25 – 35 – 41 Meter. Dann lag das Boot auf dem Grund.« Durch das Ventilationssystem dringt Wasser aus der vierten Sektion auch in die anderen Teile des Bootes vor. Über Danejkul schüttet es durch alle Spalten wie aus Eimern. Die Männer verstehen in der Dunkelheit nicht, wo das Wasser herkommt, sind sogar zu geschockt, um Alarm zu geben. Dann, noch rechtzeitig, begreift ein Offizier vom Zentralen Posten in der dritten Sektion die Lage und schließt hydraulisch alle Ventile und Klappen zur vierten, überfluteten Sektion. Der Wassereinbruch ist nach einer Viertelstunde vorerst gestoppt. Im vorderen Bereich des Bootes steht etwa ein Drittel, das untere Deck samt aller Notbatterien, unter Wasser.

Die Offiziere am Zentralen Posten versuchen, die Ballasttanks mit Druckluft auszublasen, um wieder aufzusteigen. »Die Männer dort arbeiteten im Dunkeln«, erzählt Danejkul. »Durch die falsche Schaltung eines Ventils haben sie mehr als 70 Prozent der kostbaren Luft in den Ozean gepustet.« Danach bleibt nur noch eine Hoffnung: Die Besatzung eines Schiffes könnte die mächtigen Luftblasen an der Wasseroberfläche gesehen und damit den Unglücksort entdeckt haben. Doch sie erfüllt sich nicht.

Die »K-429« liegt wie tot am Meeresboden, nicht weit vom Ufer entfernt, drei bis vier Kilometer. Den Männern gelingt es nicht, die Notbojen an Bug und Heck aufsteigen zu lassen. Ein akustisches Notrufgerät fehlt an Bord. Die Rettungskapsel ist defekt. Der obere Deckel lässt sich nicht lösen. Er verzieht sich oft durch die Vibrationen des Bootes und geht dann leicht verloren. Der verantwortliche Offizier wird für solch einen Verlust bestraft. Also befestigt er den Deckel so gut es geht, zur Not mit dem Schweißgerät. Auch der Notausstieg über den Turm in der dritten Sektion ist nicht benutzbar: Beim Versuch, den Schließmechanismus zu öffnen, haben die Seeleute ihn kaputtgemacht. Als möglicher Ausweg aus dem Boot bleiben nur das Notluk im Heck und die Torpedorohre im Bug.

Eigentlich müsste binnen einer Stunde automatisch Alarm gegeben werden, oben im Manöver. Den Eingeschlossenen bleibt nichts übrig, als zu warten. Von Zeit zu Zeit klopfen sie mit dem Vorschlaghammer gegen die Bootshülle in der Hoffnung, ein Suchschiff könnte sie orten. Sonst gibt der Kommandant über das funktionstüchtige Bordtelefon den Befehl zum »Regime der Stille« – die Männer sollen auf das Geräusch herannahender Rettungsschiffe lauschen. In Danejkuls zweiter Sektion fällt das Notlicht aus. Vor seinen Augen leuchten die phosphornen Zifferblätter der Aggregate, bis sie nach gut drei Stunden verblassen. Dann ist es absolut dunkel.

»Mehrfach hörten wir Schiffsschrauben. Unter Wasser hört man sehr gut«, erzählt Danejkul. »Der erste, der etwas wahrnahm, rief sofort: ›Genosse Kommandant, da, da fährt was!‹ Doch die Schiffe waren zu weit weg und nicht auf der Suche nach uns. Ständig hört man, wie ganz sacht Wasser ins Boot eindringt. Wir lauschten acht Stunden lang, bis uns der Kopf weh tat und wir Halluzinationen hatten. In diesen acht Stunden spürten wir Zweifel. Da haben wir uns auf das Schlimmste gefasst gemacht.«

Danejkul denkt vor allem an seine Familie. »Es schien mir, dass es gilt, Abschied zu nehmen. Ich habe mich an früher erinnert, an meine Fehler, die ich jetzt nicht mehr gutmachen könnte. Dann sprachen wir über die Kameraden, die in der vierten Sektion umgekommen sind. Wir fragten uns: Was haben sie noch tun können vor ihrem Tod? Sonst redeten wir wenig, meist über technische Fragen. Am Anfang gelang es mir sogar, mich mit der Aussichtslosigkeit anzufreunden. Es ist eben Schicksal. Doch der Mensch kämpft seiner Natur nach bis zur letzten Sekunde.«

Die Notbatterien an Bord sind veraltet und geben mehr Wasserstoff ab als erlaubt. »Bis zum Unfall war das kein Problem, denn wir haben sie einfach von Zeit zu Zeit gelüftet«, sagt Danejkul. »Doch wegen des Wassereinbruchs mussten wir sie gezwungenermaßen dichtmachen, und der Wasserstoffanteil stieg rapide an. Ab 60 Prozent ist er gefährlich.« Als in der dritten Sektion dieser Wert überschritten wird, explodiert die Batterie. Wasser strömt hinein, Chlor aus dem Elektrolyt zieht in die Kammer. Es fehlen Rettungsanzüge mit Atemgeräten. Denn an Bord der »K-429« befinden sich 120 Mann statt der üblichen 87. Die überzähligen Seeleute sollten dank der Ausfahrt Zahl und Dauer in ihrer Fahrtstatistik aufbessern. Doch keiner von ihnen hat einen Rettungsanzug mitgebracht. Der Kommandant befiehlt Danejkul, die 49 Kameraden aus der dritten Sektion in die zweite aufzunehmen.

Am Morgen, acht Stunden nach dem Untergang, beschließt der Kommandant, zwei Freiwillige ins Meer hinauszuschleusen. Eines der sechs Torpedorohre steht leer. Die zwei Männer kriechen in leichten Tauchanzügen mit Atemgerät hinein, es wird geschlossen. Sie klopfen an das Metall, um zu zeigen, dass sie bereit sind. Wasser läuft ein zum Druckausgleich. Dann öffnen die Seeleute vom Torpedoraum aus die äußere Klappe, und die Freiwilligen streben zusammen mit der Luftblase an die Oberfläche. Bei einer Tiefe von knapp 40 Metern wagen sie es, ohne Pausen aufzutauchen.

Als die beiden Freiwilligen aus dem Wasser stoßen, schauen sie sich nach allen Seiten um und sehen nur Meer bis zum Horizont. Kein Schiff sucht die »K-429«. Sie schwimmen in Richtung Bucht und haben Glück: Ein Kutter der Grenztruppen kommt zufällig vorbei und fischt sie auf. Per Funk alarmieren sie den Stab der Pazifikflotte, und dem fällt nun auch auf, dass ein U-Boot fehlt. Die Rettungsaktion über Wasser läuft an.

Die Seeleute an Bord der »K-429« harren weiter aus. Der Sauerstoffvorrat reicht noch, und in der zweiten Sektion befindet sich eine Zisterne mit zweieinhalb Tonnen Trinkwasser. Die Lebensmittelkästen stehen zwar im unteren Deck im Wasser, doch ein Teil der Nahrungsmittel ist eingeschweißt. »Die Päckchen schwammen umher, und wir griffen einfach danach, wenn wir Hunger hatten«, erinnert sich Danejkul. »Aber ich habe während der drei Tage praktisch nichts gegessen, mir war nicht danach. Wir froren alle. Dabei hatten wir Glück, denn das Wasser in der Bucht war 15 bis 18 Grad warm. Bei uns in der Sektion fiel die Temperatur auf etwa zwölf Grad. Wir liefen alle in nasser Kleidung herum, drei Tage lang wurde ich nicht mehr trocken. Wir drängten uns zusammen und bewegten uns kaum, um Sauerstoff zu sparen. Als ich dann endlich rauskam aus dem Boot, hatte ich durch eine Erkältung meine Stimme verloren.«

Plötzlich lässt ein schwerer Schlag die erste Sektion erzittern. Auch dort ist die Batterie explodiert. Die Seeleute sind gefangen zwischen den metallenen Wänden und verstehen nicht, was vor sich geht. Panik bricht aus in der Finsternis, im Dampf, in den Chlorgasschwaden. »Wir konnten hören, wie die Männer durcheinander schrien. Sie versuchten, die Atemgeräte anzuziehen«, erzählt Danejkul. »Aber es waren zu wenig da, und sie lagen verstreut umher, im Dunkeln. Einer entriss dem anderen die Maske.

Panik im U-Boot ist etwas schrecklich Ansteckendes. Sie breitet sich aus in einer Kettenreaktion, bis einer stark genug ist, sich entgegenzustellen. Sogar Offiziere drehten durch. Einer schrie: ›Los, wir fluten den Torpedoraum. Wer einen Rettungsanzug hat, steigt dann durch das Rohr aus!‹ Dabei gab es gar nicht genügend Anzüge.«

Die Seeleute betteln am Telefon darum, in die zweite Sektion gelassen zu werden. Danejkul lehnt ab: »›Niemals‹, habe ich gesagt. ›Dann sterben wir alle. Atmet durch die Kleidung, beruhigt euch.‹ Noch 20 Minuten lang hörten wir die furchtbaren Schreie von nebenan. Dann war die Panik vorbei, und es wurde wieder still.«

Endlich, nach mehr als zwölf Stunden, hören die Eingeschlossenen das knatternde Geräusch eines akustischen Ortungsgerätes und das Klatschen der Schiffsschrauben. »Als die Retter uns gefunden hatten, ließen sie eine Granate explodieren, damit wir wissen, dass sie da sind. Da wurde es uns leichter auf der Seele. Denn das Wasser stieg in unserer Sektion ständig höher.«

Die Rettungsschiffe lassen spezielle Lautsprecher ins Wasser hinab und befragen die Seeleute nach der Situation an Bord. Die Männer antworten mit Hammerschlägen in einem bestimmten Code. Dann versuchen die Retter, von außen Luft in die dritte Sektion zu blasen. Am U-Boot-Korpus gibt es einen Schacht mit verschiedenen Stutzen, um über Schläuche Druckluft, Sauerstoff, Diesel an Bord zu leiten. Die Retter kennen den U-Boot-Typ der »K-429« nicht richtig, arbeiten mit Zeichnungen und verwechseln die Anschlüsse. Plötzlich läuft Wasser in die zweite Sektion. »Wir haben einen furchtbaren Schrecken bekommen, in Panik die Öffnung im Inneren ertastet und mit einem Holzkeil verstopft.« Als die Seeleute im U-Boot dann erfahren, dass die Retter das Wasser eindringen ließen, senden sie eine Bitte nach draußen: »Um Gottes Willen, fasst nichts mehr an. Wir machen das lieber selbst.«

Die Männer der »K-429« beschließen, das Wrack »auf feuchtem Weg« zu verlassen: durch das Torpedorohr vorne und durch das Notluk hinten. Taucher geben von draußen zusätzliche Rettungsanzüge und Atemgeräte durch die Schleusen ins Boot. In kleinen Gruppen wechseln die Männer aus der zweiten in die Torpedosektion. »Beim Übergang zwischen den Sektionen mussten wir jedesmal erst einen Druckausgleich zwischen beiden Kammern herstellen, denn schon bei einem kleinen Unterschied, mehreren Millimetern auf dem Barometer, kommt das Öffnen des Luks einem Kanonenschuss gleich«, sagt Danejkul. »Über ein Ventil haben wir den Druck ausgeglichen, im Dunkeln rein nach Gehör. Wenn keine Luft mehr hindurchzischte, hofften wir, dass der Druck gleich war. Einmal klappte das nicht: Wir lösten den Verschluss, und das Luk flog wie abgefeuert in die erste Sektion, zerschlug einem Fähnrich das Schlüsselbein. Wenn ich meine Hand am Griff gehabt hätte, wäre sie abgerissen worden.«

Im Heck steigen die Seeleute durch das Rettungsluk aus. Jeweils ein Mann klettert im Rettungsanzug mit Atemgerät in die enge, vertikale Schleusenkammer, oben ist der Deckel zu, unten schließen ihn die Zurückbleibenden. Dann muss er in der Kammer den Druck erhöhen, sonst bekommt er den Deckel nach oben gegen die Wasserlast nicht auf. Über ein spezielles Notsystem, das auch ohne Bordenergie funktioniert, wird Druckluft in die Schleuse geleitet. Mit Hilfe eines Ventils im oberen Lukdeckel kann der Aussteigende das Druckgefälle kontrollieren: Solange noch Wasser durch das Ventil hineinläuft, ist der Druck von außen größer. Das Ventil ist eine ganz simple Konstruktion und lässt sich mit der Hand regeln. Erst wenn der Druck in der Schleuse dem Wasserdruck auf der U-Boot-Hülle entspricht, kann der Mann das obere Luk nach außen öffnen und der Luftblase hinterher nach oben treiben. Dann schließen die Männer im Boot über einen Federmechanismus die Außenklappe und lassen das Wasser aus der Schleuse ins Innere des Bootes ab. Das sind etwa 200 Liter, gerade mal ein Fass voll. Der letzte, der aussteigt, flutet die gesamte Sektion, da er aus der Schleusenkammer heraus den Innendeckel nicht mehr schließen kann.

Der Ausstieg endet für den ersten Matrosen tragisch. Die Männer im Heck wollen ganz korrekt nach Anweisung aufsteigen, mit Hilfe eines Reeps. Das ist an einer Boje befestigt, die hochgelassen wurde und nun auf der Wasseroberfläche schwimmt. An diesem Reep befinden sich in Abständen Kugeln oder Scheiben. Der Auftauchende hängt sich mit einem Karabinerhaken an seinem Rettungsanzug ein und gleitet hoch bis zur ersten Kugel. Dort wartet er, zählt eine bestimmte Zahl von Atemzügen, dann treibt er weiter hoch zur nächsten Kugel. Das stufenweise, langsame Aufsteigen ist bei einer Tiefe von 40 Metern ratsam und soll der Taucherkrankheit vorbeugen. Sie tritt auf, wenn ein Überdruck zu schnell nachlässt. Dabei wird Stickstoff, der unter dem erhöhten Druck im Körpergewebe gebunden war, frei und tritt als Gasbläschen ins Blut. Sie können Gefäße verstopfen und zu Lähmungen und Embolien führen.

»Als erster stieg dort ein Matrose auf«, erinnert sich Danejkul. »Der blieb an einer der Kugeln hängen. Vielleicht war der Karabinerhaken verrostet, vielleicht hat er sich verklemmt. Für solche Fälle steckt in jedem Rettungsanzug ein Messer, aber diesmal war es nicht an seinem Platz. Der Matrose ist in Panik geraten, drehte sich um das Reep. Seine Beine verhedderten sich im Seil. Eigentlich sollten die Taucher vom Rettungsschiff die aussteigenden Seeleute am U-Boot erwarten und nach oben begleiten. Aber die Aktion war nicht abgestimmt, und genau, als der Matrose aufstieg, wechselte oben die Taucherschicht. Das dauerte 20 Minuten. Und die Gasflasche des Matrosen war nicht richtig gefüllt. Als die Taucher ihn fanden und abschnitten, war es schon zu spät. Da haben wir nach hinten den Befehl durchgegeben: Aufsteigen im freien Schwimmen.«

Der Ausstieg zieht sich über mehr als einen Tag hin, in völliger Dunkelheit. Vorne legen sich je drei Mann in das Torpedorohr, zuerst normalerweise zwei Matrosen, dahinter ein Fähnrich oder Offizier. Draußen warten die Rettungstaucher, oben werden die Männer gleich in eine Druckkammer gesetzt und verarztet. Einer der Matrosen stirbt im Torpedorohr, weil seine Gasflasche leer ist. Die Anzeige konnte im Dunkeln keiner kontrollieren. »Schnell haben wir das Wasser abgelassen und ihn rausgezogen. Der Arzt gab ihm eine Spritze ins Herz, doch es war nutzlos. Er hatte ein Lungentrauma: Als die Luft alle war, sog er das Vakuum aus der Flasche ein.«

Sergej Danejkul, Kommandant der zweiten Sektion, verlässt als letzter seinen Arbeitsplatz. »Als ich im Torpedorohr lag, war längst jede Angst abgefallen. Die Klappe ging auf, und ich konnte das Licht sehen wie am Ende eines Tunnels. Als ich dann auftauchte – was für eine Helligkeit! Ich hatte nur eine leichte Form der Druckluftkrankheit, viele erlitten Traumata, die Trommelfelle platzten. Aber das lässt sich ausheilen.«

Der Kommandant der »K-429« steigt zuletzt aus. An Land wird er zum Hauptschuldigen erklärt, aus der Kommunistischen Partei ausgeschlossen und zu zehn Jahren Haft verurteilt. Der Sündenbock war gefunden. 1984 gelingt es, das U-Boot durch das Einblasen von Druckluft in die Zisternen zu heben. Am 13. September 1985, am Anleger der Reparaturwerft, ohne Besatzung an Bord, sinkt es erneut, ein letztes Mal. »Bis zum heutigen Tag«, betont Danejkul, und das ärgert ihn, »ist über unseren Unfall nicht die Wahrheit gesagt worden. Im Bericht der staatlichen Untersuchungskommission steht: ›Das U-Boot ging aufgrund eines nicht sanktionierten Eintritts von Wasser in die vierte Sektion unter.‹ Das ist alles, kein einziger Grund wird aufgezeigt.« 16 der 120 Männer an Bord der »K-429« verloren bei dem Unfall ihr Leben.

Insgesamt sind vermutlich mehr als 500 Seeleute auf sowjetischen und russischen Atom-U-Booten umgekommen. Seitdem die Marine der Vereinigten Staaten Mitte der 50er Jahre das erste atomgetriebene U-Boot, die »Nautilus«, zur See ließ, stand die Sowjetunion unter dem ständigen Druck, die USA militärtechnisch unter Wasser einzuholen. Die Flotte der Atom-U-Boote wurde entsprechend übereilt entworfen und gebaut. Das Ergebnis war so bedenklich, dass sich der damalige Fregattenkapitän Wladimir Tschernawin, später Kommandeur der sowjetischen Kriegsflotte, weigerte, mit einem der ersten Boote auf Übungsfahrt zu gehen. Der verbissene Wettlauf der zwei politischen Systeme hatte einen hohen Symbolwert und die Sicherheit der Seeleute wurde oft vernachlässigt. »Das Boot fährt raus, um Krieg zu führen und nicht, um sich zu retten«, war der Standardspruch eines Kommandeurs in der Nordflotte.

Vor der »Kursk« sind bereits vier russische Atom-U-Boote gesunken. Hinzu kommt eine Vielzahl von Unfällen, von Feuer an Bord und Waffenexplosionen. Im Angesicht der Katastrophe, mehr oder minder auf sich allein gestellt, vollbrachten viele der Seeleute Großtaten.

Im Juli 1961 trat auf dem Atom-U-Boot »K-19« im Reaktor Strahlung aus, nachdem ein Kühlwasserrohr gerissen war. Neun Freiwillige, so berichtete 30 Jahre später ein sowjetisches Soldatenmagazin, mussten daraufhin in die verseuchte Reaktorsektion steigen, um das Kühlsystem notdürftig zu reparieren. Den Gang in den »Rachen der Boa« nannten sie das. Sie blieben zwei Stunden, retteten das Boot und starben binnen weniger Wochen an den Folgen der Strahlung. Manche der abergläubischen Seeleute erklärten sich die Tragödie mit dem Fluch, der angeblich auf dem Boot lastete: Bei seinem Stapellauf war die Sektflasche beim ersten Wurf heilgeblieben. »Hiroshima« nannten sie die »K-19« von nun an. Das Boot wurde zwar dekontaminiert und wieder auf See geschickt. Aber es kam nicht zur Ruhe: 1969 kollidierte es mit einem US-U-Boot, und 1972 starben bei einem Feuer an Bord 26 Männer.

Solche Unfälle blieben in der Sowjetunion streng geheim. 1970 versank die »K-8« auf dem Weg zum Manöver »Ozean« in der Biscaya. 52 Seeleute kamen dabei um. Das Manöver im nordöstlichen Atlantik fand zu Ehren des hundertsten Geburtstags von Lenin statt. Die sowjetische Wochenschau feierte nach dem Abschluss der militärischen Übungen die Teilnehmer als Helden. Kein Wort fiel über die »K-8«. Sogar auf dem Denkmal für die Toten, das in der geschlossenen Garnisonsstadt Gremicha am Eismeer errichtet wurde, unerreichbar für unbefugte Sowjetbürger oder gar Ausländer, verschwiegen die Behörden die taktische Nummer des U-Bootes als militärisches Geheimnis.

Die Angehörigen der Toten erfuhren zumeist nichts darüber, wo und unter welchen Umständen die Seeleute umgekommen sind. Der Sohn des Kommandanten der »K-129«, eines Diesel-U-Bootes der sowjetischen Pazifikflotte, begann 1982, intensiv nach dem Schicksal seines Vaters zu forschen. Die »K-129« war im März 1968 im Stillen Ozean gesunken. Nach dreijährigem Kampf mit den Behördenvertretern, die einer krankhaften Geheimhaltungssucht verfallen waren, gelang es dem Kapitänssohn, zumindest ein paar karge Angaben zur letzten Fahrt seines Vaters zu erhalten. Die Verwandten anderer Seeleute der »K-129« wurden völlig in Unwissenheit gehalten. Jahre nach dem Unglück schrieben die Eltern des Matrosen Wladimir Lissizyn einen Brief an eine Moskauer Zeitung und fragten darin verwundert: »Wo bleibt denn unser Junge? Seit wann müssen die Matrosen so lange Wehrdienst leisten?« Keiner hatte sie vom Tod ihres Sohnes unterrichtet.

Vieles ist erst in der Glasnost-Ära unter Staatschef Michail Gorbatschow, der eine größere Offenheit innerhalb der Gesellschaft zuließ, und nach dem Auseinanderbrechen der Sowjetunion bekannt geworden. Offiziere und Soldaten spürten eine neue Freiheit, die Angehörigen verloren die Angst, und Journalisten durchforschten die bis dahin verschlossene Vergangenheit. So kam in den 90er Jahren eine Liste bedeutender Unfälle auf Atom-U-Booten zusammen, doch viele Einzelheiten sind bis heute ungeklärt:

- 13. Oktober 1960: Reaktorunfall auf der »K-8«. 13 Tote.
- 7. Februar 1965: Beim unkontrollierten Anfahren des Reaktors der »K-11« in der Werft »Sternchen« in Sewerodwinsk kommt es zu einer radioaktiven Verstrahlung des Anlegers und des Fabrikgeländes.
- 8. September 1967: Feuer an Bord der »K-3«. 39 Tote. Die Reaktorsektion wird später aus dem Boot geschnitten und im Nordmeer bei Nowaja Semlja versenkt.
- 24. Mai 1968: Reaktorunfall auf der »K-27« in der Barentssee. 6 Tote. Das Boot wird 1982 in der Kara-See bei Nowaja Semlja versenkt.
- 24. Februar 1972: Vermutlich durch den Bruch einer Leitung für Hydraulikflüssigkeit bricht im Heck der »K-19« Feuer aus. 28 Tote.
- 28. Juli 1978: Reaktorunfall auf der »K-171«. 3 Tote.

- 18. Juni 1984: Feuer im Heck der »K-131«. 13 Tote.
- 10. August 1985: Explosion im Reaktor der »K-431« und Auswurf von radioaktivem Material in der Bucht Tschaschma am Pazifischen Ozean. Über das endgültige Schicksal des verstrahlten Bootes ist bis heute nicht entschieden.
- 6. Oktober 1986: Die »K-219« sinkt im Atlantik, etwa 1000 Kilometer nordöstlich Bermudas, nach der Explosion einer Rakete in einem der Raketenschächte. 6 Tote. Das Boot liegt mit zwei Reaktoren und 15 ballistischen Raketen in 4000 Meter Tiefe.

Auch die US-Marine hat Opfer des Kalten Atom-U-Boot-Krieges zu betrauern. Zwei amerikanische U-Boote sind mit ihrer Besatzung im Meer geblieben. Am 10. April 1963 kehrte die »Thresher« nach einem Tauchgang vor der Küste Neuenglands nicht mehr an die Oberfläche zurück. Vermutlich hat eine schlechte Schweißnaht im Rumpf des Bootes dem Außendruck nicht standgehalten. Als dann Wasser eindrang und der Antrieb durch einen Kurzschluss ausfiel, sank die »Thresher« mit 129 Mann an Bord hilflos in die Tiefe hinab, bis sie vom hydrostatischen Druck zerquetscht wurde. Fünf Jahre später, am 22. Mai 1968, verschwand die »Scorpion« im Atlantik, etwa 640 Kilometer südwestlich der Azoren. Der Grund für den Untergang könnte die Explosion eines Torpedos an Bord gewesen sein. 99 Seeleute starben.

Doch die US-Marine lernt allem Anschein nach aus ihren Unfällen. »In der amerikanischen U-Boot-Flotte gab es seit 32 Jahren keine Katastrophe mehr«, erklärt der russische Admiral Georgij Kostjew, Dozent an der Petersburger Militärakademie. »Die Amerikaner haben nach dem Verlust der ›Thresher‹ und ›Scorpion‹ ein Time-out von zehn Jahren genommen. Sie sind sogar nicht mehr in die Arktis gefahren, solange die Fehlerquellen nicht geklärt waren. Es scheint außerdem, sie lernen nicht nur von ihren, sondern auch von unseren Fehlern. Das ist sehr beschämend.«

Denn in der russischen Flotte, so klagen viele Offiziere, wird nach einem Unglück oftmals so weitergemacht wie vorher. Einer der spektakulärsten Unfälle der Nordflotte in der jüngeren Zeit, der Verlust der »Komsomolez«, hätte nach Meinung von Marineexperten verhindert werden können. Sie sehen deutliche Parallelen zum Untergang der »K-8« am 8. April 1970 in der Biscaya. Damals brach an Bord Feuer aus. Der »K-8« gelang es aufzutauchen. Ein U-Boot an der Wasseroberfläche, dessen Korpus nicht beschädigt ist, galt nach damaliger Vorstellung als unsinkbar. Doch Wasser trat ein, füllte das Heck, erreichte die kritische Masse und zog die »K-8« unerwartet hinab, in 4680 Meter Tiefe. Als 19 Jahre später ein Feuer den wasserdichten Abschluss der »Komsomolez« zerstörte, hielt der Kommandant das Unglück nach dem Auftauchen lange Zeit für beherrschbar. Dabei hätte er es besser wissen können. Wie einst der Kapitän der »K-8« wurde er überrascht davon, wie schnell sein Boot in den Fluten verschwand.

Die »K-278«, »Komsomolez« getauft, geriet am 7. April 1989 in der Barentssee in Not. Das Boot war damals der Mythos der Sowjetflotte, das einzige seiner Serie, erbaut aus reinem Titan. Es galt, 122 Meter lang, als das größte der Welt und auch als das schnellste. Beides stimmte nicht, doch der Mythos war längst so beständig wie die Außenhülle der »Komsomolez«. Die Bauzeit dauerte lange, denn das Titan erwies sich als problematisches Material. Es reagiert aggressiv auf andere Metalle, und Schweißarbeiten mussten mit einer speziellen Technik durchgeführt werden. Doch am 5. August 1984 hielt das »Goldene Fischchen«, wie die Seeleute das Boot nannten, was seine Konstrukteure versprachen: Der Korpus stand die Rekordtauchfahrt auf 1000 Meter Tiefe durch. Der Druck auf die Metallhülle war so immens, daß sich die Kojen im Inneren durchbogen. Ein Hydroakustiker, der auf einem der Begleitschiffe von oben den Rekordversuch belauschte, sagte später zu den Männern der »Komsomolez«: »Euretwegen hätte ich fast graue Haare bekommen. Das war so ein Knarren und so ein Knirschen.«

An seinem Schicksalstag befindet sich dieses Raumschiff der Tiefsee auf der Heimfahrt im Nordmeer, etwa 400 Kilometer vor der norwegischen Küste. Um elf Uhr, zum Schichtwechsel, gibt der Matrose Buchnikaschwili aus der siebten Sektion hinten im Heck an den Zentralen Posten durch: »Siebte kontrolliert. Alles in der Norm. Keine Bemerkungen.« Mehr war nicht von ihm zu hören. Drei Minuten später leuchtet am Pult des diensthabenden Ingenieurs eine Warnlampe auf: Die Temperatur in der siebten Sektion liegt über 70 Grad. Die Offiziere am Zentralen Posten befürchten ein Feuer und rufen per Sprechfunk den Matrosen Buchnikaschwili. Niemand antwortet.

Das Alarmsignal schreckt Korvettenkapitän Wladimir Jelmanow in der zweiten Sektion auf. »Ich bin sofort zu meinem Platz gelaufen«, erinnert er sich. »Angst war da keine. Gefühle gibt es nicht in solchen Momenten.« Der Kommandant befiehlt, im Schnellgang aus 400 Metern Tiefe aufzutauchen. Druckluft wird in die Zisternen gepresst. Aber da die Hauptleitung in Höhe der siebten Sektion gerissen ist, dringt zugleich Luft und damit Sauerstoff in die brennende Kammer ein – wie Öl ins Feuer. Nach elf Minuten durchstößt die »Komsomolez« die Wasseroberfläche. Kommandant Jewgenij Wanin betrachtet durchs Periskop das eigene Boot und sieht, wie sich die Gummihaut im Bereich der siebten Sektion wölbt und dann in Stücken abfällt. Rauch dringt aus den undichten Ritzen und Fugen. Eine halbe Stunde später hat sich das Feuer auf die sechste Sektion ausgebreitet. In der fünften gibt es eine Explosion. An der Wand schlagen Flammen hoch, wie aus einem Flammenwerfer, blau vom übermäßigen Sauerstoff in der Kammer. Der Brand frisst sich vom Heck in Richtung Bug vor. Die meisten Seeleute in der fünften Sektion greifen nach den Gasflaschen und setzen ihre Atemmasken auf. Zwei jedoch wählen in der Hektik Atemschläuche, um über das Zentralsystem des Bootes Luft zu bekommen. Sie können nicht wissen, dass das System inzwischen undicht ist. Kohlenmonoxid treibt in ihre Lungen und vergiftet sie. Die anderen Matrosen versuchen zu löschen, ihre Kleidung brennt schon, an den Händen löst sich die Haut ab. Gasmasken schmelzen auf den Gesichtern.

Um 11.41 Uhr setzt das U-Boot eine erste, sehr ungenaue Notmeldung an das Kommando der Nordflotte in Seweromorsk ab. Der Kommandant erbittet aber keine Hilfe.

Um 12.10 Uhr brennen vier von sieben Sektionen. Es gibt keinen Sprechkontakt mehr mit ihnen. Der Kommandant weiß nicht, was dort vor sich geht. Der Vorrat an Druckluft, mit der das Boot über Wasser gehalten und stabilisiert werden kann, verringert sich rapide. Viel Luft ist nutzlos in die undichte siebte Sektion verströmt. Die Lage wird kritisch, und noch immer funkt der Kommandant kein SOS.

Die »Komsomolez« liegt in Nord-Süd-Richtung mit leichter Schlagseite nach Steuerbord in den Wellen des Nordmeeres. Vom Turm zieht ein Schweif heller Rauch in den Himmel. Der Kommandant meldet beschwichtigend: »Kein Wassereinbruch. Das Feuer erlöscht durch Dichtmachen der Sektionen.« Dabei verschlingen die Flammen zu dieser Zeit die sechste Sektion, und Wasser dringt ein. Es sprudelt vermutlich durch die verschmorten Stopfbuchsen und bahnt sich seinen Weg in das undichte Rohrsystem. Das Boot wird hecklastig. Die »Komsomolez« sinkt langsam ab und ist zum Untergang verdammt.

Erst um 16.35 Uhr, fünfeinhalb Stunden nach dem Ausbruch des Feuers, geht eine klare Meldung vom Zentralen Posten des Bootes bei der Nordflotte ein: »Feuer verstärkt sich. Notwendige Evakuierung der Mannschaft.« Nur wohin? Rund um die »Komsomolez« schäumen die eisigen Wogen des Meeres. Das am nächsten zur Unglücksstelle gelegene russische Schiff, der Fischtrawler »Alexej Chlobystow«, wurde zwar alarmiert, doch er kommt nur langsam voran.

16 Minuten vor dem Untergang lässt der Kommandant melden: »Die Achterlastigkeit wächst stark. Die Besatzung ist oben auf dem Deck.« Kapitänleutnant Igor Kalinin gibt sein Parteibuch einem Kameraden, damit der es in die Tasche seines wasserdichten Kittels steckt. Dann springt er ins graue Meer. Wenig später klettert Jelmanow aus dem Boot ins Freie. »Vielleicht zehn Zentimeter unter mir schwappte das Wasser gegen das Metall«, erzählt er. Das Luk schließt er nicht, denn noch sind Seeleute im Innern. Sie werden es allerdings nicht mehr in die Freiheit schaffen. Jelmanow ist als Letzter der »Komsomolez« entkommen. Im Boot versuchen währenddessen einige Seeleute verzwei-

felt, die Rettungskapsel klarzumachen. Der Kommandant steigt durch das obere Luk ein, um zu helfen. Wasser schlägt in die Öffnung der Kapsel, und die Männer schließen den oberen Dekkel hastig per Schnappverschluss. Am unteren Luk der Kapsel, das ins Innere des Bootes führt, steht der Fähnrich Sljussarenko und schreit nach seinem Kameraden, dem Korvettenkapitän Ispenkow. Der harrt immer noch bei der Dieselmaschine aus.

Um 17.08 Uhr verschluckt das Meer die »Komsomolez«. Das Wasser erobert tosend das Innere des Bootes und drängt die Luft vor sich her in die offene Rettungskapsel. Dort entsteht ein starker Überdruck. Sljussarenko springt in letzter Sekunde hinein wie auf den Waggon eines abfahrenden Zuges. Dann verriegeln die fünf Seeleute in der Kapsel das untere Luk. Ispenkow an der Dieselmaschine ist nicht mehr zu retten. Wegen der Druckunterschiede und der Hecklastigkeit des sinkenden Bootes lässt sich die Kapsel nicht absprengen. Erst als die »Komsomolez« in 1655 Metern Tiefe auf den Meeresboden aufschlägt, löst sich der Rettungsapparat und schnellt in die Höhe. Beim rasanten Aufstieg mit fast 50 Kilometern pro Stunde verlieren drei der Männer, darunter der Kommandant, das Bewusstsein. Sljussarenko und ein zweiter Fähnrich ziehen rechtzeitig die Atemgeräte über. Nach zwei Minuten erreicht die Kapsel die Wasseroberfläche und springt wie ein Pfropfen in die Luft. Der starke Innendruck sprengt den Schnappverschluss des oberen Luks auf, und einer der Männer wird hinausgeschleudert, 20 Meter weit. Die explosionsartig entweichende Luft drückt auch Sljussarenko in die Öffnung des Luks, doch er bleibt stecken. Die Kapsel fällt zurück ins Wasser, und mit der ersten großen Luftblase rutscht der Fähnrich ins Freie. Er überlebt als einziger der fünf Seeleute. Hinter ihm strömt das Wasser in die Kapsel und zieht die drei Ohnmächtigen in die Tiefe. Der Kommandant kehrt zu seinem Boot zurück.

Der russische Rettungsdienst kann den Schiffbrüchigen kaum helfen: Für Hubschrauber ist der Weg zur Unglücksstelle, fast 1000 Kilometer, zu weit. Wasserflugzeuge fliegen zu langsam und können zudem bei Windstärke 2 bis 3, wie sie über dem Nordmeer herrscht, nicht mehr landen. Um 12.43 Uhr schicken die

Retter ein hochmotorisiertes Flugzeug los, eine Iljuschin-38. An Stelle ihrer Waffen trägt sie Notcontainer und Rettungsflöße an Bord. Sie hat genügend Treibstofftanks, um stundenlang über der »Komsomolez« zu kreisen und den Stab an Land ständig zu informieren.

Als die Männer der »Komsomolez« über Bord gehen, wirft das Flugzeug Flöße ab, allerdings in mehreren hundert Metern Entfernung. Der Pilot kann nicht genauer zielen, und die Seeleute wären sonst in Gefahr, erschlagen zu werden. Die meisten der Rettungsmittel helfen den Männern nicht: Im eisigen, aufgewühlten Wasser schwimmen sie zu weit weg.

Einige der Seeleute kämpfen sich durch die Wellen an ein Rettungsfloß heran, das falsch herum auf dem Wasser liegt. Es gelingt ihnen nicht, das Floß umzudrehen. Sie ziehen sich hoch daran, klammern sich am Boden fest, robben zur flachen Kuhle in der Mitte des Floßes. Als erste geben die Männer mit schweren Brandwunden auf. Sie kriechen auf das Plastikfloß, legen den Kopf nieder und schlucken Wasser. Das Meersalz brennt sich in die Haut ein, und der Schmerz versetzt den Körper in einen Schockzustand. Die Schwächsten werden von den Wellen in die See gewischt. Keiner schreit, keiner verabschiedet sich, alle sterben schweigend. »Es ist schrecklich, wenn du das siehst und nichts machen kannst«, sagt Jelmanow. Neben dem Floß treiben Matrosen, den Rücken zum Himmel.

Die Männer fassen wieder Mut, als mehrere Flugzeuge über ihre Köpfe hinwegziehen: Sie sind also nicht vergessen. »Ich hatte keine Angst, aber ich musste an meine Familie denken«, erinnert sich Jelmanow. »Das gab mir Kraft. Die Hoffnung stirbt erst mit dem Menschen.« Doch als er ein norwegisches Flugzeug erkennt, schießt ihm sofort ein anderer Gedanke durch den Kopf: »Ein Glück, dass das Boot schon untergegangen ist.« Weil es ein militärisches Geheimnis war, das Nato-Augen nicht sehen sollten. »So haben wir damals gedacht«, wundert er sich elf Jahre später über sich.

Zu Anfang bemerkt Kapitänleutnant Kalinin die Kälte kaum. Doch dann fällt ihm ein, dass ein Mensch bei einer Wassertemperatur von drei Grad eigentlich nur 6 bis 15 Minuten überleben kann. Seine Hände werden gefühllos, und er beobachtet, wie sich kleine Schneeflocken darauf legen, ohne zu schmelzen. »Da habe ich zum ersten Mal gesehen, wie schön Schneeflocken sind.« Er wehrt sich gegen den verführerischen Schlaf, gegen den Segen des Aufgebens und die Ruhe des Todes. Er zieht die Beine an den Bauch und drückt die Arme gegen den Körper, um seine kostbare Wärme zu verteidigen, solange es geht.

Kapitänleutnant Gregulew denkt an Jack Londons Erzählung »Liebe zum Leben«, an den Helden, der sich allein durch die Tundra schlägt und mit den Wölfen kämpft. »Nein«, sagt er sich, als die Schwäche ihn in die Tiefe ziehen will, »man muss leben.« Seinem Kameraden versagen die Hände den Dienst, und er beißt sich am Uniformmantel eines anderen fest. »Haltet aus, um sechs Uhr kommt Rettung!«, ruft einer der Männer. Am Horizont ist nichts zu sehen, doch wer nicht glaubt, kommt um. Einige stimmen in das Lied »Warjag« ein und singen an gegen die Gischt.

Dann, endlich, sehen sie den Fischtrawler. Ein heller Punkt auf dem Meer. Mit der Rettung vor Augen lassen einige der Männer nach, kämpfen nicht mehr und gehen unter. Einer stirbt Sekunden, bevor die Fischer ihn aus dem Meer ziehen. Jelmanow hat 81 Minuten im eisigen Wasser gelegen, und er überlebt dennoch. 42 der 69 Mann Besatzung sterben beim Untergang der »Komsomolez«.

Die Angehörigen an Land durchleben qualvolle Stunden der Ungewissheit. Einen Tag nach der Rettung ihres Mannes klingelt es bei Natascha Jelmanowa an der Haustür: Vertreter der Flotte erklären ihr, dass alle auf der »Komsomolez« umgekommen seien. Natascha schließt wie in Trance die Tür, dann lauscht sie, ob die Männer nebenan klopfen. Die Familien wohnen dicht bei dicht im Stützpunkt, und der Ehemann der Nachbarin war auch auf der »Komsomolez«. Sie hört das Klopfen. Allen wird mitgeteilt, dass es keine Überlebenden gibt. Natascha kann sich das bis heute nicht erklären.

Am Abend, in den Schmerz hinein, zischt das Gerücht durch die Garnison, nicht alle seien tot. Die Frauen versammeln sich, ziehen zum »Haus der Offiziere« und fordern verzweifelt eine Erklärung. Der Wachhabende bellt ihnen entgegen: »Was wollt Ihr denn hier?« Erst nach langen Telefonaten finden sie einen mitleidigen Offizier, der ihnen gegen alle Befehle die Liste der Überlebenden vorliest. »Meine Frau hat noch viel mehr gelitten als ich«, sagt Jelmanow. Die enge Welt der Garnison teilt sich in überschwängliche Freude und doppelte Trauer.

Die Grenze, die der Tod damals ins Leben zog, ist dauerhaft. Einmal im Jahr, am 7. April, dem Schicksalstag ihres U-Bootes, versammeln sich die Überlebenden in Sankt Petersburg. Sie nehmen am Gottesdienst in der Sankt-Nikolaus-Kathedrale, benannt nach dem Schutzpatron der Seefahrer, teil. Die Angehörigen der Toten und die Überlebenden gedenken bis heute getrennt. Zu schmerzhaft ist es vielen, dass sie ihre Männer verloren haben und andere überlebten. Später ziehen sie in zwei Gruppen zum Mahnmal für die »Komsomolez«-Opfer auf dem Serafimowskoje-Friedhof.

Nach dem Unglück der »Komsomolez« 1989 beginnt in manchen Zeitungen eine Diskussion über den Rettungsdienst und das Verhalten des Nordflottenkommandos. Journalisten trauen sich im Zeichen der neuen Politik Gorbatschows, kritisch über die Marine zu schreiben. Der Kommandant des U-Bootes hat kein allgemeines SOS-Zeichen gegeben – aus Geheimhaltungsgründen verboten ihm seine Vorschriften, fremde Staaten um Hilfe zu bitten. Doch ein rechtzeitiger Notruf hätte viele Leben retten können. Hubschrauber der norwegischen Seerettungsstaffel und Schiffe der Küstenwache wären zwei bis drei Stunden vor dem Untergang des U-Bootes am Unglücksort angekommen. Die russische Nordflotte flüchtet sich in die Behauptung, die Norweger besäßen keine geeigneten Hubschrauber. Verteidigungsminister Dmitrij Jasow verkündet sogar dreist: »Die Schiffe der Küstenwache hätten doch einen Tag gebraucht.« Die Norweger weisen das entrüstet zurück.

Die wichtigste Lehre aus dem Untergang der »Komsomolez« 1989 ist für alle offensichtlich: Russlands Flotte braucht einen Rettungsdienst, der in engem Kontakt mit den Diensten anderer

Länder steht und in jeder konkreten Situation schnell die beste Lösung zur Rettung der Menschenleben wählt. Vielleicht, so hoffen viele Offiziere, lernt Russlands Flotte diesmal aus der eigenen Katastrophe.

Der Lageort der »Komsomolez«, etwa 500 Kilometer vom späteren Unglücksort der »Kursk« entfernt, wird von norwegischen Messschiffen überwacht. Sie stellen nur eine geringe radioaktive Kontamination fest. Doch als die russische Tiefseekapsel »Mir« zum Titanwrack hinabtaucht, zeigen die Bilder auf den Monitoren Erschreckendes: Nach dem Aufschlag auf den Meeresgrund muss eine Explosion stattgefunden haben. Vielleicht hat ein Gasgemisch mit der Batterie an Bord und dem Meerwasser aggressiv reagiert. Die Klappen der Torpedorohre sind nicht verschlossen, wie vermutet, sondern leicht geöffnet. Der Kameraarm der »Mir« dringt ferngesteuert mehr als fünf Meter tief in eines der Rohre ein, und die Sprengköpfe der beiden Atomtorpedos an Bord sind zu erkennen. Wenn sie von der Korrosion zerfressen werden, können sie jeweils vier Kilogramm des hochgiftigen Plutoniums freisetzen. Das Meer im weiten Umkreis der »Komsomolez« wäre für Jahrhunderte verseucht. Die russischen Wissenschaftler entdecken sogar »weißen Schaum« auf den Sprengköpfen – das erste Anzeichen des Zersetzungsprozesses. Experten befürchten, dass die technisch hochkomplizierte Hebung des Bootes unkalkulierbare Risiken mit sich bringt. Im April 1994 beschließt Russland, den Bug des Bootes am Meeresgrund zu versiegeln. Die Torpedorohre erhalten Verschlusskappen aus Titan, um das Auswaschen radioaktiver Elemente aus den Sprengköpfen zu verhindern. Bruchstellen im Bootskörper werden abgedichtet.

Unweit der »Komsomolez« entdeckt die Expedition auf dem Meeresboden die versunkene Rettungskapsel. An einer Trosse wird sie langsam hochgezogen, fünf Meter pro Minute. Als die Kapsel sich 200 Meter unter der Wasseroberfläche befindet, reißt die Trosse, und die Rettungskammer sinkt erneut hinab. Kommandant Wanin bleibt im Meer.

Seine Witwe zieht nach Sankt Petersburg, wo sie später, so erzählen sich Offiziere, als Putzfrau in einem Hotel arbeiten muss.

Die Angehörigen erhalten höchstens eine kleine Kompensation und Hilfsgelder zur Beerdigung der geborgenen Toten. Die Ehre des posthum verliehenen Rotbannerordens sollte ihnen genügen. Die Angehörigen wenden sich nicht an die Öffentlichkeit, sie leiden und schweigen. Zu gut kennen sie den Geheimniskult um die Marine, zu sehr fürchten sie Sanktionen.

Auch die Überlebenden werden fast vergessen. Ein hoher Marineoffizier der Nordflotte sagt dem Korvettenkapitän Jelmanow ins Gesicht: »Ihr habt Euch Euer Leben im Wasser des Nordmeeres erarbeitet. Mehr dürft Ihr nicht erwarten.« Jelmanow erhält immerhin das Versprechen auf eine Wohnung in Sankt Petersburg. Mit ihrem alten Fernseher und einem Kühlschrank zieht die Familie dorthin, wohnt anfangs provisorisch bei den Eltern, zu elft in einer Dreizimmerwohnung. Das Provisorium wandelt sich zum Dauerzustand, denn keiner der Militärbürokraten fühlt sich an das Versprechen gebunden. Die Jelmanows schreiben voller Zorn an den Präsidenten Boris Jelzin, und der schickt ihnen als Antwort einen Brief, der sie in ihrem Bemühen um eine Wohnung unterstützt. Freudig zeigen sie den Brief in der Stadtverwaltung vor, doch der Beamte sagt nur: »Das kann auch eine Fälschung sein.« Sieben Jahre nach dem Unglück erhält Jelmanow endlich die versprochene Wohnung. »Für die Herrschenden in Russland ist das Volk nur Arbeitsvieh«, zieht er sein persönliches Resümee. »Wir fahren Atom-U-Boote und sind moralisch noch in der Steinzeit.« An die Wand der neuen Wohnung hängt er einen Marinekalender mit dem Motto: »Der Dienst im U-Boot ist kein Beruf, sondern Religion.«

Der Weg in die Freiheit ist versperrt: Das Ausstiegsluk in der neunten Sektion der »Kursk« öffnet sich nicht. Wahrscheinlich verklemmt das Metall, der verzogene Deckel bewegt sich nicht, sperrt sich gegen jede Kraftanstrengung. Vielleicht entdecken die Überlebenden Wasser, das sich bereits über dem Luk in der Ausstiegsschleuse gesammelt hat. Wenn sie es trotzdem öffnen, würden sie ertrinken. Niemand kann das U-Boot auf diesem Weg verlassen. Die Überlebenden begreifen, dass sie gefangen sind in der stählernen Röhre, die ihnen Stunden zuvor noch Schutz und Zuhause war.

Die Hoffnung schwindet. Verzweiflung erfasst die Männer: Ihre Lage erscheint beinahe aussichtslos. Kälte krallt sich in die Kleider, durchdringt sogar die schützenden Wärmeanzüge aus Kamelhaarwolle. In der Geschichte gesunkener U-Boote haben bislang wenige Männer überlebt – das wissen die Offiziere. Der Tod rückt immer näher.

Auch im hinteren Teil des U-Boots steigt langsam das Wasser und drückt die verbleibende Luft zusammen. Nach der Hektik der ersten Minuten kehrt nun vermutlich Stille ein. Sauerstoffmangel quält die Männer schon bald. Sie fühlen sich krank, der Kopf pocht vor Schmerz, wirre Gedanken jagen einander. Vermutlich verfallen die Überlebenden ins Schweigen, die meisten werden apathisch. Sie sehnen sich nach einem Atemzug frischer Luft. »Zuerst fühlst du dich zerschlagen, dann einfach nur taub«, berichtet der Amerikaner Jim Bush, der 1957 einen U-Boot-Unfall überlebte. »Du bist in einem Sarg. Du denkst, du wirst sterben. Du denkst an deine Familie, wie sehr du sie vermissen wirst, wie sehr sie dich vermissen wird, und du wünschst dir nichts mehr, als sie zu sehen.«

Im Dunkel des versunkenen U-Bootes werden die Überlebenden der »Kursk« bald die »Regenerationskisten« aufklappen. Deren chemische Patronen geben Sauerstoff ab. Sie helfen den Männern, denn sie ziehen Kohlenmonoxid und Kohlendioxid aus der verbrauchten Luft. Das kann das Leben der Seeleute verlängern. Doch die Patronen sind auch gefährlich. In der Dunkelheit ist es kompliziert, die Scheiben aus den verlöteten Kisten zu ziehen. Wer sie benutzt, muss eigentlich Gummihandschuhe tragen. Denn kommen die Scheiben mit Wasser, Benzin oder nur einem Tropfen Öl in Berührung, bricht sofort Feuer aus. Beim Brand wird immer wieder neu Sauerstoff freigesetzt. Das Feuer kann nicht einmal bekämpft werden: Es erreicht Temperaturen von 3000 Grad. Die Offiziere an Bord der »Kursk« wissen, dass sie ihr Leben riskieren, wenn sie die chemischen Patronen benutzen. Doch sie wissen auch, dass sie ohne die Patronen nicht lange überleben können.

Eine Hoffnung bleibt. Nur die Retter der Nordflotte können die Überlebenden noch vor dem Tod bewahren. Verzweifelt lauschen sie, warten sehnlich auf das Dröhnen einer Schiffsschraube, die näherkommt. Dmitrij Kolesnikow denkt an seine Frau Olga, an seine Pflicht als Offizier. Er nimmt einen Stift, findet vielleicht noch eine Taschenlampe, tastet nach einem Blatt Papier und schreibt.

Doch bis zum frühen Abend, so heißt es offiziell, vermisst die Flotte das U-Boot nicht einmal. Zwar bemerkt der Manöverstab, dass die »Kursk« keinen Torpedo verschießt und keinen Funkspruch abgibt. Doch angeblich beunruhigt das niemanden. Schließlich soll sich Kapitän Ljatschin erst um 18 Uhr beim Kommandostab melden, heißt es offiziell: Das Manöver ist um diese Zeit zu Ende.

Für die übliche Praxis der Flotte ist das jedoch ungewöhnlich. Meist nimmt die Manöverleitung alle vier Stunden Kontakt mit den Kommandanten der U-Boote auf. Bleibt eine Meldung aus, wird eine Stunde später Alarm geschlagen. Nach einem Torpedoschuss muss sich der U-Boot-Kommandant sogar dreimal beim Manöverstab melden: Das erste Mal, um über den Abschuss zu informieren, das zweite Mal, um mitzuteilen, wann der Übungstorpedo gefunden wurde, der durch einen speziellen Apparat am Torpedokopf an die Wasseroberfläche aufsteigt. Wenn das

U-Boot die Manöverregion verlässt, funkt der Kapitän normalerweise ein drittes Mal. Nach Informationen der Moskauer Zeitung »Nowaja Gaseta« steht im Logbuch des Kommandopunktes der Nordflotte um 13.50 Uhr: »Nach der schlimmsten Variante handeln.« Die »Kursk« wurde vermutlich bereits früher vermisst.

Dennoch bleibt der Stab der Nordflotte scheinbar gelassen. Als der Kommandant der »Kursk« um 18 Uhr immer noch schweigt, lässt Popow, der Chef der Nordflotte, halbherzig nach der »Kursk« suchen. Drei U-Boot-Jäger des Typs IL-38 steigen in den Himmel hinauf. Die Chancen auf Erfolg sind schlecht. Aus der Luft funktioniert die Suche nach einem U-Boot wie mit einem Metallsuchgerät. Doch die Flieger können die Boote nur in einer Tiefe bis zu 100 Metern fixieren. Selbst für die eher flache Barentssee ist das nicht genug. Zur Vorsicht wird auch der Kapitän zur See und Leiter des Rettungsdienstes der Nordflotte, Alexander Teslenko, gegen 17 Uhr in den Stab nach Seweromorsk einbestellt. Dort herrscht angeblich immer noch Ruhe. »Wir dachten, vielleicht gibt es technische Probleme und irgend etwas in der Elektronik ist ausgefallen«, erinnert sich Wladimir Geletin, der Manöverkoordinator, dessen Sohn auf dem U-Boot dient. »Niemand ist auf den Gedanken gekommen, dass eine solche Tragödie passiert. Wir hofften, dass es einfach nur Störungen bei der Verbindung sind.« Schließlich gilt die Barentssee als ein kompliziertes Funkgebiet: Wegen der Nähe zum Nordpol werden die Funkwellen immer wieder von magnetischen Feldern gestört. Manchmal fällt die Verbindung deshalb völlig aus. Um 23 Uhr, zwölf Stunden nach dem Unfall, gibt Popow endlich Großalarm. »Die Flotte hat keine Minute gezögert«, wird Präsident Putin später behaupten.

Zweifel an dieser Version bleiben. Denn wichtige Fragen sind immer noch offen. Auch die Nordflotte müsste die heftigen Explosionen an Bord der »Kursk« registriert haben, die selbst in 5000 Kilometer Entfernung aufgezeichnet wurden. Unweit des U-Bootes waren mehrere Kreuzer im Einsatz. Hydroakustiker des modernsten Kreuzers der Flotte, »Peter der Große«, sollen am Samstag vormittag tatsächlich einen starken Schlag unter Wasser bemerkt haben, der einer Explosion sehr ähnelte, berichtet der ehemalige U-Boot-Kommandant Igor Kudrin der Moskauer Tageszeitung »Kommersant«. Einen Offizier, der sich in einem anderen U-Boot befand, warf die Unterwasserdruckwelle sogar vom Stuhl. Verwechslungen mit Manöverexplosionen sind wenig wahrscheinlich. Mit der Wucht von mehr als zwei Tonnen Sprengstoff detoniert kein Übungstorpedo. Das Kommando der Nordflotte wusste über den Unfall vermutlich viel eher Bescheid.

Warum die Rettungsaktion so schleppend anlief, bleibt unklar. Vielleicht hat der Stab versagt, und niemand wollte die Verantwortung für einen Fehlalarm übernehmen, der für die darbende Flotte ein teures Ärgernis geworden wäre: Treibstoff ist auch ohne Sondereinsatz knapp und wird eisern für die große Fahrt ins Mittelmeer gespart. Vielleicht verdrängten die Stabsoffiziere die Hinweise auf einen Unfall in der abstrusen Hoffnung, alles werde sich später klären. Vielleicht meldete sich der Instinkt sowjetischer Funktionäre: Probleme werden erst einmal geheim gehalten. Doch Popow ist ein erfahrener Kommandeur, der aus einer Familie von U-Boot-Fahrern stammt. Acht Jahre durchkämmte er selbst in einem Atom-U-Boot die Meere. Er ist kein Zögerer, kein Mann der falschen Vorsicht – er ist zugreifend, auch später, während der Rettungsarbeiten, als er sich mehrfach über bürokratische Hindernisse hinwegsetzt.

Wahrscheinlich konnte die Nordflotte ihre Rettungstechnik nur mühsam mobilisieren: Die Boote sind hoffnungslos veraltet, der Rettungsdienst ist verarmt und untrainiert. »Noch im Mai 1994 habe ich den Zustand der Rettungstechnik und ihre Möglichkeiten schriftlich dokumentiert«, klagt der Leiter des Rettungsdienstes Teslenko in der offiziellen Zeitung der Nordflotte »Na Strasche Sapoljarja«. »Doch man verhält sich zu uns wie zu einem Hilfsdienst. Wir haben nur sehr bescheidene Mittel. Zu einem guten Teil müssen wir uns selbst finanzieren. Unsere technischen Möglichkeiten sind begrenzt.« 27 Millionen Rubel, zwei Millionen Mark, benötigte der Dienst 1999 für den Unterhalt seiner Schiffe. Doch er bekam nur 30 000 Mark, ein Siebzigstel des

Notwendigen. 600 000 Mark verdienten sich die Retter schließlich selbst hinzu, als Rettungsschiffe kommerzielle Frachtaufträge übernahmen. Auf Ernstfälle in der Flotte ist der Dienst kaum mehr vorbereitet.

Am Abend des 12. August macht Teslenko das Rettungsschiff »Michail Rudnizkij« startklar für die Suche nach der »Kursk«. Der umgebaute Holztransporter wurde 1998 aus dem Bestand der Schwarzmeerflotte zur Nordflotte überführt – da ist er schon 21 Jahre alt. Seit drei Jahren ist das Schiff nicht mehr zur See gefahren. An Bord hat es den Tauchapparat »Bris« geladen, veraltet und schlecht gewartet auch er. Seine Batterie reicht gerade für ein paar Stunden Tauchfahrt. Danach muss der gesamte Apparat an ein Ladegerät gehängt werden. An das letzte Training auf offener See kann sich keiner mehr erinnern. Es ist später Abend, als Teslenko die »Michail Rudnizkij« in die Manöverregion der »Kursk« steuert.

Auch andere Boote suchen nach dem verschollenen U-Boot. Die Männer auf den Schiffen halten nach einer roten Signalboje Ausschau, die bei Unfällen aus einer Klappe der U-Boote aufsteigt. So müsste die »Kursk« eigentlich schnell gefunden sein: Es ist hell wie am Tag in dieser Sommernacht. Doch viele Kommandanten lassen die Boje vor der Ausfahrt festschweißen, damit sie nicht versehentlich verlorengeht. Die Praxis geht noch auf die Jahre des Kalten Krieges zurück, als sowjetische U-Boote auch vor der amerikanischen Küste patrouillierten. Schon damals waren die Bojen schlecht verankert und rissen sich manchmal los. Um keinen internationalen Skandal zu provozieren, wurde den Kapitänen befohlen, sie festzuzurren. Heute droht den verantwortlichen Kommandanten eine Geldstrafe, wenn die Boje verlorengeht. Von der »Kursk« und ihrer Boje ist nichts zu sehen.

Um 4.38 Uhr werden an Bord des Kreuzers »Peter der Große« zum ersten Mal Geräusche der »Kursk« fixiert: vermutlich mechanische Klopfzeichen des Notsystems »Majak«. Der Kommandant kann die Lage des versunkenen U-Bootes auf diese Weise annähernd bestimmen. »Die Koordinaten lauten 69 Grad 37,8 Minuten nördlicher Breite und 37 Grad 33 Minuten östlicher Länge«, gibt er durch. Damit liegt er beinahe richtig. Vier Stunden später wird noch einmal ein Flugzeug auf die Suche geschickt. Es spürt U-Boote anhand ihrer magnetischen Felder auf. Eine halbe Stunde dauert es, bis die »Kursk« aus der Luft entdeckt ist. Das Rettungsschiff hält nun Kurs auf den Unfallort.

In Widjajewo, der Heimatgarnison der »Kursk«, kämpft Iwan Nessen in der Nacht gegen das Wasser. Handwerker hatten an Nessens Haus für eine Reparatur das Dach abgedeckt, und nun regnet es seit Stunden. Wasser läuft die Wände hinab, sickert in den Hauseingang und in den Flur. Mit Mühe versucht Nessen, wenigstens die Sicherungskästen abzudecken. Er hat Zeit an diesem Wochenende, denn eigentlich hätte der Oberfähnrich auch an Bord der »Kursk« sein sollen. Doch Kommandant Ljatschin stellte ihn kurzfristig frei, damit er die Soldauszahlung für die Seeleute vorbereiten kann. Es ist fast Mitternacht, als er einen seltsamen Anruf bekommt.

Ein Bekannter aus Seweromorsk ist am Apparat. Die »Kursk« sei verschollen, berichtet er, die Verbindung zum U-Boot abgebrochen. Offiziere im Stab würden bereits eine Liste der Männer an Bord aufstellen. Nessen bleibt ruhig. »Wie soll ein Boot wie die ›Kursk‹ untergehen?«, fragt er sich entgeistert. Er kann nicht glauben, dass etwas Schlimmes passiert ist.

Am Sonntag, dem 13. August, klingelt um 7 Uhr morgens im Badeort Sotschi am Schwarzen Meer das Telefon. Präsident Wladimir Putin macht hier seit einem Tag Urlaub in seiner prächtigen Residenz »Botscharow Rutschej«. Am Samstag war er mit seiner Familie angereist – von dem Unfall hatte ihm niemand berichtet.

Aus Moskau meldet sich nun Verteidigungsminister Igor Sergejew. Die beiden mögen sich nicht besonders. Putin versteht sich besser mit Sergejews Rivalen Anatolij Kwaschnin, dem Stabschef der russischen Armee. Auch wegen des Tschetschenienkrieges ist der Präsident nicht besonders gut auf seinen Verteidigungsminister zu sprechen. Der Krieg tobt immer noch, und die Verluste unter Zivilbevölkerung und Soldaten sind hoch. Gerüchte besagen, dass Putin den Minister am liebsten schnell loswerden würde.

Sergejew hatte zuvor mit dem Oberbefehlshaber der Flotte, Wladimir Kurojedow, darum gerungen, wer dem Präsidenten die schlechte Nachricht überbringt – Sergejew zog den kürzeren. Er berichtet Putin am Telefon von der »Kursk«, allerdings in optimistischen Tönen, wie später in Moskau bekannt wird. Zur Sorge bestehe kein Anlass, die Rettungskräfte seien unterwegs. Für die Mannschaft interessiert sich Putin angeblich wenig. Seine erste Frage gilt dem Atomreaktor, nicht der Besatzung seines Elite-Bootes. Der junge Präsident gibt sich mit der Antwort zufrieden, es bestehe keine Gefahr eines radioaktiven Lecks.

Vielleicht hat Sergejew die Lage geschönt, doch vielleicht kennt er selbst das volle Ausmaß des Unfalls nicht. Er muss sich auf die Informationen des ehrgeizigen Flottenadmirals Kurojedow verlassen. Auch der Admiral hat vielleicht untertrieben. »Auf eine Katastrophe reagiert ein jedes Amt in Russland mit sicherem Instinkt«, analysiert der liberale Militärexperte und Parlamentsabgeordnete Alexej Arbatow später. »Die erste Reaktion ist, alles unter Verschluß zu halten. Dann versucht man es mit Beruhigungen. Das ist die klassische Reaktion, wie damals beim Unfall in Tschernobyl.«

Kurojedow hat außerdem persönliches Interesse daran, die Tragödie möglichst klein zu halten. Der 53jährige sieht die Erfüllung einer glänzenden Militärkarriere vor sich. Er will die Marine zu alten Ehren zurückführen: Endlich sollen russische Kriegsschiffe wieder durch die Weltmeere patrouillieren. Vielen gilt der Flottenchef schon als möglicher neuer Verteidigungsminister. Nach dem Manöver, bereits am Montag, soll Kurojedow Mitglied des mächtigen Sicherheitsrates werden, verraten Offiziere in Moskau später. Der Präsident habe die Ernennungsurkunde schon unterschrieben. Denn Putin gefällt der zielstrebige Mann. Als Kurojedow Anfang August seine Dissertation über die »Strategie des Staates auf dem Gebiet der Marinepolitik« verteidigte, kam der Präsident sogar persönlich vorbei und stellte ein paar kluge Fragen. Dem Admiral wurde damals für seine Doktorarbeit im Handstreich gleich der Professorentitel verliehen. In seiner Arbeit hatte Kurojedow Russlands neue Marinedoktrin dargelegt.

30 Prozent der Verteidigungsausgaben sollen seinen Vorstellungen nach in Zukunft an die Flotte gehen. Die Explosionen auf der »Kursk« sprengen auch Kurojedows Zukunftspläne. Er muss fürchten, dass seine Karriere nun am Ende ist.

Der Präsident beschließt, sich auf die Informationen des Militärs zu verlassen. Er holt keine neuen Auskünfte ein. Er ruft nicht selbst bei der Nordflotte an. Er schickt auch keine Vertrauten nach Murmansk, um die Lage vor Ort überprüfen zu lassen. »Das war sein großer Fehler«, urteilt der Politiker Arbatow. »Putin kennt den Staat und seine Mechanismen lange genug. Deshalb hätte er misstrauischer sein müssen. Er hat die Inkompetenz und Feigheit nicht durchschaut.« Putin berät sich kurz mit seinem Vertrauten Sergej Iwanow und beschließt dann, in der Sonne zu bleiben.

In der Garnison von Widjajewo bricht Nadeschda Tylik am frühen Sonntag morgen zu einem Spaziergang auf. Sie will Pilze sammeln nach der verregneten Nacht. Allein streift sie durch das Unterholz: Ihr Mann Nikolaj ist heute früh zum Fischen gefahren, ihr Sohn Sergej ist noch immer mit der »Kursk« beim Manöver unterwegs. Es ist ruhig, die Erde riecht frisch, und Nadeschda liebt den kurzen, warmen Sommer. Doch an diesem Morgen treibt sie ein seltsames Gefühl um. Manchmal kommt es ihr vor, als schleiche jemand hinter ihr. Dumpfe Traurigkeit erfüllt sie. »Mir war schwer auf der Seele«, sagt Nadeschda, »und ich wusste nicht warum.« Sie ahnt: Irgend etwas ist passiert.

Das Gerücht vom Unfall geistert schon am Morgen durch Widjajewo, die Garnison, die so groß wie ein Dorf ist. Die Leute erzählen es sich beim Einkaufen und auf der Straße und besuchen sich, um die Neuigkeit herumzutragen. Viele Angehörige rufen besorgt bei Irina Ljatschina an, der Frau des Kommandanten der »Kursk«. Irina beruhigt sie. Sie hat bereits am Samstag einen Anruf aus dem Stab von Seweromorsk bekommen. »Es ist alles in Ordnung«, hieß es, »das U-Boot ist bereits auf dem Rückweg.« Irina Ljatschina feiert ruhig den 21. Geburtstag ihres Sohnes Gleb, der so gerne mit dem Vater zum Manöver gefahren wäre.

Auch andere nehmen das Gerede nicht ernst. Swetlana Kusnezowa trifft zufällig ihren kleinen Bruder Kirill auf der Straße. Er hat die Neuigkeit von Bekannten gehört. Beim Einkaufen erzählt Swetlana das Gerücht gleich weiter. »Kirill hat mir so eine komische Geschichte erzählt«, sagt sie der Ehefrau eines »Kursk«-Offiziers. Swetlana bleibt ganz ruhig. »Wir leben ja nicht vor fünfzig Jahren«, denkt sie, »dass so ein Unfall passieren kann.«

Am Nachmittag hört auch Nadeschda von der Tragödie. Sie ist schon zu Hause und arbeitet in der Küche. Aufgeregt ruft ihre Schwiegertochter Natalja an. »Die ›Kursk‹ liegt auf dem Grund!«, erzählt sie besorgt. Doch Nadeschda schimpft sie aus. »Du darfst diesen Unsinn nicht glauben!«, erklärt sie Natalja. »Die ›Kursk‹ kann gar nicht auf dem Grund liegen!« Nadeschda macht sich keine Sorgen. Und ihr komisches Gefühl hat sie längst wieder vergessen.

Das Rettungsschiff »Michail Rudnizkij« erreicht den Manöversektor der »Kursk« am Sonntag vormittag. Seit dem Unfall ist mehr als ein Tag verstrichen. Die Besatzung muss das Wrack anhand der Angaben finden, die der Stab bislang gesammelt hat. Die Suche ist immer noch schwierig, die Möglichkeiten der Retter sind begrenzt. Das Rettungsschiff kann mit zwei speziellen Geräten zwar Signale senden, um auf diese Weise die akustische Notstation an Bord der »Kursk« in Gang zu setzen. Dazu wird die Besatzung des U-Boots nicht einmal benötigt: Die Notstation arbeitet automatisch. Doch der Mechanismus schaltet sich nur dann ein, wenn sich die »Michail Rudnizkij« nicht weiter als 3000 Meter von dem verunglückten U-Boot befindet.

Es ist bereits 12.17 Uhr, als die Besatzung der »Michail Rudnizkij« zum ersten Mal akustische Signale in die Tiefe schickt. Man habe auch versucht, mit einer Unterwasserschallverbindung die Mannschaftsmitglieder des U-Bootes aufzurufen, berichtet Alexander Teslenko, Leiter des Rettungsdienstes der Nordflotte, später. Doch niemand antwortet.

Um 16.20 Uhr dringen endlich die ersten Schallwellen vom Wrack aus durch die Tiefe. Die Retter registrieren Signale aus der Notstation der »Kursk«. Demnach liegt das U-Boot nur 2201 Meter von dem Rettungsschiff entfernt. Schnell wird die Tauchkapsel AS-34 »Bris« ins Wasser gelassen. Es ist bereits 17.48 Uhr, als auch die Besatzung der Kapsel die Signale fixieren kann. 1890 Meter trennen den Tauchapparat noch von dem verunglückten U-Boot. Automatisch folgt die Kapsel nun den Signalen der »Kursk«.

Um 18.32 Uhr muss die Kapsel auftauchen. Der Mannschaft des Rettungsapparates ist ein Unfall passiert. Unter Wasser war »Bris« gegen einen harten Gegenstand gestoßen. Schnell muss der Apparat untersucht werden: Funktioniert er noch? Der Gegenstand, so vermutet die Mannschaft, war die Heckflosse des U-Bootes. Endlich ist es gefunden. Die »Kursk« liegt auf 69 Grad 36 Minuten nördlicher Breite und 37 Grad 34 Minuten östlicher Länge. Seit dem Unfall sind mehr als 30 Stunden vergangen. Wie die Lage an Bord aussieht, weiß bislang niemand.

Am Sonntag nachmittag sitzt Olga Kolesnikowa in Sankt Petersburg vor ihrem Fernseher. In den Nachrichten des Senders ORT sieht sie Admiral Popow. Der Chef der Nordflotte spricht von einem erfolgreichen Manöver und gelungenen Schießübungen. Die Nachrichtenagentur Itar-Tass verbreitet am selben Tag folgende Meldung: »In der Nordflotte wurde heute das größte Manöver des Jahres abgeschlossen. Mehr als 30 Schiffe, Hilfsschiffe und U-Boote, zehn Einheiten an Land und zwei Luftstaffeln Russlands und der Ukraine nahmen daran teil. Die Ergebnisse des Manövers haben zu einer hohen Bewertung des Kommandeurs der Nordflotte, Admiral Wjatscheslaw Popow, geführt. Er erklärte, dass ein Manöver dieses Maßtabs in der Nordflotte zum ersten Mal abgehalten wurde. Das Manöver sei das wichtigste der russischen Flotte in diesem Jahr. Der Admiral lobte die gute Schulung der Seeleute, Flieger und Armeeangehörigen, auch den guten Zustand der Kriegstechnik.«

Da lag das modernste U-Boot der Nordflotte schon länger als einen Tag am Grund.

Angst

Am Montag mittag verlässt der Offizier Wladimir Geletin für wenige Stunden den Kommandostab der Nordflotte. Er fühlt sich abgespannt. Seit dem Unfall vor zwei Tagen hat er jede Minute im Stab verbracht. »Wir haben ohne Pause die neuen Informationen von der Unfallstelle ausgewertet, Hilfe koordiniert, die Rettungsarbeiten organisiert«, sagt er. Nicht einmal zum Schlafen fand Geletin noch Zeit. Doch er hätte sowieso kaum Ruhe gefunden. Der Offizier ist außer sich vor Sorge.

Manchmal rief Geletin aus dem Stab seine Frau Natalja an. Sie solle sich keine Gedanken machen, wenn er vorläufig nicht nach Hause komme, sagte er ihr. Das Manöver dauere diesmal etwas länger. Ihr die Wahrheit über die »Kursk« zu sagen, brachte er einfach nicht über sein Herz. »Es war eine edle Lüge«, rechtfertigt er sich. »Weil ich immer noch Hoffnung hatte, dass doch alles gut endet.« Schließlich hatte das Ehepaar in den letzten Wochen genug Kummer ausgestanden. Im Juli starb ihr kleiner Enkel qualvoll an Krebs. Nun ist Boris, ihr Sohn, an Bord des versunkenen U-Bootes. Dabei hätte er nicht einmal mitfahren müssen: Er hatte eigentlich Urlaub. Mit dem Manöver wollte er sich vom Tod seines Kindes ablenken. Außerdem liebte er seinen Beruf, war pflichtbewusst wie sein Vater. »Ich bin mir ganz sicher«, sagt Wladimir Geletin heute. »Wenn wir ihn gerettet hätten, wäre er am nächsten Tag wieder an Bord gegangen.«

Geletin eilt nach Hause. Er braucht nun seinen ganzen Mut. Denn jetzt hat er keine Wahl mehr: Gleich wird der Fernsehsender NTW in seinen Zwölf-Uhr-Nachrichten von dem Unglück der «Kursk« berichten. Natalja soll vorher Bescheid wissen. Doch Geletin beschließt, ihr nicht alles zu sagen. Er weiß längst, wie das U-Boot am Meeresboden aussieht.

Denn noch am späten Sonntag abend hatten die Retter an der Unfallstelle die Tauchkapsel »Bris« ins Wasser gelassen. »Bris« sollte am Wrack entlangtauchen und den Zustand des U-Bootes prüfen. Die Operation war schwierig. Die Batterien der bemannten Kapsel arbeiten bestenfalls sieben Stunden am Stück. Doch im Meer hielten sie kaum fünf Stunden durch. Ständig mussten sie aufgeladen werden. Dreizehn, vierzehn Stunden dauert das normalerweise – viel zu lange für die Retter. Die Mannschaft versuchte es deshalb im Blitzdurchgang. Doch dabei überhitzten die Batterien. Eine Kühlung ist im Mechanismus nicht vorgesehen, und die Männer an Bord des Trägerschiffes mussten hektisch improvisieren. »Wir quälten die Akkus, aber wir gewannen Zeit«, erzählt ein Zeuge. Von 22.40 Uhr bis 1.05 Uhr konnte die Besatzung des «Bris« endlich in die Tiefe der Barentssee hinabtauchen. Was sich vor ihren Augen auftat, war eine Katastrophe.

Normalerweise wird das U-Boot von einer zehn Zentimeter dicken Gummihaut belegt. Sie ist so dicht an den Metallkorpus gepresst, dass kaum eine Messerklinge dazwischen passt. Jetzt ist die Gummihaut abgelöst. Zwischen dem Gummi und dem Stahl hat eine große Hand Platz. Andrej Scholochow, Mitglied der Rettungsmannschaft im »Bris«, erzählt, wie er mit Offizieren eines anderen U-Bootes später zur verunglückten »Kursk« hinabtaucht. »Sie haben alles kommentiert«, erinnert er sich. »›Lass uns weiterschwimmen, hier entlang‹ und so weiter. Und auf einmal – hörte das Boot einfach auf. Stellen Sie sich einen Schnitt von 90 Grad vor. Irgendwelche Rohre guckten da raus und verbeulte Metallblätter. Der Kerl neben mir sagt: ›Die erste Sektion existiert nicht mehr.‹ Als ob sie abgesägt sei oder sauber geköpft mit einer Guillotine.«

In der Nacht saß Geletin mit Popow, dem Chef der Nordflotte, und Mozak, dem Stabschef, zusammen. »Wir hofften jedoch immer noch, dass die Mannschaft lebt«, beteuert Geletin. »Vielleicht nicht alle, aber wenigstens ein Teil.« Doch er macht sich keine Illusionen. Geletin ist keiner, der sich selbst belügt. Er weiß genug, um die richtigen Schlüsse zu ziehen: Die vorderen Sektionen des U-Bootes sind vollständig zerstört. Der Bug ist zerfetzt, wie abgeschlagen. Die zweite Sektion, in der Boris arbeitete, gibt es nicht mehr. Könnte es nicht sein, dass Boris seinen Arbeitsplatz zufällig verlassen hat? »Nein«, sagt Geletin. »Das ist während eines Manövers verboten.« Geletin weiß, sein Sohn ist tot. Doch Natalja, seiner Frau, will er die Hoffnung nicht nehmen. Fünf Minuten vor Beginn der Nachrichten sagt er ihr, vielleicht sei alles gar nicht so schlimm. Und Natalja glaubt ihm. »Welche Mutter möchte schon hören, dass ihr Kind nicht mehr lebt?«, fragt Geletin. Das Kommando der Nordflotte bietet ihm an, nicht mehr an den Arbeitsplatz zurückzukehren und bei Natalja zu Hause zu bleiben. Schließlich ist seine Tochter, eine Psychologiestudentin, gerade in den Ferien und betreut Schulkinder am Schwarzen Meer. Sie kann frühestens in zwei Tagen in Murmansk sein. Geletin lehnt ab. »Es war meine Pflicht, in den Stab zurückzukehren«, sagt er. Er ruft nun oft zu Hause an, um zu fragen, wie es seiner Frau geht.

Journalisten in Moskau hatten unter der Hand von dem Unglück erfahren. Schon lange zahlt die russische Nachrichtenagentur Interfax mehrere Offiziere im Generalstab, damit sie die Agentur schnell und zuverlässig mit Informationen versorgen. Denn die Pressestellen des Verteidigungsministeriums und der einzelnen Teilstreitkräfte sind unter Journalisten berüchtigt. Fragen werden nur schriftlich akzeptiert, meist weitergereicht, oft liegengelassen. Am Wahrheitsgehalt der offiziellen Meldungen zweifeln selbst Putin-Anhänger. Für die großen Medien ist ein Netzwerk bezahlter Zuarbeiter deshalb seit langem unerlässlich.

An diesem Morgen, so heißt es, rief eine der Quellen bei Interfax an. Dem Pressesprecher der Flotte, Igor Dygalo, blieb nichts anderes übrig, als den Unfall zu bestätigen. Doch im Auftrag des ehrgeizigen Flottenchefs Kurojedow soll er die Tragödie wenigstens herunterspielen. So wird eine »Panne« aus der Katastrophe. Um 10.54 Uhr Moskauer Zeit schickt die Nachrichtenagentur Interfax folgende Meldung über den Ticker: »In der russischen Barentssee sind Störungen auf dem Atom-U-Boot Kursk aufgetreten. Die Kursk liegt auf dem Grund. Atomwaffen sind nicht an Bord. Das Niveau der Radioaktivität ist normal.«

Eine chaotische Informationspolitik nimmt so ihren Anfang. Völlig unkoordiniert werden sich die Presseabteilungen der Flotte und der Nordflotte im Laufe der Woche mit ihren Meldungen und Stellungnahmen selbst widersprechen. Offenbar hat das Ministerium zunächst nicht geklärt, wer Auskunft geben darf und soll. Vielleicht treten die Abteilungen untereinander in einen fatalen Wettbewerb. Anfangs mischt sogar das Verteidigungsministerium selbst mit: Minister Igor Sergejew wollte den Informationsfluss zum Untergang der »Kursk« über seine eigene Pressestelle steuern. Walerij Manilow aus dem Generalstab soll versucht haben, die Öffentlichkeitsarbeit zur »Kursk« an sich zu reißen. Seit seiner Informationskampagne zum Tschetschenienkrieg gilt er als systematischer Tatsachenverdreher und hemmungsloser Beschöniger. »In jeder Meldung muss auch eine positive Botschaft stecken«, lautet das Motto seiner offiziellen Berichte zum Krieg. Doch Wladimir Kurojedow setzt sich ein weiteres Mal gegen den Minister durch. Er schickt Igor Dygalo vor die Kameras, einen jungen Fregattenkapitän, der seine Karriere auch seinem berühmten Vater verdankt, einem Konteradmiral der Pazifikflotte. Es dauert kaum einen Tag, da herrscht in der Pressearbeit hoffnungsloses Durcheinander.

Die Opfer geraten dabei völlig in Vergessenheit. Niemand denkt daran, die Angehörigen der 118 Seeleute zu informieren. Kein Vertreter der Flotte, der Armee oder der Wehrämter wird sich je bei ihnen melden. Die meisten erfahren von der Katastrophe, die ihr Leben zerstört, zufällig über das Fernsehen.

Für Olga Kusnezowa wird es eine anstrengende Fahrt von Moskau nach Kursk. Acht Stunden lang fährt der Zug, fast eine ganze Nacht. Ihre Krebsoperation im Moskauer Botkinskij-Krankenhaus liegt erst drei Wochen zurück, und noch immer quälen die Schmerzen. Die Ärzte amputierten beide Brüste. Um den Brustkorb sind dicke Verbände gewickelt. Aber Olga ist zuversichtlich. »Jetzt müssen nur noch die Wunden verheilen«, denkt sie. Ihre Kinder haben ihr nicht erzählt, dass sie nur noch ein halbes Jahr zu leben hat. Olga ist unheilbar krank.

Sie spricht in diesen Tagen oft von Wiktor, dem Lieblingssohn. Eigentlich wollte er aus Widjajewo nach Moskau kommen, um der Mutter in den Tagen vor der Operation beizustehen. Doch er kam nicht. Ärgerlich überlegt die Familie, ob ihn vielleicht seine

Frau Swetlana überredete, den Sonderurlaub im Norden zu verbringen. Olga wartet nun dringend auf eine Nachricht von ihrem Sohn. Sie weiß, das Manöver der Nordflotte wird in diesen Tagen zuende gehen. Er wird sicher bald anrufen, denkt sie.

Olga ist gerade drei Tage zu Hause, als sie die Meldung von den Störungen auf dem Atom-U-Boot »Kursk« zufällig in den Abendnachrichten sieht. Sie erstarrt vor Schreck. Eine dunkle Ahnung erfasst sie. Als nachts mit einem dumpfen Schlag die Ikone von der Wand fällt, ist sie sich sicher: »Er ist also tot.« Sogar einem Fernsehreporter erzählt sie davon. Olga ist so im ganzen Land zu sehen: wie sie im gelben Bademantel auf dem Bett sitzt, eine weinende Frau mit verbundener Brust, eine Sterbende, die nun nicht mehr leben will.

Walentina Staroselzewa hat am Wochenende des Unfalls gerade ein Päckchen für ihren Sohn fertiggemacht. Es waren keine guten Tage. Lustlos gräbt sie im Garten hinter ihrem Holzhaus in Kursk herum, Kopfschmerzen machen sie missmutig. Doch das Paket bringt sie auf andere Gedanken. Sie packt Bonbons, Plätzchen, Rasierzeug und Seife ein für Dima, ihren 20jährigen Sohn, der gerade seinen Wehrdienst auf der »Kursk« ableistet.

Walentina, die Krankenschwester, hat ihre beiden Kinder allein aufgezogen – »wie die meisten Frauen in Russland«. Sie ist stark, resolut und unbeugsam. Aber sie wird sanft, wenn sie von Dima spricht. Wie ein Freund ist der Sohn für sie. Er liebt es, mit ihr zu Hause zu sein. Sie stellt ihm Blumen hin, wenn er lernen muss. Er weint bei ihr, als er sich von der ersten Liebe trennt. Walentinas Bruder sagt einmal über Dima: »Der hätte eigentlich ein Mädchen werden sollen. Nichts Männliches ist an ihm.« Sein Foto wird später in vielen Zeitungen abgedruckt: Es zeigt einen schmalen, ernsten Jungen mit traurigen Augen, auf dem Kopf stolz die Matrosenmütze der Nordflotte.

Walentina war sehr froh, als sich Dima 1999 entschloss, auf dem U-Boot »Kursk« zu dienen. »Ich hatte vorher schreckliche Angst, dass er in den Tschetschenienkrieg gerät«, erinnert sie sich. Sie fürchtete auch den Alltag in der russischen Armee. Gewalt und Armut, Verbitterung und Chaos herrschen in vielen Einhei-

Der 20-jährige Matrose Dima Staroselzew aus Kursk gehört zu den jüngsten Besatzungsmitgliedern. Das Manöver im August war seine zweite Ausfahrt im Bauch eines U-Bootes.

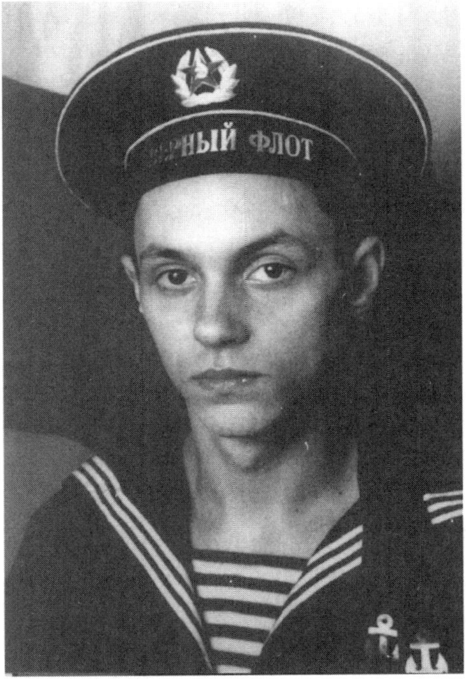

ten. Offiziere und ältere Soldaten schikanieren oft systematisch die Neuankömmlinge – eine grausame Tradition, die noch aus Sowjetzeiten stammt. Im Russischen gibt es sogar ein Wort dafür: »Dedowschtschina«, die Herrschaft der Großväter. In Friedenszeiten sterben jährlich 3000 Soldaten. Wer es sich leisten kann, kauft sein Kind deshalb bei korrupten Offizieren vom Wehrdienst frei: Bis zu 50000 Rubel, knapp 4000 Mark, kostet das in der Provinz. Doch daran hat Walentina nie gedacht. Sie kann es sich nicht leisten, und sie möchte nicht, dass ihr Sohn sich vor dem Militärdienst drückt. Die »Kursk«, das Patenschiff ihrer Heimatstadt, scheint ein guter Ausweg zu sein. Kommandant Gennadij Ljatschin freut sich über die Rekruten aus Kursk – vor allem, wenn sie wie Dima ein Technikum abgeschlossen haben. Junge Leute mit technischer Ausbildung sind begehrt an Bord der U-Boote. Walentina macht sich keine Sorgen. »Die U-Boote kamen mir sicher und unverletzlich vor.«

Als er am 19. November 1999 eingezogen wird, begleitet sie ihn am späten Abend zum Bahnhof. Der Zug »Nachtigall« soll ihn nach Moskau bringen, von dort geht die Reise weiter zum Vorbereitungskurs in Sewerodwinsk am Weißen Meer, eine Zwei-Tages-Fahrt von Kursk entfernt. Es ist Dimas erste lange Reise allein. Noch am Bahnhof muss die Mutter ihm versprechen, ihn bald in Sewerodwinsk zu besuchen.

Zweimal erfüllt sie ihr Versprechen. Schon zu seinem Eid am 21. Dezember macht sich Walentina, vollbepackt mit mehreren Taschen, auf die lange Fahrt an das Meer. Sie bringt ihm Kuchen, Bonbons und Früchte – »Geschenke wie für ein Kind«. Dima weint, als er von seinem Heimweh berichtet. Abends zünden sie Kerzen an. Walentina hat welche mitgebracht. Eine davon steht nun auf seinem Totentisch.

Vor der Abreise bettelt Dima um einen zweiten Besuch: Seine Mutter soll unbedingt noch einmal nach Sewerodwinsk kommen. Walentina stimmt zu. »Ich hätte es ohne ihn sowieso nicht so lange ausgehalten.« Das zweite Mal fährt sie im April. In Sewerodwinsk liegt der Schnee noch kniehoch, klirrende Kälte lässt den Atem gefrieren. Walentina merkt, dass Dima sich verändert hat. Er ist ernster geworden. Vorsichtig überlegt er, ob er nach seinem Wehrdienst nicht bei der Flotte bleiben soll. Auf der Straße drehen sich die Mädchen nach dem hübschen Kerl in der Uniform um. Walentina ist stolz auf ihn. Sie essen zusammen Eis und gehen spazieren. Letzte Fotos entstehen: Walentina und Dima, in einer sonnenüberfluteten Wüste aus Schnee. Wieder verspricht Walentina, ihn bald zu besuchen. Im Sommer will sie nach Widjajewo kommen. Denn bald soll Dima versetzt werden – endlich in die Garnison der »Kursk«.

Am Wochenende des Unfalls schreibt Walentina einen Brief an ihren Sohn. Sie hat lange nichts mehr von ihm gehört. Gerade hat Alexej, Dimas bester Freund, seinen Eltern einen Brief aus Widjajewo geschickt. Sie riefen gleich bei Walentina an. »Hier ist es unbeschreiblich schön«, schrieb Alexej. Die beiden Jungen haben bereits die erste Tauchfahrt hinter sich. Walentina schreibt an Dima: »Ich komme im September, wenn ich Urlaub habe.«

Als sie am Montag die Nachricht vom Unfall hört, bleibt sie ganz ruhig. »Alles klang so optimistisch«, sagt sie, »fast wie eine Übung.« Am Nachmittag fährt sie zur Post, um das Paket aufzugeben. »Ihr Sohn wird sich freuen«, sagt eine Frau am Schalter. Doch Walentina ist auf einmal mulmig. »Ich habe das Paket an einen Toten geschickt«, sagt sie heute.

Weil niemand Genaues von der »Kursk« weiß, beginnt für die Angehörigen der Opfer die Zeit der Zeichen. In der Ungewissheit hat alles Bedeutung. Am Dienstag beginnt Walentina, dreimal am Tag in die Kirche zu gehen. Sie zündet drei Kerzen an: für die Retter, für die Mannschaft, für Dima. Doch die Kerze für die Retter geht sofort aus. »Hat das etwas zu bedeuten?«, fragt sie die Messdiener. Die schütteln den Kopf. Walentina weiß nicht, ob sie ihnen glauben soll.

Auch Olga Kolesnikowa in Sankt Petersburg treibt eine dumpfe Ahnung um. Als sie ihren Mann Dmitrij zuletzt gesehen hat, ließ er in ihrer Wohnung in Sankt Petersburg seine Militärmarke zurück, auch den Kreuzanhänger, den er sonst nie ablegte. Voller Furcht erinnert sich Olga an ein Gedicht, das Dmitrij ihr einmal geschrieben hatte: über seinen Tod.

Irina Ljatschina, die Frau des Kommandanten der «Kursk«, will fest an die Rettung der Mannschaft glauben. Tapfer beruhigt sie die anderen Frauen, die aufgeregt bei ihr anrufen. Eine macht ihr sogar Vorwürfe: »Wir machen uns solche Sorgen, und Sie sind so gelassen!« Doch dann erscheint ihr Gennadij, der Ehemann, im Traum. »Es war das letzte Mal, dass ich ihn sah«, erzählt sie. »Er kam im Schlaf zu mir, hatte seine Uniform an und sprach mit mir. Er sagte süße Worte und verabschiedete sich. Dann verschwand er für immer.« Am nächsten Morgen hat sie keine Hoffnung mehr. »Ich wusste, er ist tot.«

Das Scheitern der Retter

An der Unglücksstelle beginnen die Rettungsarbeiten, und die Regierung präsentiert sie selbstbewusst. »Kein Land der Welt«, prahlt der stellvertretende Premierminister Ilja Klebanow, »hat eine bessere Rettungstechnik als wir.« Das ist eine dreiste Lüge. Vielleicht aber weiß Klebanow es einfach nicht besser. Denn vielleicht wollte auch in der Flotte niemand wahrhaben, dass von der sowjetischen Rettungstechnik kaum etwas geblieben ist. Der Geldmangel hatte längst Alteisen aus ihr gemacht – die Rettungsarbeiten werden für Russland ein peinliches Desaster.

Noch vor 20 Jahren hätte sich niemand über Klebanows Behauptung gewundert. »Selbst in den 80er Jahren verfügte die Sowjetunion über eine der besten Rettungsflotten der Welt«, urteilt der Bergungsspezialist der sowjetischen Flotte, Konteradmiral Jurij Senatskij. In den Häfen der Nordflotte, der Pazifikflotte und der Schwarzmeerflotte lagen mehr als 200 Rettungsschiffe, Kutter und Schwimmtechnik einsatzbereit – etwa 20 Boote waren nur für die Rettung und Hebung von U-Booten ausgestattet. Die Sowjets leisteten sogar Pionierarbeit. Bereits Anfang der 70er Jahre baute die Fabrik »Krasnoje Sormowo« in Gorkij, wie Nischnij Nowgorod früher hieß, das erste Rettungs-U-Boot der Welt. Seine Technik erscheint auch heute noch solide: Das Rettungs-U-Boot »Lenok«, das mit Diesel betrieben wurde, hätte sich neben der »Kursk« sogar auf den Grund legen können. Es tauchte 200 Meter tief, eine ganze U-Boot-Mannschaft fand darin Platz. In der Druckkammer hätten sich zwölf Taucher auf den Ausstieg zur »Kursk« vorbereiten können. Sie hätten die Luken öffnen, die Matrosen empfangen und in das Rettungs-U-Boot geleiten können. Für Notfälle hatte die »Lenok« sogar 100 Spezialanzüge an Bord, die in Containern in das U-Boot gebracht werden konnten. 45 Tage hielt das Rettungs-U-Boot unter Wasser aus – zusammen mit seinen zwei Rettungsapparaten, die unabhängig vom U-Boot arbeiteten. »Damit hätten wir die Leute aus dem U-Boot sofort an die Wasseroberfläche befördern können«, schwärmt Alexander Teslenko, der Leiter des Rettungsdienstes der Nordflotte. Einen Sturm über der Barentssee hätten die Retter nicht einmal gespürt. »Es ist zum Heulen«, klagt der Bergungsexperte Jurij Senatskij, »aber die ›Lenok‹ hätte die Überlebenden aus der ›Kursk‹ bis zum letzten Matrosen retten können.«

Doch »Lenok« gibt es nicht mehr. Das Rettungs-U-Boot, Projekt 940 der sowjetischen Rettungsflotte, war zwar bis zum Jahre 2004 konzipiert. Doch schon Anfang der 90er Jahre fehlte das Geld für die regelmäßige Wartung. Sieben Jahre lang konnte die Besatzung nicht einmal die vorgeschriebenen Routinekontrollen vornehmen, die einmal im Halbjahr fällig wurden. 1997 forderte der Rettungsdienst der Nordflotte 50 Millionen Rubel, knapp vier Millionen Mark, für fällige Reparaturen. Doch das Geld wurde nicht bewilligt. Noch im selben Jahr musterte die Flotte das Rettungs-U-Boot aus. Ersatz gibt es bis heute nicht. Die Fabrik in Nischnij Nowgorod baut mittlerweile Öfen für Gartenhäuser. Und aus dem Alteisen der »Lenok« wurden Nachttöpfe.

Auch die Rettungsschiffe für U-Boote, Projekt 527, hätte die Nordflotte während der Arbeiten an der Unglücksstelle gut gebrauchen können. In einer Glocke glitten Taucher von Bord der Schiffe bis zu 250 Meter in die Tiefe hinab. 1991 gehörten noch 15 zum Verband der Flotte. Heute ist keines mehr übrig. Andere Boote sind nicht einsatzfähig. »Karpaty«, der beste Retter der Nordflotte, liegt in Kronschtadt zur Reparatur. Vor drei Jahren haben die Arbeiten begonnen, dann blieb das Geld aus. Zwei andere Schiffe wurden von der Nordflotte an die Firma »Lukojl« vermietet, den russischen Ölriesen. »Wir verdienen überall, wo wir können«, rechtfertigt Michail Mozak, der Stabschef der Nordflotte, die Geschäfte mit dem Kriegsgerät.

Das modernste Schiff, das der Nordflotte in Notfällen zur Verfügung stehen soll, ist gerade bei einem wichtigeren Einsatz unterwegs. Das Forschungsschiff »Akademik Mstislaw Keldysch«, das eigentlich dem »Institut für Ozeanographie« der russischen Akademie der Wissenschaften gehört, ist weltberühmt. Millionen

Menschen konnten es in James Camerons oskargekröntem Spielfilm »Titanic« bewundern. Mit solchen Charterdiensten verdienen die Besitzer das nötige Geld für den Unterhalt des Schiffes: Von den spärlichen Forschungsmitteln könnte niemand an Bord leben. Auch als die »Kursk« verunglückt, werden gerade die Kassen der Akademie der Wissenschaften gefüllt. Wieder schwimmt die »Keldysch« vor Neufundland: Die Tauchapparate des Forschungsschiffes bringen im Auftrag eines amerikanisch-deutschen Expeditions-Unternehmens Touristen zum Wrack der »Titanic«. Um einmal den Bug des berühmtesten Wracks der Welt zu sehen, harren reiche Urlauber zehn Stunden lang in der kleinen Tauchkapsel aus, gleiten 3800 Meter in die Tiefe des Atlantiks hinab und zahlen den russischen Forschern pro Fahrt 35 000 Dollar.

Die Reste des Rettungsdienstes der Nordflotte scheitern an der Unglücksstelle. »Der Dienst ist heute bettelarm und hilflos«, sagt der Bergungsexperte Senatskij. »Russland hat eine sehr umfangreiche Unterwasserflotte, aber nichts, um U-Boote zu retten.« Die Retter sollen vor allem das Luk zur neunten Sektion öffnen. Das Heck des U-Bootes ist äußerlich kaum beschädigt – sollte es Überlebende geben, warten sie hier auf Hilfe, denken die Spezialisten. Für trainierte Experten ist das eigentlich Routine: Ähnliche Operationen müssen regelmäßig geübt werden. Es ist vor allem Steuerarbeit. Zunächst muss das Rettungsschiff einen Tauchapparat sicher in die Tiefe hinablassen. Der Apparat muss hermetisch dicht an das Notluk andocken, er drückt sich dabei förmlich an das Boot. Sowohl die Andockstelle der »Kursk« am Luk als auch der Tauchapparat verfügen über je einen Ring mit einem Durchmesser von 20 Zentimetern. Die Ringe müssen übereinander gebracht werden, passgenau wie zwei Münzen. Ein Besatzungsmitglied des Rettungsapparates kann die Andockstelle durch ein kleines Guckloch beobachten und gibt die Kommandos an den Steuermann. Liegen die Ringe übereinander, saugt sich die Tauchkapsel an dem U-Boot fest. Der Tauchapparat pumpt das Wasser aus dem Zwischenraum zwischen Tauchkapsel und Notluk. Die Überlebenden im U-Boot können danach das Luk im Innern öffnen.

Das beste Rettungsschiff im Einsatz, die »Michail Rudnizkij«, gilt als veraltet. An Bord gibt es nicht einmal eine Druckkammer für Taucher, und seit drei Jahren ist es nicht mehr zur See gefahren. Die »Michail Rudnizkij« transportiert den Rettungsapparat »Bris« an die Unglücksstelle. Er soll unter Wasser an der »Kursk« andocken. Doch die Arbeit mit »Bris« zerrt schon bald an den Nerven. »Die Technik des Schiffes ›Michail Rudnizkij‹ ist so beschaffen, dass es sogar bei idealem Wetter Probleme gibt, wenn wir den Apparat hinablassen«, klagt der Rettungsspezialist Alexander Teslenko. »Und wir arbeiteten im Sturm.« Niemand kann »Bris« sicher ins Meer gleiten lassen. Im Wind schlägt der Apparat an den Schiffsbord, knallt gegen die Wellen, Antennen brechen ab, der Antrieb zerdellt, das Echolot versagt. Der Augenzeuge Teslenko berichtet: »Immer wieder haben wir den Apparat irgendwo verstümmelt. Wir haben ihn schnell repariert, doch dann schlug er wieder irgendwo an. In der Nacht auf den Dienstag waren die Rettungsarbeiten besonders schwer. Wir arbeiteten unter Hochdruck, ließen den Apparat ins Wasser, zogen ihn wieder hoch, reparierten ihn. Es gab keine Erholung mehr. Alle waren müde.«

Die Besatzung der Rettungsapparate hat kaum Erfahrung. Auf eigene Initiative fliegt deshalb Andrej Scholochow aus Sankt Petersburg ein, ein erfahrener Retter, der fünf Jahre lang Kommandant des Rettungsapparates war. Auch er verzweifelt bald. »Als der ›Bris‹ ins Wasser gelassen wurde, schlug er heftig mit dem Bord gegen das Wasser«, berichtet Scholochow. »Sofort fielen die hydroakustischen Antennen und der Kreiselkompass aus. Danach wurde eine seitliche Steuerdüse beschädigt. Der Mechaniker hat nur zwei Stunden lang schlafen können. Wir haben ständig repariert.«

Der zweite Tauchapparat, »Bester« genannt, ist moderner als »Bris«. Er taucht 2000 Meter tief, und seine Batterien können getrennt vom Rettungsapparat aufgeladen werden. Im Innern haben außer der dreiköpfigen Besatzung 18 Seeleute aus dem havarierten U-Boot Platz. Doch für »Bester« gibt es nicht einmal ein Trägerschiff. Eigentlich ist der Apparat auf dem Rettungsschiff

»Georgij Titow« stationiert. Doch das schwimmt seit 1994 ungenutzt am Pier, wurde seither nicht einmal gewartet.

In der Not helfen sich die Retter mit einem schwimmenden Kran. Der soll den Rettungsapparat von Bord des Schiffes »Altaj« ins Wasser lassen. Aber der Kran wankt auf offener See. Ein Schlepper muss ihn in eine windstille Bucht ziehen. Hier taucht »Bester« endlich ab. Danach bringt der Schlepper ihn wieder zur Unfallstelle. Stunden verstreichen so.

Die Retter vor Ort begreifen, wie aussichtslos ihre Versuche sind. »Ein Kran ist nicht geeignet, um auf dem Meer zu arbeiten«, sagt Alexander Teslenko. »Darüber brauchen wir gar nicht erst zu reden. Sein Platz ist an den Anlegestellen, nicht auf See.«

Die Männer im »Bester« riskieren ihr Leben. Einmal zerreißt das Bodenventil, Wasser schießt in die Kapsel, und der Rettungsapparat geht neben der »Kursk« auf Grund. Ein Notsystem stößt ihn wieder an die Oberfläche. Dort greift ihn gerade noch rechtzeitig der Kran.

Auch »Bester« wird beschädigt, während ihn der Kran ins Wasser lässt. Einmal gehen die Zisternen kaputt, die die Schwimmfähigkeit garantieren sollen. Ein Mechaniker schweißt sie an Bord neu an.

Zusammen mit der Mannschaft tauchen auch Offiziere anderer U-Boote in die Tiefe. Sie sollen die Lage an Bord der »Kursk« beurteilen. Die Retter warnen sie: »Leute, Ihr wisst, dass Ihr vielleicht auch da unten bleibt.«

Kaum einer hat ausreichend Erfahrung. Selbst der routinierteste Offizier an Bord des Rettungsapparates ist Anfänger: Gerade neun Stunden trainierte er bislang im »Bester«. Die letzte Übung auf offener See liegt zehn Jahre zurück, denn für Manöver fehlten Geld und Treibstoff. »Die Besatzung trainiert das Andocken natürlich«, spottet der Rettungsexperte Senatskij. »Doch das geschieht direkt in der Basis, wo es keine Strömung und keine anderen Störungen gibt, in privilegierten Umständen. Das ist wie zu Hause, in der Badewanne.«

Für die Flotte werden die Rettungsarbeiten zu einem teuren Einsatz. 22 Schiffe halten sich inzwischen in der Unfallregion auf.

Mühsam hatte die Nordflotte Treibstoff und Masut für die ehrgeizige Fahrt ins Mittelmeer gespart. Doch nun wird der größte Teil vor der Küste in der Barentssee verbraucht.

»Die Rettungsarbeiten sind in höchstem Maße effektiv«, verkündet Igor Dygalo, der Sprecher der Flotte, froh in russische Fernsehkameras. Doch davon kann keine Rede sein. 14 Mal versuchen die Retter, an die »Kursk« anzudocken. Doch Erfolg haben sie nicht. Heimlich zweifelt mancher am Sinn der Aktion. Was ist, wenn sie tatsächlich Überlebende von Bord der »Kursk« retten können? Die Männer müssen dringend in Dekompressionskammern für Taucher, in denen sich der Organismus vom Überdruck unter Wasser erholen kann. Doch solche Kammern gibt es auf keinem der Schiffe.

Eine Woche lang werden die Retter der Nordflotte keinen einzigen Fortschritt erzielen. Sie schaffen es nicht einmal, das Wrack abzuklopfen, um zu testen, ob irgendwo im Innern des U-Bootes noch Luft ist. Die Norweger, die nicht mit der russischen Technik vertraut sind, werden eineinhalb Tage brauchen, um das Luk der »Kursk« zu öffnen.

Überall im Land melden sich freiwillig Tiefseetaucher, doch vergeblich. »Das Militär ist in den vergangenen Jahren ausgeraubt und abgetakelt worden«, klagt der Verteidigungsminister Igor Sergejew nach der Tragödie. Deshalb gebe es nicht einmal mehr Geräte für Taucher. Die Nordflotte hat keine Basisboote für sie, keine Kapseln, die sie sicher in die Tiefe bringen, keine Druckkammern, in denen sie sich an die Bedingungen unter Wasser gewöhnen können. Der Optimismus der Retter schlägt bald in Verzweiflung um.

Es ist noch früh am Montag morgen, als Commander Mike Finney, Sprecher der britischen Marine, in London einen Anruf bekommt. Ein Freund aus dem Generalstab ist am Apparat. Der hatte zuvor mit dem britischen Militärattaché in Moskau gesprochen. Offenbar sei ein russisches Atom-U-Boot in der Barentssee verunglückt, berichtete er. Es vergehen kaum drei Stunden, bis die Russen den Unfall offiziell beim britischen Außenministerium melden. Noch am selben Tag geht Post nach Moskau.

»Dear Marshall Sergejew«, schreibt der für die Marine zuständige Staatssekretär John Spellar mit der Hand über einen Brief an den russischen Verteidigungsminister. Die Briten bieten darin den Einsatz ihres Rettungs-U-Bootes »LR 5« an: Es hat gerade eine Generalüberholung hinter sich, ist mit zwei starken Motoren ausgerüstet und gilt als eines der besten Rettungs-U-Boote der Welt. »Ich bin sicher, dass Ihre eigene Marine extrem fähig ist«, schreibt Spellar. »Dennoch möchten wir Ihnen die Mitarbeit des britischen U-Boot-Rettungssystems anbieten. Die Rettungsschiffe sind gerade auf dem Weg zu einer Übung im östlichen Mittelmeer und es wäre überhaupt kein Problem, sie umzuleiten und Ihrem U-Boot in der Barentssee zu helfen. Wenn Sie es wünschen, würden wir Ihnen gerne assistieren.«

Sergejew bekommt noch einen Brief. William S. Cohen, Verteidigungsminister der Vereinigten Staaten, bietet Russland an, »jede Hilfe zu leisten, die Sie benötigen«. Die Norweger melden sich am Nachmittag per Telefon: Vizeadmiral Einar Skorgen ruft im Auftrag des norwegischen Verteidigungsministers im Büro von Popow an, dem Chef der Nordflotte. Skorgen hat eine direkte Telefonlinie nach Seweromorsk. Doch Popow ist bereits an der Unfallstelle. Der Norweger hinterlässt eine Botschaft für ihn: »Ich war autorisiert, jede Hilfe anzubieten, die Russland braucht.«

Später werden auch Deutschland, Kanada, die Niederlande, Schweden, Italien und Frankreich Unterstützung anbieten. Doch Russland lehnt selbstbewusst ab.

Am frühen Montag abend, zwei Tage nach dem Unfall, schließt Galina Issajenko ihre Wohnung in Widjajewo auf. Im Krankenhaus des Nachbarorts Kola hat sie sich heute in ihre neue Arbeit einweisen lassen. Morgen soll sie in der Krankenstation von Widjajewo als Programmiererin anfangen. Galina ist guter Laune. Endlich hat sie wieder Arbeit gefunden. Außerdem will ihr Mann Wassilij heute abend nach Hause kommen.

Wassilij Issajenko, Fregattenkapitän und U-Boot-Offizier, ist oft im Einsatz. Seit viele Spezialisten aus Frust über das Leben im Norden aus Widjajewo wegzogen, wird Wassilij wie ein Springer von Boot zu Boot verschoben. Er ist einer der wenigen Reaktorspezialisten, die der Garnison geblieben sind. Der Job ist anstrengend. Fahrten werden angekündigt, verschoben, abgesagt, und manchmal starten sie ganz unvermittelt. Wassilij versucht dann, seiner Frau wenigstens schnell einen Zettel zukommen zu lassen. Galina soll immer wissen, wo er ist.

Wassilij liebt seine Arbeit. Er ist stolz auf den Reaktor, den mächtigen Motor, der das U-Boot antreibt und der ihm gehorcht. »An seinem Arbeitsplatz leuchteten hundert Knöpfe wie an einem großen Weihnachtsbaum mit Lichtern«, erzählt Galina, »und er herrschte über sie. Dieses Gefühl genoss er.« Manchmal rufen Offiziere ihn sogar zu Hause an und bitten ihn um Rat. Wassilij antwortet gern. Den Reaktor kann er auch aus der Ferne bedienen. »Diese Arbeit war ein Teil seines Lebens«, sagt Galina. »Er war stolz darauf, diese große Kraft zu steuern.«

Galina hat ihn wie selbstverständlich in den Norden begleitet, und wie selbstverständlich ist sie bei ihm geblieben. Sie hat auf ihren Beruf verzichtet und nimmt das harte Leben in Widjajewo klaglos in Kauf. Erst jetzt, zum ersten Mal seit vielen Jahren, denken sie über einen Umzug nach. Wassilij bekam das Angebot, in Sosnowyj Bor bei Sankt Petersburg in einem Institut zu unterrichten. Das Gehalt ist niedrig, und statt einer Wohnung wird nur ein Zimmer im Wohnheim zur Verfügung gestellt. »Wir dachten immer: Wir schaffen das schon«, sagt Galina. »Hauptsache, wir sind zusammen.« Doch noch ist alles wie immer. Wassilij ist zum Manöver gefahren, nur für vier Tage an Bord der »Kursk«.

Als Galina die Wohnungstür öffnet, empfangen ihre Kinder Sergej und Ljuba sie schon im Flur. Verschreckt sehen sie aus. »Es gibt eine gute Nachricht und eine schlechte«, sagt Ljuba, die 15jährige Tochter, vorsichtig. »Die ›Kursk‹ liegt auf dem Grund. Aber es ist nichts Schlimmes passiert.« Die Abendnachrichten klingen tatsächlich beruhigend. »Wir haben Funkkontakt zur Mannschaft aufgenommen«, meldet der Flottensprecher Dygalo. Es gebe keine Hinweise auf Tote oder Verletzte. Galina glaubt fest daran, dass die Flotte ihren Mann retten wird.

Auch am nächsten Tag wird sie den Glauben daran nicht verlieren. Dabei versammeln sich am »Haus der Offiziere« in Widjajewo aufgeregt die ersten Angehörigen. Gerüchte machen die Runde: »Da lebt doch längst keiner mehr«, tuscheln ein paar Bewohner. Empört setzt Galina mit anderen Angehörigen einen offenen Brief auf. Keiner soll sagen, die Mannschaft sei tot. »Ich dachte, das ganze Geflüster ist Panikmache«, sagt Galina. Doch viele sind aufgeregt. Junge Frauen fangen auf der Straße zu weinen an, in Sorge um ihre Männer. Galina tröstet sie. Manches aber kommt auch ihr merkwürdig vor. Niemand in Widjajewo, dem Militärstädtchen der Nordflotte, weiß Genaues von dem Unfall. Die Stabsoffiziere weichen Fragen aus. Manchmal schicken sie die Frauen einfach nach Hause. »Seht Euch die Fernsehnachrichten an«, sagen sie. »Da wird Euch alles erklärt.« Auf ihren Gesichtern liegt Ratlosigkeit.

Lügen

Von Dienstag an kommen Journalistengruppen wie Luftlandekommandos über Murmansk. Die Stadt liegt nur 60 Kilometer von Widjajewo entfernt und gehört nicht zum militärischen Sperrgebiet. Im ersten Flugzeug aus Moskau sitzen Teams der ARD und des ZDF, von CNN, den russischen Fernsehstationen NTW und RTR, vom japanischen Fernsehen, schreibende Journalisten, Fotografen. Sie sind die Vorhut mehrerer hundert Kollegen, schleppen Satellitentelefone, Stative und Kameras vom Rollfeld in die Taxis, besetzen die Hotels. Das Drama der »Kursk« fesselt über alle Sprach- und Kulturgrenzen hinweg die Welt. Satellitenschüsseln blühen auf zwischen den Plattenbauten der Halbmillionenstadt, für die der Kreml und das Weiße Haus sonst so fern liegen. Hier im Norden drehen sich die Gedanken vor allem um warme oder kalte Heizungen, um den Arbeitsplatz in der nuklearen Flotte und die Angst vor dem ungebändigten Atom.

Murmansk, das Zentrum der Kola-Halbinsel, war schon immer ein Stützpunkt des Krieges, der Ausbeutung von Erde und Wasser, des Todes. Aber es ist auch ein Ort des Durchhaltewillens, des Pionierstolzes, der Hoffnung in der Hoffnungslosigkeit. 1916 wurde die Stadt gegründet, mit der Vollendung der Murman-Bahn nach Petrograd, in das Sankt Petersburg im Ersten Weltkrieg umbenannt wurde. Ein letztes Teilstück dieser Bahnstrecke zwischen Petrosawodsk und Murmansk haben 30000 meist deutsche Kriegsgefangene 1915 in das steinerne Nichts des Nordens gehauen. Jeder Dritte starb an Hunger und Krankheiten, die Toten fanden in Hohlräumen unter den Schienen ihr Grab. Das zaristische Russland brauchte die Stadt als Nachschubposten, über den die Alliierten England und Frankreich Kriegsgerät und Soldaten herbeischifften.

In den 30er Jahren entstanden große Aluminium- und Nickelkombinate und das erste Wärmekraftwerk, errichtet von Strafarbeitern, früheren Großbauern oder Mittelasiaten, die ihre Heimat im Jahrzehnt zuvor gegen die bolschewistische Landnahme verteidigt hatten.

Seine strategische Bedeutung verdankt Murmansk dem Golfstrom: Er hält die Barentssee und den Hafen der Stadt im Winter eisfrei. Entlang des Murmansk-Fjordes ziehen sich die Garnisonen mit U-Booten, Kreuzern und Jagdfliegern, nachdem, wie es die Legende erzählt, Stalin bei der Wahl des Stützpunktes der Nordflotte mit seiner Pfeife auf die Landkarte geklopft hatte.

Die Stadt lebt vom Militär und vom Fisch, verdient am Nikkel, Kupfer und am Mineral Apatit. Typische Wohnblöcke aus der Zeit der 50er bis 80er Jahre prägen das Bild von Murmansk. Fünf- bis neunstöckig umrunden sie die Bucht, eintönig grau. Auf einer Anhöhe steht ein Soldat mit geschultertem Gewehr, 15 Meter hoch und aus Beton. Den »Verteidiger des sowjetischen Polargebietes«, dessen metallene Miniaturausgaben über die Stadt verstreut sind, haben die Bewohner voller Herzlichkeit in »Aljoscha« umgetauft. In der Sowjetzeit verdienten die Menschen hier mindestens das Doppelte der üblichen Gehälter. Der »Schneesturm-Rabatt« entschädigte für das Leben in einer Stadt, deren Winter von September bis Mai andauert. Doch diese goldenen Zeiten sind vorbei. Viele Murmansker würden die Kola-Halbinsel lieber schnell verlassen, doch es fehlt ihnen das Geld und vor allem eine Wohnung im südlicheren Russland.

Mit den Journalisten kommen auch die staatlichen Aufpasser nach Murmansk. »Als wir eintrafen«, erzählt der Korrespondent des ZDF, Dietmar Schumann, »war die Stadt bereits fest in der Hand des Geheimdienstes FSB.« Männer mit durchschnittlichem Aussehen und einer Vorliebe für gedeckte Mantelfarben bevölkern die Straßen. Das ZDF-Team macht sich auf den Weg in den geschlossenen Stützpunkt von Seweromorsk, doch am ersten Schlagbaum wird es mit vorgehaltener Maschinenpistole zurückgeschickt. Auch der Versuch, mit einem gemieteten Schiff nach Widjajewo zu kommen, misslingt. Als der Kameramann unterwegs zu filmen beginnt, erhält der Kapitän per Funk den Befehl abzudrehen. Sonst, so die Drohung, werde das Schiff unter Anwendung von Schusswaffen aufgebracht. Nach einigen Tagen hängt in den Kasernen und Militärgebäuden eine strenge Weisung mit der Unterschrift des Stabschefs der Nordflotte, Michail Mozak, aus: Sie verbietet Soldaten und Offizieren, auch denen im Ruhestand, jeden Kontakt mit Journalisten.

Doch der Einschüchterungsapparat funktioniert nicht mehr so gut wie früher. Viele Russen helfen den westlichen Journalisten. Sie geben Informationen weiter, die in der russischen Presse nicht veröffentlicht werden, oder berichten aus den geschlossenen Garnisonsstädten, für deren Besuch sie aus privaten oder beruflichen Gründen eine Sondererlaubnis besitzen. Der Handel mit Nachrichtenmaterial boomt: Privatarchive sind zu kaufen, Filme von der »Kursk« im Manöver und von Matrosen in der Sauna werden den Journalisten angeboten. Eine passende Videokassette kann schnell den Jahresverdienst eines Offiziers einbringen.

Offiziell erfahren die Journalisten fast nichts. Weder der Pressedienst des Gouverneurs noch der Nordflotte funktionieren und informieren angemessen. Sie sind überfordert und stehen vermutlich unter der Aufsicht des Geheimdienstes. ZDF-Korrespondent Dietmar Schumann erinnert sich an eine absurde Pressekonferenz am 17. August: »Da kam der stellvertretende Pressechef der Russischen Nordflotte, Igor Bobenko, nur um uns zu sagen, dass er nicht befugt sei, auf irgendeine unserer Fragen zu antworten.« Die Medien werden wie Feinde behandelt. »Wenn wir die Eingeschlossenen aus dem U-Boot rausholen«, erklärt einer der Presseoffiziere den Journalisten, »dann könnt Ihr sie mit Blumen begrüßen. Bis dahin gibt es keine Informationen.«

Die Journalisten können auch nicht mit Angehörigen der »Kursk«-Opfer sprechen, da Widjajewo für sie geschlossen ist. Frustriert machen sie Straßenumfragen in Murmansk. Die Einwohner der Stadt sprechen vor den Kameras ihren Zorn darüber aus, dass der Unfall zwei Tage lang verheimlicht wurde, wie damals nach der Katastrophe von Tschernobyl. Das alte Geheimnisdenken diktiert weiterhin die Informationspolitik, die Arbeit der Medien wird zielgerichtet behindert. »Das war ein Cocktail von 20 Prozent Wahrheit, 40 Prozent Halbwahrheit und 40 Prozent Lüge«, urteilt Dietmar Schumann.

Als Oksana Poljanskaja am Montag, dem 14. August, von dem Unfall der »Kursk« hört, bekommt sie einen Schrecken: Sie denkt sofort an die Freunde ihres Mannes Andrej. Der arbeitet zwar auf dem U-Boot »Woronesch«, doch die beiden Mannschaften kennen sich gut. Die »Kursk« und die »Woronesch« sind Schwesterschiffe, sie liegen im Hafen von Widjajewo sogar an einem Pier.

Eigentlich lebt auch Oksana in der Garnisonsstadt Widjajewo. Doch im Mai reiste sie hochschwanger ab: Ihr Kind sollte in der südrussischen Stadt Tichorezk zur Welt kommen, der Heimatstadt des Ehepaares. Dort ist die Versorgung besser als in dem Militärstädtchen im Norden, wissen Andrej und Oksana. In Widjajewo können sie sich von Andrejs Gehalt nicht einmal Obst und Gemüse leisten – in Tichorezk wächst beides in den Gärten der Eltern. Auch das Krankenhaus ist besser ausgestattet.

Tichorezk ist trostlos wie ein großes Dorf. Holzhäuser säumen holprige Straßen. Wer Glück hat, arbeitet in der Schweinezucht, im Schlachthof oder in der Wurstfabrik. Die Jugendlichen treffen sich samstags, in der einzigen Disco des Ortes. Oksana und Andrej lernen sich hier 1995 kennen.

Da ist Andrej schon Fähnrich in Widjajewo und verbringt den Sommerurlaub bei den Eltern. Ein Nachbar aus Tichorezk hatte ihn für die Nordflotte angeworben. »Sonst gehst Du vor lauter Nichtstun kaputt«, sagte er. Wie die meisten jungen Männer war auch Andrej ohne Arbeit und langweilte sich. Seine Mutter hatte sich schon Sorgen gemacht. Denn viele verfallen verbittert dem Alkohol, in diesem Leben ohne Aussicht und Hoffnung. »Wir waren sehr froh, dass er in den Norden zog«, sagt Galina Poljanskaja, Andrejs Mutter. »In diesen Militärstädtchen herrscht noch Disziplin. Da gibt es keine Drogen und keine Sauferei wie hier.«

Oksana ist gerade 17 Jahre alt, und Andrej ihr erster Freund. Doch sie ist niemand, der lange zögert. Sie sehnt sich nach einer Familie, auch deshalb, weil sie sonst nichts hat: keine Ausbildungsstelle und keine Arbeit. Nach der Schule pflegte sie zwei Jahre ihren todkranken Vater. Der war als Lastwagenfahrer in Tschernobyl im Einsatz. Elend starb er an der Strahlenkrankheit.

Oksana Poljanskaja, 23, erfuhr vier Tage nach dem Unfall zufällig, dass ihr Mann Andrej ausnahmsweise an Bord der »Kursk« war. Eigentlich gehörte der Fähnrich zur Besatzung des Schwesterschiffes »Woronesch«.

Kurz nach ihrer ersten Begegnung folgt Oksana ihrem Freund Andrej nach Widjajewo. Es ist ihre erste lange Reise. In der Hauptstadt muss sie umsteigen. So kommt sie sogar nach Moskau. Widjajewo gefällt ihr gleich. Es ist klein wie Tichorezk. Die meisten Familien sind jung wie sie, man kennt sich, hält zusammen und besucht sich auch am späten Abend, ohne vorher anzurufen. Schnell freundet sich Oksana mit anderen Frauen an. Mit ihnen wartet sie am Tag auf die Rückkehr der Männer am Abend.

Ständig ist das Geld knapp: Andrej verdient nur 200 Mark. Vier Jahre sparen sie, um Hochzeit zu feiern. Im Juni 1999 ist es endlich soweit. In Widjajewo laden sie ihre Freunde sogar ins Restaurant ein. Im Herbst wird Oksana schwanger. Andrej ist verrückt vor Freude: Vier Jahre lang haben sie darauf gewartet.

Ihr Sohn Nikita kommt am 1. Juli auf die Welt, an Oksanas 22. Geburtstag. Es ist fast unmöglich, Andrej zu benachrichtigen. Andrej hat kein Telefon und Oksana in Tichorezk auch nicht. Manchmal kündigen sie ihre Gespräche per Telegramm an: Dann telefonieren sie ein paar Minuten lang von Postamt zu Postamt. Als Andrej endlich von der Geburt erfährt, will er vor Begeisterung am liebsten gleich losfahren. Doch seine Mutter bremst ihn. Bei dringenden Familienangelegenheiten bekommt er nur zehn Tage Urlaub, und sechs davon müsste er im Zug verbringen. »Du machst Dich nur verrückt«, sagt seine Mutter ihm am Telefon. »Und Du wirst erst richtig traurig, wenn du dann wieder wegfahren musst.« So bleibt Andrej in Widjajewo und freut sich auf seinen Urlaub im September. Manchmal schreibt er Briefe. Oksana hat schon Fotos des Babies für ihn gemacht, die sie bald abschicken will.

Es ist später Mittwoch abend, als unerwartet Andrejs Mutter Galina vor Oksanas Tür steht. Schlimmes ist passiert, das sieht Oksana gleich. Galina berichtet eine verworrene Geschichte. Sie war bei den Nachbarn. Die haben auch Verwandte in Widjajewo. Seit Tagen machten sie sich wegen des Unfalls Sorgen: Sie wussten nicht, ob ihr Neffe an Bord der »Kursk« ist. Galina bemitleidet die Familie noch. Sie ist sich ja ganz sicher, dass Andrej auf der »Woronesch« ist. Dann sind die Nachbarn erleichtert. Ein Bekannter konnte über ein paar Ecken herausbekommen, dass der Neffe in Sicherheit ist. Doch er hat auch eine schlechte Nachricht. Ein Fähnrich der »Kursk« musste dringend zu seiner kranken Mutter fahren. Händeringend suchte Kommandant Gennadij Ljatschin nach Ersatz – und fand Andrej. Zum ersten Mal fuhr Oksanas Mann auf der »Kursk« mit.

Oksana bricht zusammen. Viereinhalb Tage sind seit dem Unfall vergangen, aber niemand hatte ihr Bescheid gesagt. Kein Offizier aus Widjajewo meldete sich, kein Vertreter der Flotte. So schnell wie möglich wollen die beiden Frauen nun in die Garnison fahren. Für die Eisenbahnfahrkarten muss sich Oksana Geld leihen, Galina handelt einen Lohnvorschuss in der Wurstfabrik aus. Doch in den Zügen gibt es keine freien Plätze mehr. Die großen Ferien gehen gerade zu Ende, alle Waggons sind seit Wochen reserviert.

Verzweifelt bitten sie das Militär um Hilfe, aber noch nicht einmal im Wehramt von Tichorezk gibt es Fahrkarten. Ein Offizier ruft zur Vorsicht in Rostow an: Dort sollen Tickets übrig sein. Andrejs Stiefvater bringt Galina und Oksana mit dem Auto in die Nachbarstadt.

Als sie ankommen, ist der Kommandant nicht da, und der diensthabende Offizier will nicht verantworten, die Fahrkarten einfach so wegzugeben. »Warten Sie doch noch ein bisschen«, sagt er den Frauen. So fährt der Nachtzug ohne sie ab. Andrejs Mutter schluchzt. In der Nacht schlafen beide im Auto vor dem Bahnhof. Erst am Freitag bekommen sie Fahrkarten. Ins Gepäck hat Oksana die Fotos des Kindes eingesteckt: Andrej soll sie gleich sehen, wenn er gerettet ist.

Auch aus Kursk, der Patenstadt des U-Bootes, fahren Angehörige in den Norden ab. Nach stundenlangen Verhandlungen wurde für sie ein schäbiger Großraumwaggon an den Passagierzug nach Murmansk angehängt. Selbst dafür fand sich zunächst kein Sponsor. Die Verwandten, die nach Widjajewo reisen wollen, haben keine Kraft für den Kampf mit den Behörden. Am Donnerstag vormittag übernimmt das »Komitee der Soldatenmütter« die Gespräche mit der Gebietsverwaltung. Schweigend sitzen die Familien in deren winzigen Büro. Es riecht nach Angst und Armut. Viele sind aus den umliegenden Dörfern angereist und warten nun schüchtern und voller Ehrfurcht auf eine Entscheidung der Beamten. Mittags verspricht die Verwaltung endlich Hilfe.

Walentina Staroselzewa, die Mutter des 20jährigen Rekruten Dima, will zunächst gar nicht mitfahren. »Was soll ich da?«, denkt sie sich. »Die holen das Boot hoch, und ich sitze in dieser Zeit im Zug.« Dann fährt sie doch. Sie möchte Dima gleich nach seiner Rettung sehen. In Kursk kommen ständig Journalisten zu ihr. Keine der Frauen ist so ruhig wie sie. Kein böses Wort ist von ihr zu hören, sie wirkt nicht einmal wütend. Walentina duldet und ist stark dabei. »Eine Frau«, sagt sie später, »muss immer einen geraden Rücken haben.«

Auch im Fernsehen wird Walentina gezeigt. »Ich glaube, wir fahren jetzt nach Widjajewo und holen unsere Söhne nach Hause«, sagt sie am Bahnhof in die Kameras. Da steht sie schon im

Zug und blickt ernst auf den Pulk Journalisten hinunter. Der Satz wird ihr den ganzen Abend nicht aus dem Kopf gehen. »Wieso habe ich bloß gesagt: Ich glaube?«, überlegt sie.

Zwei Tage und zwei Nächte werden die Angehörigen unterwegs sein. Vor lauter Hektik haben die meisten sogar vergessen, Proviant für die Reise einzupacken. An den Bahnhöfen reichen ihnen Passanten heiße Piroggen durch das Fenster, stecken ihnen Geld zu und schenken ihnen einmal sogar eine Schüssel mit dampfenden Kartoffeln. Im Waggon herrscht die meiste Zeit über ängstliche Stille. Die Eltern tauschen Baldrianpillen und Schlafmittel aus und dösen danach auf den Bänken. Ein paar Mal steigen Journalisten für eine kurze Strecke zu und fotografieren die Angehörigen im Schlaf.

Manchmal ist leises Weinen zu hören. Walentina, die in Kursk als Krankenschwester arbeitet, versucht dann schnell, die Trauernden zu trösten. »Ruht Euch lieber aus!«, ermahnt sie die weinenden Mütter. »Eure Söhne werden eure Kräfte in Widjajewo noch brauchen!« Walentina hat sogar ihren Schwesternkittel in die Tasche gestopft, damit sie die Mannschaft nach der Rettung im Krankenhaus versorgen kann. Vorwürfe macht sie sich, weil sie ihn vor der Abreise nicht mehr bügeln konnte.

Widjajewo, die Garnisonsstadt der »Kursk«, wirkt in diesen Tagen wie ausgestorben. Viele Männer wurden zur Rettungsaktion eingezogen, andere betäuben sich mit Arbeit. Nikolaj Misjak, Oberfähnrich der »Kursk«, der zufällig zu spät zum Manöver kam, kann das Warten kaum ertragen: »Wo soll ich jetzt hingehen?« fragt er seine Frau. Um die Zeit zu vertreiben, verbringt er die Tage in der Mannschaftskaserne, räumt auf, wischt den Staub weg und erledigt kleine Reparaturen. Die Sorge um die Kameraden im Boot macht ihn fast verrückt. Wieder und wieder geht er im Kopf die Rettungssysteme durch: »Ich weiß, dass wir genügend Lebensmittel an Bord haben«, sagt er sich. »In jeder Sektion gibt es einen Vorrat an Wasser und Nahrung. Die Atemgeräte und die Wärmeanzüge habe ich vor kurzem noch überprüft. Auch die Taschenlampen waren an ihrem Platz.«

Scham kriecht in ihm hoch. Schuldig fühlt er sich, weil sein

Platz doch eigentlich im U-Boot ist. »Die ›Kursk‹ ist zum ersten Mal ohne mich losgefahren«, staunt er. Auf der Straße fragen ihn die Leute verwundert: »Dienst Du nicht auf der ›Kursk‹?« Swetlana, seine Frau, traut sich eine Woche lang nicht aus der Wohnung. Lilia Nessen, Ehefrau eines anderen Überlebenden, kündigt später sogar ihre Arbeit im Lebensmittelladen. »Es ist mir peinlich, den Witwen in die Augen zu sehen«, sagt sie.

Die Tragödie schmerzt den kleinen Ort. In der Hoffnung auf eine gute Nachricht laufen Frauen hilflos zwischen dem »Haus der Offiziere« und ihren Fernsehgeräten hin und her. »Wir sind morgens ins ›Haus der Offiziere‹ gegangen, um zu erfahren, dass es nichts Neues gibt«, erinnert sich Nadeschda Tylik, deren Sohn Sergej auf der »Kursk« ist. »Dann sind wir nach Hause geeilt, um Nachrichten zu gucken. Nur um dort zu erfahren, dass es nichts Neues gibt. So ging das den ganzen Tag.« Verzweifelt versucht ihr Mann, ein ehemaliger U-Boot-Kommandant, bei Bekannten im Stab Informationen zu bekommen. Doch er erfährt nichts. Manchmal rufen Verwandte aus Russland bei den Tyliks an, um zu hören, was wirklich mit der »Kursk« passiert ist. Sie wollen nicht glauben, dass noch nicht einmal die Bewohner von Widjajewo wissen, wie es um das U-Boot steht. Die Ungewissheit zerrt an den Nerven. »Wir haben nicht geschlafen, nicht gegessen«, sagt Nadeschda. »Ich habe nur noch funktioniert wie ein Roboter.« So unwichtig wird das Leben rundum, dass sich in Nadeschdas Gedächtnis kaum noch etwas festbrennen kann. Die Angst hat alles weggedrängt.

Gerüchte machen die Runde. Mal heißt es, die Flotte bemühe sich nicht einmal um die Rettung der Seeleute: Denn in Wirklichkeit gebe es keine Apparate und keine Rettungsspezialisten mehr. Andere erzählen, der Reaktor verseuche langsam das Wasser. Von geheimen Raketentests ist die Rede. Selbst davon, dass sich das Boot mit der Nase in den Grund gebohrt habe.

Galina Issajenko, die Frau des Reaktorspezialisten, verspürt eine winzige Hoffnung: Vielleicht ist ihr Mann ja doch nicht auf der »Kursk«, sondern auf dem U-Boot »Daniil Moskowskij«. Auch die »Daniil Moskowskij« ist am Donnerstag zum Manöver aufgebrochen. Vielleicht hat sie die U-Boote ja einfach verwechselt, denkt Galina. Doch als am Dienstag im »Haus der Offiziere« in Widjajewo die Besatzungsliste ausliegt, traut sie sich kaum, sie anzusehen. Weil sie ahnt, dann ist auch diese Hoffnung tot. »Ich bin dann doch hingegangen«, erzählt sie, »und habe den Namen mit einem Blick entdeckt.« Nachts kann Galina nun nicht mehr schlafen. Sie will keine Beruhigungstabletten nehmen: Denn sie hat Angst, dass sie sonst das Telefon überhört. Es könnte ja jemand aus der Flotte anrufen und sagen, dass alle gerettet sind. Tags harrt sie vor dem Fernseher aus. Bis heute kann sie die Titelmusik der Nachrichtensendungen nicht ertragen: Galina sieht zehn, fünfzehn Sendungen am Tag. »Es war ein unendlicher Alptraum.« Eine andere Angehörige sagt: »Jede Sendung war wie ein Todesurteil.« Denn sie verstehen immer weniger.

Das liegt an der Flotte. Die Pressesprecher arbeiten, als ginge es darum, möglichst anhaltend Chaos zu stiften. Sie lügen ohne Hemmungen und sprechen sich dabei nicht einmal ab. Kaum eine Information ist von Anfang an richtig. In den ersten Meldungen ist sogar nur von »Betriebsstörungen« auf dem U-Boot die Rede. Dreist wird behauptet, die Flotte habe Funkkontakt zum U-Boot aufgenommen: »Es gibt Verbindung mit dem U-Boot und Kontakt zur Besatzung«, meldet Interfax am Montag unter Berufung auf das Flottenkommando. »Wir haben keine Hinweise auf Verletzte oder Tote«, beruhigt Igor Dygalo, Sprecher des Flottenkommandos, die besorgte russische Öffentlichkeit. Die Agentur RIA-Nowosti berichtet, die Flotte denke nicht darüber nach, das havarierte U-Boot aufzugeben. Die Mannschaft sei nicht in Gefahr. In der Militärzeitung »Krasnaja Swesda« heißt es gar, die Besatzung aus der beschädigten ersten Sektion der »Kursk« sei rechtzeitig in die zweite Sektion geflüchtet: »Die Explosion geschah erst, als alle Mannschaftsmitglieder in Sicherheit waren.« Trotz all dieser Meldungen wird der Vizepremierminister Ilja Klebanow später verkünden: »Bereits am ersten Tag war klar, dass es auf der ›Kursk‹ keine Überlebenden gibt.«

Aus dem Funkkontakt wird schon am frühen Dienstag morgen eine »hydroakustische Verbindung zur Mannschaft« – eine vornehme Umschreibung für Klopfzeichen. »Mit Hilfe von Lautsignalen geben die Militärs einander Informationen weiter«, erklärt Wladimir Nawrozkij, Sprecher der Nordflotte, laut einer Interfax-Meldung um 8.25 Uhr. Um der berechtigten Frage vorzubeugen, welche Informationen das sind, schiebt die Moskauer Pressestelle der Flotte um 13.27 Uhr eine Meldung hinterher: »Es gibt Kontakt mit der Mannschaft der ›Kursk‹, aber die Qualität des Kontaktes erlaubt nicht, die Situation im U-Boot einzuschätzen.« Der Chef der Flotte, Kurojedow, urteilt noch ein wenig nüchterner: »Das einzige, was klar ist: Die Leute an Bord der ›Kursk‹ leben. Und klar ist auch, dass die Mannschaft SOS-Signale gibt.«

Am Mittwoch morgen redet der Sprecher der Nordflotte wieder von der »hydroakustischen Verbindung«, die nicht abgerissen sei: »Das bedeutet, dass die Leute leben.« Erst am frühen Nachmittag nimmt die Diskussion um die Klopfzeichen eine überraschende Wendung. »Wir hören keine Lebenszeichen mehr«, sagt der Vizepremier Klebanow und zieht daraus eine abstruse Schlussfolgerung: »Aber das heißt nicht, dass etwas Schlimmes passiert ist.« Später wird sich herausstellen, dass es von Anfang an von Bord der »Kursk« keine Lebenszeichen gegeben hat. Alles, was zu hören war, waren mechanische Klopfzeichen des Notsystems »Majak« – und jeder Matrose hätte das wissen müssen.

Nun rechnen Flottensprecher und U-Boot-Spezialisten um die Wette, wie lange der Sauerstoffvorrat an Bord noch reicht: mal dreizehn Tage lang, dann fünf Tage, mal sechs Tage lang, dann wieder acht. Selbst Flottenchef Kurojedow bot zwei verschiedene Versionen an. Dabei hieß es noch am Montag, die Retter an der Unglücksstelle leiten sogar Sauerstoff in das verunglückte Boot.

Immer irrwitziger werden die Meldungen. Am Montag behauptet die Flotte gar, zur »Kursk« werde Treibstoff geleitet – dabei braucht ein Atom-U-Boot in dieser Lage keinen. Der Befehlshaber der Flotte, Wladimir Kurojedow, will das Wrack am Mittwoch mit riesigen Luftkissen an die Oberfläche drücken. Dabei ist das U-Boot ein Koloss von 154 Metern und 23 000 Tonnen, in dem große Teile überflutet sind: Keine Technik der

Welt kann es in wenigen Tagen aus der Tiefe ziehen. Die Operation wäre höchst kompliziert: Zwei 400 Tonnen schwere Pontons müssen unter Wasser am Wrack befestigt und danach mit Pressluft gefüllt werden. Doch dazu muss die Flotte mindestens 15 Tiefseetaucher einsetzen. Pontons liegen zwar in den Lagern der Nordflotte, doch seit Jahren wurde nicht mehr mit ihnen trainiert. 1997 versuchte das Rettungsschiff »Pamir« ein Schiff zu heben, das an einem Pier versunken war: Die Operation dauerte mehr als einen Monat. Mit den maroden russischen Rettungsapparaten gelingt nicht einmal ein Andocken an das U-Boot. Igor Dygalo, der jungenhafte Sprecher der Flotte, lobt trotzdem die »effektiven Rettungsarbeiten der ersten Tage«. Der Verteidigungsminister Igor Sergejew scheint mit der Hilfsaktion seiner Nordflotte auch zufrieden zu sein. Er meldet bereits am Dienstag, drei Tage nach dem Unfall: »Die Operation zur Evakuierung der Mannschaft hat begonnen.«

Am Dienstag organisiert die Flotte die erste Versammlung für die Angehörigen. »Wir erwarteten technische Details«, erinnert sich Galina Issajenko, die Frau des Reaktorspezialisten. »Wir leben alle schon lange genug in dieser Garnison und verstehen etwas von U-Booten. Wir wollten wissen, was die Kameras am Wrack sehen, ob die Stahlhülle durchstoßen ist. Wir wollten wissen, ob unsere Männer leben.« Doch wieder werden nur dieselben wirren Phrasen verbreitet, die den ganzen Tag lang im Fernsehen wiederholt werden. Die Flotte beantwortet nicht einmal Fragen. »Kommen Sie heute Abend wieder«, sagt man den besorgten Frauen. «Dann diskutieren wir Ihre Fragen und entscheiden, was wir Ihnen sagen können.«

Die verheerende Informationspolitik wird von Militär und Regierung auch später vehement verteidigt. »Wir waren außerordentlich offen«, sagt Ilja Klebanow, der Vizepremierminister, Monate später in einer Fernsehdiskussion. »Mir scheint es, dass die Gesellschaft dazu einfach noch nicht fähig ist.« Kein Wort der Lüge sei je über seine Lippen gekommen, behauptet auch Wjatscheslaw Popow, der Chef der Nordflotte: »Niemand hat auch nur ein einziges Wort gelogen.«

In einem Papier des Generalstabs heißt es: »Faktisch herrschte während der gesamten Rettungsoperation eine beispiellose Offenheit, die weltweit einzigartig ist bei der Berichterstattung über solche Unfälle.«

Wieso die Öffentlichkeit so unverhüllt betrogen wurde, wo die bittere Wahrheit unwiderlegbar war, lässt die Angehörigen der Opfer bis heute rätseln. Die Lügen rufen Hass und Wut hervor, ein Gefühl der Demütigung, das sie nicht vergessen können.

Die Bewohner von Widjajewo trauen den offiziellen Meldungen schon bald nicht mehr. »Wir haben die Rettungsarbeiten der Flotte sehr schnell nicht mehr ernst genommen«, sagt Nadeschda Tylik, Mutter des Oberleutnants Sergej. »Alle hofften nur, dass Russland endlich die Hilfe der Ausländer annimmt.«

Die Wut der Frauen

Am Morgen des 14. August deutet nichts darauf hin, dass dies ein aufregender Tag werden wird im Leben des Alan Hoskins. Zufrieden kehrt der 51-Jährige von einem Wochenendurlaub in seiner schottischen Heimat zurück. Er landet an Bord einer Armeemaschine auf dem Luftwaffenstützpunkt in Lynam und macht sich gleich in seinem roten Citroën auf die 30 Kilometer lange Fahrt zu seiner Dienststelle in Bath, einer britischen Kleinstadt östlich von Bristol. Dort dient Hoskins bei der Royal Navy. 25 Jahre lang durchkreuzte der begeisterte Seemann im Bauch britischer U-Boote die Tiefen der Meere, zuletzt als Kommandant eines Atom-U-Bootes. Vor zwei Jahren vertraute ihm die Navy eine besondere Aufgabe an: Hoskins, ein kräftiger Mann mit einem roten Bart, befehligt die »LR-5«, das einzige Rettungs-U-Boot Großbritanniens.

Die »LR-5« ist zwar schon seit 1983 im Dienst, doch erst vor fünf Monaten wurde sie generalüberholt und umgebaut. Pro Tauchgang holt das Mini-Boot bis zu 14 Seeleute aus der Tiefe. Kein Rettungs-U-Boot der Welt kann unter so komplizierten Bedingungen arbeiten: Die »LR-5« mit ihrer vierköpfigen Besatzung dockt selbst bei starker Strömung an havarierte U-Boote an, die in einer Schräglage von 60 Grad auf dem Meeresgrund liegen. Seit Jahren bereiten Hoskins und seine Männer sich auf einen solchen Ernstfall vor. Doch bei einem Rettungseinsatz war die »LR-5« noch nie dabei.

Hoskins hat Bath noch nicht erreicht, als sein Handy klingelt. Am Telefon ist die Einsatzzentrale der britischen Marine. So erfährt Hoskins vom Unfall der »Kursk«. »Shit«, denkt er. »Jetzt wird es ernst.« Er rast nach Bath.

Sofort beginnt er mit den Vorbereitungen. »Die Russen könnten uns ja brauchen«, denkt er. Doch die Mobilmachung der »LR-5« ist schwieriger als erwartet. Denn das U-Boot soll eigentlich in Kürze an einer Übung im östlichen Mittelmeer teilnehmen. 90 Tonnen Zubehör und Einzelteile sind über mehrere Orte Großbritanniens verteilt und bereit zur Verschiffung. Rasch stoppt Hoskins den Transport. Dabei hat er noch nicht einmal einen offiziellen Einsatzbefehl.

Wie kriegt man ein 21 Tonnen schweres Mini-U-Boot so schnell wie möglich nach Russland? Nur russische Antonow-Flugzeuge sind in der Lage, das gesamte Equipment auf einmal zu transportieren. In Absprache mit der britischen Marineführung chartert Hoskins eine Antonow, die gerade in Kanada steht. Am Mittwoch vormittag landet die Maschine auf dem schottischen Flughafen in Prestwick. Hektisch werden das U-Boot und die Container mit der Ausrüstung eingeladen.

Als die Maschine startbereit ist, nimmt die Mannschaft ihre Plätze ein. Wenige Stunden später könnte das Flugzeug mit dem U-Boot an Bord in Murmansk sein. Doch Russland hat noch immer keine Hilfe angefordert. Um näher am Unglücksort zu sein, fliegt die Antonow nach Trondheim in Norwegen.

Die Russen hoffen derweil auf ein Machtwort von Wladimir Putin. Der Präsident erholt sich immer noch in Sotschi, am Ufer des Schwarzen Meeres. Auch sein engster Berater Sergej Iwanow, wie Putin ein ehemaliger Mitarbeiter des KGB, ist aus dem grauen Moskau in die Sonne gereist. »Die Herrscherkrone ist schwer, und ich bin müde wie ein Transformator, der unter zu großer Spannung stand«, erklärt der Präsident später. »Ich habe Pause gemacht und erlaubte mir eine eine kurze Erholung.« Die Bewohner von Sotschi beobachten, wie der Präsident auf seinem Motorboot über die See donnert, bewacht von sieben Leibwächtern, die in anderen Motorbooten neben ihm über die Wellen des Schwarzen Meeres rasen.

Der Präsident hat sich auch Arbeit mit an den Strand genommen. Putin hat Wichtiges zu tun: Er ernennt neue Botschafter für Chile und Jamaika, gratuliert einer Volksschauspielerin zum 70. Geburtstag und Indien zu seiner Nationalfeier. Am Mittwoch empfängt er Wissenschaftler und diskutiert mit ihnen die unzureichende Finanzierung der Universitäten und die Auswanderung von Spezialisten ins Ausland. Ein Wissenschaftsrat soll gebildet werden, erklärt er routiniert vor ausgewählten Journalisten. Der Präsident wirkt gut erholt, er ist gebräunt und trägt ein sandfarbenes Polohemd, im Hintergrund sind Blumenrabatten und Palmen zu sehen, auch die prächtige Fassade des Ferienpalastes.

Während der improvisierten Pressekonferenz ist erstmals auch eine Frage zur »Kursk« erlaubt. »Die Situation ist schwierig, ja kritisch«, kommentiert der Präsident den Unfall, der die Welt in Atem hält. »Unsere Spezialisten sagen, dass wir über alle nötigen Mittel verfügen.« An solchen Verlautbarungen des Militärs habe er natürlich keinen Zweifel. Noch nie haben ihm so wenig Sätze eine solche Menge Ärger beschert.

Die Russen hatten dem jungen Aufsteiger bisher viel verziehen: einen zweiten, blutigen Krieg in Tschetschenien, der sich ebenso erfolglos in die Länge zieht wie der erste. Sie haben die Explosionen in Moskauer Wohnhäusern verdrängt, den unfairen Wahlkampf und das skrupellose Vorgehen gegen die Opposition. Doch das Schicksal der Soldaten, die in einer Stahlbüchse eingepfercht auf den Tod warten müssen, wühlt die Russen auf. Nach dem gefühllosen Auftritt im Urlaubsdress gerät Putin zum ersten Mal in seiner Amtszeit unter öffentlichen Druck. In einer Umfrage des liberalen Radiosenders »Echo Moskwy« erklären 75 Prozent der Befragten, das Image Putins als Oberster Befehlshaber der Streitkräfte habe durch die Tragödie der »Kursk« großen Schaden erlitten. »Präsident ohne Instinkt« titelt die Zeitung »Moskowskij Komsomolez« und zählt im Land »13 000 Minuten der Machtlosigkeit« seit dem Unglück. Die Boulevardzeitung »Komsomolskaja Prawda« fragt auf der Titelseite: »Warum schweigt der Präsident?« Dann klagt sie: »Erst am fünften Tag nach dem Unfall kommentierte Wladimir Putin, der Oberste Befehlshaber der Streitkräfte und der Ehren-U-Boot-Fahrer, die Tragödie, die ganz Russland erschütterte.« Auf der Titelseite der Tageszeitung »Kommersant« steht über einem Foto Putins: »Wessen Ehre versinkt in der Barentssee?«

Journalisten gedenken wehmütig der Vergangenheit. Frühere Herrscher hatten ein besseres Gefühl für die Menschen. Gerade

Boris Jelzin, der unberechenbare Herrscher, lief zu Hochform auf, wenn er irgendwo auf das Volk traf. Als ihn 1991 streikende Bergarbeiter beschuldigten, ihre Interessen zu missachten, polterte er: »Dann muss ich mich wohl reinwaschen!« Er zog sich aus und sprang in Unterhosen ins eiskalte Flusswasser – zur Begeisterung des Publikums. »Putin besitzt null Erfahrung im Umgang mit Menschen«, schimpft der liberale Politiker Boris Nemzow. »Seine bisherigen Kontakte mit dem Volk beschränken sich auf sporadisches Händeschütteln und Winken.« Im Herbst kritisiert sogar Jelzin zum ersten Mal den jungen Aufsteiger, den er selbst zum Präsidenten gemacht hatte: »Putin hätte sofort reagieren und von Sotschi nach Moskau fliegen müssen.«

Eifrig versucht der Präsident, den erlittenen Schaden zu begrenzen. Seine Entschuldigung, die er später eilfertig vorträgt, wollen die Menschen aber nicht mehr hören. »Mein erster Wunsch war es, in die Unglücksgegend zu fliegen«, erklärte er, »doch ich habe darauf verzichtet. Die Anwesenheit von Beamten hohen Ranges hilft dort nicht, sondern stört nur die Spezialisten, und es geht wichtige Zeit verloren. Ich dachte, es sei richtig, wenn alle auf ihren Plätzen arbeiten.« Außerdem könne ein Präsident nicht zu jedem tragischen Zwischenfall eilen: heute in den hohen Norden, morgen in den Süden, übermorgen in den Fernen Osten.

Am Abend des 16. August, mehr als vier Tage nach dem Manöverunglück, akzeptiert Russland endlich die Hilfe aus dem Westen. »Wir wollen jede Unterstützung annehmen«, befiehlt Putin der Flotte, »wo immer sie herkommt.« Der Druck der Öffentlichkeit war zu groß geworden. An die Rettung der Seeleute glaubt wohl kaum einer der Admirale. Später wird Wjatscheslaw Popow, der Chef der Nordflotte, sagen: »Das war eine politische Entscheidung.«

Wertvolle Zeit ist verlorengegangen und verstreicht weiterhin.

Die britische »LR-5« muss nun auf einem Trägerschiff zur Unglücksstelle gebracht werden. Schnell gelingt es der Navy, den Frachter »Normand Pioneer« zu chartern. Doch das Schiff verlegt gerade Kabel vor der norwegischen Küste. Erst am Mittwoch abend wird die »LR-5« samt Equipment verladen. Die ganze Nacht heben Kräne die Container an Bord.

Alan Hoskins, der Kommandant des Rettungs-U-Boots, ist gerade in Trondheim gelandet und mit dem Taxi auf dem Weg zum Hotel, als wieder sein Mobiltelefon klingelt. Seine Dienststelle meldet sich. Die Situation an Bord der gesunkenen »Kursk« sei doch viel ernster als ursprünglich angenommen, gibt ein Offizier aus Bath durch. »Ich war sehr nervös«, erinnert sich Hoskins. »Ich wusste, wir dürfen keine Zeit mehr verlieren. Jede Sekunde zählt.« Doch die Reise zum Unglücksort der »Kursk« wird mindestens 53 Stunden dauern. Am Donnerstag, dem 17. August, fünf Tage nach dem Unfall, läuft das Bergungsschiff endlich aus dem Hafen von Trondheim aus. Außer der Besatzung des U-Bootes sind vier zivile Taucher, zwei Marineärzte und vier Pfleger aus dem »Institut für Flottenmedizin« an Bord. Hoskins schickt seine Besatzung in die Kojen. »Wer weiß«, sagt er der Mannschaft, »wann wir nach unserer Ankunft wieder Zeit zum Schlafen finden.«

Die Norweger erfahren erst mit dem Hilferuf am Mittwoch, dass vor allem Tiefseetaucher samt Basisschiff gebraucht werden: Die Russen haben nicht einmal eine Dekompressionskammer an der Unglückstelle. Doch die norwegische Marine unterhält keine solche Einheit. Rasch wendet sich das Verteidigungsministerium an eine Firma, die Ölfelder in der Nordsee technisch betreut: »Stolt Offshore«. Das Unternehmen stellt ihnen das Schiff »Seaway Eagle« und vermittelt die gewünschten Spezialtaucher.

Pål Dinessen, ein erfahrener Profi, arbeitet gerade auf der »Viking Poseidon« an zwei Ölfeldern nordwestlich von Kristiansund, als er zum ersten Mal vom Unglück des U-Bootes hört. »Arme Jungs«, denkt er. Am Donnerstag morgen wird auch er um Hilfe gebeten. Bereits wenige Stunden später soll er am Flughafen sein. Ein Hubschrauber fliegt ihn nach Tromsø, wo die »Seaway Eagle« seit den frühen Morgenstunden am Pier liegt. Dinessen, ein blonder, kräftiger Mann mit breiten Schultern, ist aufgeregt. »Ich führe seit Jahren ein hektisches Leben«, sagt er. »Nur von einem hast du Angst: dass du einen Fehler machst. Die üblichen Jobs sind viel komplizierter, und es geht um viel mehr Geld. Aber hier hatte ich Angst, dass ich einen Fehler mache, der Menschen das Leben kostet.« Am Freitag, den 18. August, nimmt die »Seaway Eagle« um zwölf Uhr mittags endlich Kurs auf Russland.

Hier hat das Informationschaos die Menschen mittlerweile in die Empörung getrieben. Die Flottensprecher widersprechen sich gegenseitig, viele Meldungen werden nach Tagen wieder korrigiert, sogar der Zeitpunkt des Unfalls. Anfangs hatte es geheißen, die »Kursk« sei erst am Sonntag versunken. Doch da lag das U-Boot in Wirklichkeit schon einen Tag lang auf Grund. Auch die Angaben zur Mannschaft stimmen zunächst nicht. Am Freitag, fast eine Woche nach der Katastrophe, gelangt die Besatzungsliste des U-Bootes in die Öffentlichkeit. Journalisten des Boulevardblattes »Komsomolskaja Prawda« haben sie unter der Hand im Stab der Nordflotte gekauft. Nur 18000 Rubel, knapp 1400 Mark, kassierten die korrupten Offiziere dafür. Damit hat endlich die Verwirrung um die Größe der Besatzung ein Ende. 118 Männer waren an Bord, doch zuvor war tagelang von 116 die Rede – als wisse die Nordflotte nicht einmal, wer zu Manöverbeginn in ihr Elite-U-Boot eingestiegen ist. »Wie konnte das sein?«, empört sich der ehemalige Konteradmiral Jegor Tomko. »Sind wir so tief gesunken?«

Die Flotte bereitet in ihren Meldungen vorsichtig das Scheitern der Rettungsoperation vor und schiebt die eigene Schuld gleich beiseite. Flottensprecher Igor Dygalo muss im Fernsehen beinahe stündlich von den Rettungsarbeiten berichten und erzählt doch meistens vom Wetter. Mal stört der Sprühregen in der Barentssee, dann der Nebel oder der Wind. Selbst aus einer Windstärke von zwei bis drei wird bei Dygalo ein Herbststurm. Er spricht auch von der schlechten Sicht unter Wasser, vom starken Neigungswinkel des U-Bootes und vom deformierten Luk in der hinteren Sektion des Wracks, an das die Rettungsapparate deshalb nicht andocken können. Später wird sich herausstellen, dass keine dieser Angaben stimmt. »Die Militärs sind verwirrt«, höhnt der Abgeordnete Nemzow. »Sie können ihre Lügen nicht mehr von der Wahrheit unterscheiden.«

Wer will, darf weiterhin hoffen: Die meisten Meldungen der Flotte lassen noch immer das Wunder der Rettung zu. Als die Lebenszeichen der Mannschaft offiziell verstummen, verkündet der Befehlshaber der Marine, Wladimir Kurojedow: »Um das Schweigen richtig zu beurteilen, muss man die Mentalität eines U-Boot-Offiziers kennen. Wenn er hört, dass die Rettungskapseln in der Nähe sind, wird er schweigen, um seine Kräfte zu sparen.« Doch zur gleichen Zeit, so heißt es in Seweromorsk, bestellt die Nordflotte 120 Zinksärge.

Unter dem Druck der Öffentlichkeit lässt die Flotte immerhin zu, dass ein Reporter des staatlichen Fernsehsenders RTR von Bord des Panzerkreuzers »Peter der Große« von der Unglücksstelle berichten darf. Zwei Tage lang verhandelte deshalb der Direktor der Fernsehanstalt, Oleg Dobrodejew, mit dem Chef der Marine, Kurojedow. RTR gilt als zuverlässig, selbst zum russischen Militär in Tschetschenien ist der Sender stets loyal gewesen. Ab Donnerstag darf Arkadij Mamontow, sonst im Kriegsgebiet von Tschetschenien im Einsatz, im Stundentakt berichten, was ihm die Militärs vor Ort in den Block diktieren. Doch selbst diese Zusammenarbeit gestaltet sich schwierig. Manchmal muss der Korrespondent die Gespräche der Militärs belauschen, um an Informationen zu kommen. »Wir haben nicht genug erfahren«, beschwert er sich später. »Wir standen unter sehr starkem Druck.« Popow, Chef der Nordflotte, schimpft: »Meiner tiefen Überzeugung nach hätte auch dieser Journalist nicht an Bord des Kreuzers sein dürfen. In einen Operationssaal im Krankenhaus wird niemals ein Journalist mit Kamera zugelassen. Und wir hatten auch eine komplizierte Operation.«

Journalisten anderer Sender wird der Zugang strikt verwehrt. »Wollt Ihr eine soziale Explosion?«, fragt der Journalist Mamontow einen Presseoffizier. »Die Menschen wollen informiert sein. Ihr müsst einen Raum nehmen, eine Leinwand aufstellen und jeden Tag ein Briefing organisieren.« Der Presseoffizier antwortet: »Was ist ein Briefing?«

Viele Angehörige halten die Ungewissheit, die Angst und Trauer nicht aus. Natalja Geletina, deren Sohn Boris auf der »Kursk«

ist, kann plötzlich nicht mehr gehen. Wenn sie aufstehen will, sacken die Beine weg. Drei Wochen lang wird sie sich nicht erheben können. Swetlana Kusnezowa, die in Widjajewo um ihren Mann Wiktor bangt, kann sich später nicht einmal erinnern, wo in dieser Zeit ihr kleiner Sohn Dima war. »Ich habe diese Woche wie in einem Nebel verbracht.« Der Dreijährige reagiert voller Panik noch Wochen später auf die Anfangsmelodie der Nachrichtensendungen. »Ruhe! Papa!« ruft er dann.

Olga Kolesnikowa aus Sankt Petersburg fährt nicht nach Widjajewo – aus Angst vor einer Massenpsychose. »Ich brauche doch Kraft«, denkt sie, »um Mitja zu pflegen.« Stundenlang spricht sie mit ihm. »Mitja, schlaf nicht ein, bleib wach«, beschwört sie ihn aus der Ferne. »Mitja, nicht schlafen, erzähl mir einfach etwas. Schlaf nicht, atme bitte, atme nur!« Am Donnerstag, sechs Tage nach dem Unfall, bekommt sie einen letzten Brief von ihrem Mann. Nur wenige Tage vor dem Manöver hatte er ihn abgeschickt. Zärtlich erklärt er ihr seine Liebe. Im Umschlag steckt auch ein kleines Kalenderkärtchen mit dem Foto der »Kursk«. Auf die Rückseite notierte er: «Da bin ich jetzt drinnen.«

Oksana Poljanskaja, die mit ihrer Schwiegermutter aus Südrussland angereist ist, muss mehrmals einen Notarzt rufen: Sie ist so verzweifelt, dass sie Beruhigungsspritzen braucht. Einmal regt sie sich besonders auf. Zufällig begegnet sie Nikolaj Kirillow, einem Fähnrich der »Kursk«. Oksanas Mann, der eigentlich auf dem U-Boot »Woronesch« arbeitet, war auf der Unglücksfahrt für Nikolaj eingesprungen. Oksana kennt Nikolajs Frau sehr gut. Sie erwarteten beide zur selben Zeit ein Kind und trafen sich während der Schwangerschaft im Murmansker Krankenhaus. Nikolaj fängt an zu weinen, als er die trauernde Oksana plötzlich in Widjajewo sieht. »Ich hätte dort sein müssen«, schluchzt er. Oksana antwortet: »Ich bin Dir nicht böse.« Dann geht sie weiter.

Nadeschda Tylik kann kaum noch schlafen, vor lauter Sorge um ihren Sohn Sergej, der auch an Bord der »Kursk« ist. Seit Jahren lebt sie in Widjajewo. Misstrauisch registriert sie, wie die Nordflotte in der Garnison plötzlich ihre Lohnschulden begleicht. Sogar der Lebensmittelzuschuss wird nachgezahlt. Dabei berechnet die Flotte den schon seit Jahren nicht mehr. Wut staut sich an. Fast ihr ganzes Leben hat Nadeschda in den öden Garnisonen des Nordens verbracht. So viel hat sie für die Flotte geopfert. Und nun nimmt die ihr einfach den Sohn.

Gemeinsam mit ihrem Mann Nikolaj und den Nachbarn geht Nadeschda am Freitag abend ins »Haus der Offiziere«. Wladimir Putin hat endlich den Vizepremierminister Ilja Klebanow nach Widjajewo geschickt, um dort mit den Angehörigen zu sprechen. Es ist der erste hohe Besuch aus Moskau seit der Katastrophe.

Der Saal ist voll. »Wir hofften auf ehrliche Erklärungen«, erinnert sich Nadeschda. »Wir wollten endlich nicht mehr mit Lügen abgespeist werden.« Doch Klebanow betet wieder nur die offizielle Version des Unfalls herunter. Innerhalb weniger Minuten bricht im Saal Hysterie aus.

»Sag doch irgend etwas!«, schreit einer. »Das ist eine Schande für Russland!« Jemand anderes brüllt: »Wie lange sollen wir warten?« Frauen fallen in Ohnmacht, Ärzte laufen herum, Menschen werden auf Händen hinaus getragen. »Es war schrecklich«, sagt ein Augenzeuge. »So ein Gefühl hatte ich noch nie. Es war, als würde gleich etwas explodieren.« Da springt Nadeschda auf. Dieses Bild wird später um die Welt gehen. Wütend brüllt sie ihren Schmerz hinaus. »Ihr Arschlöcher!«, schreit sie. »Ich habe kein anderes Wort für Euch! Wie lange werdet Ihr so weitermachen? Für 50, 70 Dollar im Monat sitzen die Männer eingeschlossen in einer Konservenbüchse. Wofür habe ich meinen Sohn großgezogen? Haben Sie Kinder? Sie haben wahrscheinlich keine Kinder. Sie sitzen alle da, vollgefressen. Und wir hier haben nichts. Keine normalen Lebensbedingungen, nichts! Ich habe diese Unverschämtheiten satt! Mein Mann hat 25 Jahre lang bei der Flotte gedient! Wofür? Wofür? Dafür, dass mein Sohn jetzt da unten begraben wird? Nein, das verzeihe ich Euch im Leben nicht. Reißt Euch die Generalssterne ab! Nehmt sie ab! Am besten erschießt Ihr Euch!« Dann sticht ihr eine Frau von hinten eine Spritze mit einem Beruhigungsmittel in den Rücken.

Nadeschda weiß bis heute nicht, welches Medikament sie bekommen hat. Sie hat auch nie erfahren, wer der Krankenschwe-

Nadeschda Tylik beschimpft auf einer Versammlung in Widjajewo die Militärs. Gleich spritzt ihr eine Krankenschwester ein Beruhigungsmittel in die Schulter.

ster den Auftrag gab. Schnell drängen Flottenoffiziere die Journalisten aus dem Saal. Doch um die Welt geht das Foto einer Frau, die mundtot gemacht wird.

Am nächsten Tag kommt am Bahnhof von Murmansk der Zug aus der Stadt Kursk an. Hunderte Journalisten drängen sich auf dem Bahnsteig. Vor den Kameras wartet auch Prominenz auf die Eltern der Wehrdienstpflichtigen. Alexander Ruzkoj, der Gouverneur von Kursk, ist schnell und bequem mit dem Flugzeug angereist, um die Familien am Bahnhof abzuholen und nach Widjajewo zu bringen. »Lebensmut« will er ihnen vermitteln, sagt er in die Kameras. Doch eigentlich nutzt er rasch die Gunst der Stunde. Zufrieden prahlt er: »Ich war der einzige Politiker, der rechtzeitig da war.«

Über die Schaffner im Zug bitten die Eltern den Gouverneur, sie von der Presse abzuschirmen. Zwei Tage waren sie im Großraumwaggon unterwegs, sie sind müde und angespannt. Ruzkoj könnte mit seinem Bus auch am Bahnhof von Kola warten, der letzten Station vor Murmansk. Die Eltern könnten in Ruhe aus-

Alexander Ruzkoj darf an Bord der »Kursk« sogar durch das Periskop gucken. Der ehemalige Gouverneur von Kursk besuchte die Mannschaft mehrfach.

steigen, unbemerkt von den Journalisten. Doch Ruzkoj zieht es vor, sie publikumswirksam am Bahnhof von Murmansk in seine Arme zu schließen. Bald ist Wahlkampf in Kursk, und der Gouverneur will jetzt schon zeigen, wie sehr er seine Bürger liebt. Forsch kritisiert er sogar Wladimir Putin. »Wenn ich der Präsident wäre«, poltert er, »würde ich mich in einen Düsenjäger setzen und herfliegen.« Im Kreml kommt das nicht gut an. Die Strafe folgt prompt: Zu den Wahlen wird der Gouverneur nicht einmal mehr zugelassen.

Als der Zug um 14.35 Uhr in Murmansk anhält, können die Angehörigen aus Kursk kaum aussteigen. Die Nordflotte hat zwar 20 Offiziere geschickt, die die erschöpften Reisenden sicher zum Bus geleiten sollen. Doch die werden einfach beiseitegedrängt. Überall sind Journalisten. Wer aus dem Zug klettert, gerät direkt vor ihre Objektive. Hektisch wollen die Korrespondenten ihre Fragen loswerden. »Wie fühlen Sie sich?«, schreit jemand. Doch in dem Chaos kann niemand antworten. Frauen brechen zusammen und heulen. Die Angehörigen können nicht einmal flüchten. Durch die Menschenmenge schleppen sie ihre Taschen zum Bus.

In Widjajewo dürfen die Eltern der Rekruten die Kaserne besuchen. Sie wollen wenigstens die Spuren sehen, die vom Leben ihrer Söhne geblieben sind. Sofort laufen sie in den Schlafsaal. Walentina Staroselzewa, die Krankenschwester, erkennt das Bett ihres Dima sofort an den Pantoffeln darunter. Sie hatte ihm die Schuhe noch im Juli zum Flottentag geschickt. Schluchzen erfüllt nun den Raum. Mütter umarmen die Kissen, pressen ihre Gesichter in die Decken und weinen. Nichts ist von ihren Jungen geblieben. Viele hätten gerne etwas mitgenommen, ein Hemd oder eine Mütze. Aber ihre Söhne trugen alles auf das U-Boot. In der Kaserne wird manchmal geklaut, erzählt ihnen ein Offizier.

Am späten Samstag nachmittag, wenige Stunden vor der Ankunft der westlichen Retter, tritt der Stabschef der Nordflotte, Vizeadmiral Michail Mozak, vor die Presse. Mozak ist ein erfahrener U-Boot-Kommandant, der sich mit zwei Fahrten von der Nordflotte zur Pazifikflotte sogar den Titel »Held Russlands« verdiente. Unter Murmansker Journalisten gilt er als direkt und ehrlich, Mozak hat sich kaum an den Beschwichtigungen des Flottenkommandos beteiligt. Vielleicht wird er deshalb vorgeschickt, um eine Woche nach dem Unglück, am Samstag, dem 19. August, der Öffentlichkeit endlich die Wahrheit zu sagen. »So schwer es auch sein mag«, erklärt er in einer Sonderausgabe der Nachrichtensendung im Staatssender RTR. »Wir müssen feststellen, dass unsere schlimmsten Befürchtungen eingetroffen sind.« Die kritische Grenze sei nun überschritten. Auch die hinteren Sektionen seien einem starken Druck ausgesetzt. Überleben sei kaum mehr möglich. »Nach einem heftigen, dynamischen Schlag ist das U-Boot ›Kursk‹ innerhalb von nur zwei bis zweieinhalb Minuten gesunken.«

Galina Issajenko, die Frau des Reaktorspezialisten, hatte die Nachrichten am Nachmittag nur aus Gewohnheit angestellt. »Morgens hieß es ja noch, alles sei in Ordnung«, erinnert sie sich, »ich habe nichts Neues erwartet.« Seit Tagen versucht sie, sich zu beherrschen. Ihre Kinder Ljuba und Sergej sollen ihre Angst nicht spüren. Doch Mozaks Worte treffen sie wie ein Schlag. Sie schreit vor Entsetzen. »Es war das einzige Mal, dass ich vor den Kindern explodiert bin«, sagt sie. »Ich habe hinterher verstanden, wie sehr ich sie erschreckt habe.« Sergej, ihr 14jähriger Sohn, weint an diesem Tag zum ersten Mal. Wochenlang wird er über den Tod des Vaters nicht sprechen können.

Walentina Staroselzewa, die Mutter des Matrosen Dima, kauft gerade im Lebensmittelladen von Widjajewo für das Abendessen ein, als sie die Meldung im Radio hört. Tagelang hatte sie die anderen Eltern getröstet. Keine Mutter war so stark, so zuversichtlich gewesen wie sie. Walentina eilt aus dem Geschäft und fängt noch auf der Straße zu brüllen an. »Alles ist aus!«, schreit sie. »Wir dürfen uns nicht mehr selbst betrügen!« Am selben Tag bricht Putin endlich seinen Urlaub ab.

Im Fernsehen sind abends die Namen der Verstorbenen zu lesen, vor Wellenrauschen und dem Andreaskreuz, der Flagge der Marine, die auf Halbmast steht.

Kampf gegen die Zeit

Die »Seaway Eagle« hat am Samstag mittag das Nordkap umrundet, prescht mit voller Fahrt in die Barentssee und nimmt direkten Kurs auf den Unglücksort des russischen U-Bootes. Die westlichen Retter sind weiterhin nicht entmutigt. »Selbst wenn es sehr dunkel ist«, sagt der Taucher Pål Dinessen, »bleibt immer noch ein bisschen Hoffnung im Inneren. Da kann doch noch jemand am Leben sein. Das ist wie bei einem Erdbeben, wo Leute unter den Häusern liegen. Man weiß nie.« So schnell wie möglich wollen die Norweger bei der »Kursk« eintreffen, denn wenige Stunden können entscheidend sein. Die schnellere »Normand Pioneer« mit der britischen Tauchkapsel »LR-5« ist vorausgefahren.

Im Moment der Aussichtslosigkeit kommen die Westler gerade recht. Russland hofft, mit Hilfe der ausländischen Spezialisten das eigene Image aufzubessern. Die Norweger, so lautet das Kalkül, werden wohl keinen Triumph feiern und keinen Menschen aus der »Kursk« retten. Die Nordflotte aber wäre vor der Öffentlichkeit von Schuldvorwürfen entlastet. Sogar einen Kameramann bringen die russischen Militärs, die sonst aus jedem Fahnenappell ein Geheimnis machen, mit an Bord. Demgegenüber haben die Norweger, als sie in Tromsø ausliefen, vorsorglich alle Kameras und Fotoapparate eingesammelt. Der russische Kameramann schaltet jedes Mal seinen Scheinwerfer ein, sobald sich ein bedeutsames Ereignis an Bord abzeichnet. »Das hat mich fast verrückt gemacht«, empört sich der Tauchmediziner Jan Risberg. »Wir saßen da, hatten schwierige Verhandlungen und versuchten, uns gegenseitig zu respektieren. Und dann kam dieser ärgerliche Kameramann, zerstörte die Atmosphäre, und sein Licht machte es manchmal unmöglich, die Bilder der Unterwasserkameras auf den Monitoren zu erkennen.« Doch die Russen zeigen so der Welt, dass sie nichts unversucht lassen.

An Bord der »Seaway Eagle« kommt es zu einem ersten Treffen mit Vertretern der Nordflotte: Ein russisches Team mit einem

Admiral an der Spitze ist per Hubschrauber von Murmansk über Vardø, die nördlichste Stadt Norwegens, zum Rettungsschiff herbeigeflogen. Der norwegische Vizeadmiral Einar Skorgen hatte auf diese Besprechung bestanden, da ihm die Informationen von russischer Seite bei weitem nicht ausreichten. Skorgen koordiniert die Rettungsaktion im Auftrag des Norwegischen Verteidigungsministeriums, denn er kennt den Kommandeur der russischen Nordflotte, Admiral Wjatscheslaw Popow, sehr gut. Von seinem Büro aus kann er sogar per direkter Telefonleitung Popow anrufen.

Die Norweger besitzen zwar einen Seerettungsdienst und ein Notalarmsystem für alle Nato-Boote, doch mit Russland gibt es keine Vereinbarung über solchen Beistand. Nun gilt es zu improvisieren, am besten auf dem kürzesten der Dienstwege. Die Retter wissen zu wenig darüber, in welchem Zustand die »Kursk« sich befindet. »Information bekommt Ihr an Ort und Stelle«, hörte Skorgen aus Russland und fand das inakzeptabel. Doch auch das erste Arbeitstreffen sorgt kaum für Klarheit. Wie steht es wirklich um die »Kursk«? Gibt es Hinweise auf Überlebende? Sagen die Russen die Wahrheit? Die Spannung an Bord der »Seaway Eagle« steigt.

Konzentriert bereiten die Spezialtaucher ihre Ausrüstung vor. Pål Dinessen ist einer von ihnen. Mit seinen langen blonden Haaren und dem durchtrainierten Körper wirkt er wie die ideale Besetzung für diese »Mission Impossible«. Wenn andere in ihrer Freizeit faulenzen, geht er mal schnell zum Paragliding. Dinessen, in Afrika aufgewachsen, mit Wohnsitz in Thailand, ist an das hektische und riskante Leben als Tiefseetaucher gewöhnt.

Zu ihrer Sicherheit fährt Jan Risberg mit, einer der führenden Tauchmediziner in Norwegen. Er hatte bereits erkundet, welchen Beistand norwegische Krankenhäuser und Ärzte im Notfall leisten könnten. Über die medizinische Versorgung der Russen, über ihre Sanitätsschiffe und Druckkammern, weiß Risberg allerdings fast nichts, zu spärlich flossen die Informationen. Der Auftrag der Taucher ist gefährlich, und Risberg rechnet sicherheitshalber mit allem. Vielleicht, so kalkuliert er ein, besteht sogar die

Das norwegische Schiff »Seaway Eagle« steht während der Rettungsarbeiten in der Barentssee auf Position oberhalb des Unglücksortes der »Kursk«.

Gefahr, am havarierten, fremden U-Boot chemisch oder radioaktiv verseucht zu werden.

Deshalb haben die norwegischen Streitkräfte auch das Staatliche Strahleninstitut in Oslo um Unterstützung gebeten. Drei Strahlenschützer sind an Bord für Dosimetermessungen, für die Untersuchung von Wasserproben, für die spezielle medizinische Betreuung. Das Team um Tore Tynes hat vor der Abreise noch Wasserproben des militärischen Aufklärungsschiffes »Marjata« testen können. Sie zeigen keine erhöhte Radioaktivität, aber sie sind weit entfernt von der Unglücksstelle genommen worden. Was sie an der »Kursk« erwartet, wissen die Strahlenschützer nicht.

In einem der Kontrollräume der »Seaway Eagle« sitzt Egil Ve vor den Monitoren, die noch schwarz sind. Von seinem Pult aus dirigiert er das ferngesteuerte Unterseemobil, ein technisches Wunderwerk, das durch die Tiefen des Wassers gleitet, Filmaufnahmen macht, Wasserproben nimmt und mit seinen Roboterarmen zupackt, wo es für Menschen zu gefährlich wird. Ve ist sehr aufgeregt: »Ich habe schon Hubschrauber und Flugzeuge vom

Meeresboden raufgeholt, aber diese Aufgabe war extrem ungewöhnlich. Die Idee, dass in dem U-Boot Menschen leben und wir kommen, um sie zu retten, hat meine Nervosität noch angefacht.«

Als die »Seaway Eagle« nur noch 30 Kilometer vom Unglücksort entfernt ist, müssen die Maschinen plötzlich stoppen. Hier liegt bereits die »Normand Pioneer« fest. Die russische Admiralität verbietet den westlichen Schiffen weiterzufahren. Sie sollen außerhalb des Rettungsgebietes auf Warteposition bleiben. Denn noch immer setzen die Männer des russischen Rettungsdienstes ihre erfolglosen Bemühungen am Wrack der »Kursk« fort. Es gelingt ihnen auch beim 18. Versuch nicht, am U-Boot anzudocken. Ihre Selbstsicherheit ist längst in Verzweiflung umgeschlagen.

Die Norweger reagieren wütend auf die Verzögerung. Vizeadmiral Skorgen stellt den Russen ein Ultimatum: »Wir sind nicht hier, um zu warten. Wir sind hergekommen, um einen Job zu machen, den man nicht einfach um 12 oder 15 Stunden aufschieben kann. Wenn wir viel Zeit verlieren, sehen wir keinen Sinn mehr in dieser Operation.« Die Russen lenken ein. Am Sonntag, dem 20. August, erreicht das norwegische Schiff die Unglücksstelle. Das Logbuch der Rettungsaktion vermerkt um 7.55 Uhr westeuropäischer Zeit: »Seaway Eagle in Position über dem manövrierunfähigen U-Boot Kursk.« Eine Nacht haben die Retter verloren, indem sie aufgehalten wurden. Die Taucher sitzen seit Stunden in der Tauchglocke bereit und warten.

Fast allen am Unglücksort ist bewusst, dass sie vermutlich zu spät kommen. Einige der norwegischen Retter haben während der ersten Gespräche mit den russischen Offizieren sogar den Eindruck, dass diese völlig ohne Hoffnung sind. »Die Russen sagten uns, wir sollten keine Überlebenden im U-Boot erwarten«, erzählt Jan Risberg. »Sie täten dies alles bloß als letzte, verzweifelte Anstrengung.« Egil Ve stellt verwundert fest, dass manche der Offiziere der Nordflotte über ihren Aufenthalt an Bord der »Seaway Eagle« anscheinend recht glücklich sind. »Sie waren gar nicht deprimiert und niedergeschlagen, wie man das erwarten könnte. Aber vielleicht sind sie nur sehr pragmatische Menschen.«

Am Sonntag morgen endlich setzen die Norweger den ferngesteuerten Unterseeroboter ins Wasser, um zur Vorsicht das Wrack genauer zu untersuchen und zu filmen. »Zuerst konnten wir die 'Kursk' auf dem Sonar nicht genau erkennen«, erzählt Egil Ve. »Gerade mal ein großer Schatten war zu sehen. Das U-Boot ist mit Gummimaterial bedeckt, das die Sonarimpulse absorbiert. Aber die Schrauben konnten wir leicht ausmachen, mit einem Durchmesser von fünf Metern. Da erkannten wir, was für eine Riesenmaschine dort auf dem Grund liegt.« Die Sicht ist gut, beträgt mehr als zehn Meter. Auf den Bildern der Unterwasserkamera entdecken die Männer etwas Seltsames, eine Art Riss auf der Steuerbordseite. Sonst können sie im Heckbereich keine Schäden feststellen. Sie finden die Andockstelle am Notausstiegsluk. Der silberne Ring auf der dunklen Haut sieht aus wie ein großes Auge.

Dann gibt es wieder Probleme. Entgegen allen Absprachen verbieten die Russen, die Lage des Kommandoturms zu erkunden. »Als sich der Unterseeroboter vom Heck aus dem Turm näherte, mussten wir plötzlich aufhören«, berichtet Ve. »Der russische Kommandogeber an Bord ließ weitere Aufnahmen nicht zu. Er wollte nicht, dass wir den Bug sehen. Sie haben das nicht erklärt, aber die Gründe waren offensichtlich. Wenn die Explosionen im Inneren des U-Bootes stattgefunden hätten, sähe man nach draußen verbogene Metallfragmente. Auch ein Aufprall von draußen wäre leicht zu erkennen. Ich glaube jedenfalls nicht, dass sein Verbot irgend etwas mit militärischen Geheimnissen zu tun hatte.«

Um 9.45 Uhr brechen die Norweger die Aktion kurzzeitig ab. Das Aussehen und der Zustand des Turms ist bedeutsam für die Sicherheit der Taucher und der Tauchglocke und für die exakte Positionierung des Schiffes während der Unterwasseroperation. Die russische Nordflotte liefert schriftliche Angaben zum Kommandoturm des U-Bootes und erklärt, dass sich die Taucher nur im Umkreis von 40 Metern rund um das Notausstiegsluk im Heck der »Kursk« bewegen dürfen. Turm und vor allem Bug seien unter allen Umständen tabu. Das norwegische Team besorgt sich aus westlichen Quellen im Internet technische Zeichnungen des Turms, um sie sicherheitshalber mit den russischen Skizzen zu vergleichen. Nach heftiger Diskussion und nur unter dem Zwang der besonderen Bedingungen beschließen die westlichen Helfer weiterzumachen. Die Rettungsaktion soll nicht scheitern.

Später, so erinnert sich Egil Ve amüsiert, kommt einmal der Kameramann an sein Schaltpult. Die russischen Offiziere hatten alle wegen einer Versammlung den Kontrollraum verlassen. Der Kameramann kritzelt schnell eine Zeichnung aufs Papier, mit der »Kursk« und Pfeilen, die auf den Bug des Bootes weisen. Dann zeigt er auf den kleinen Unterseeroboter. »Er wollte uns dazu bringen, hinunterzutauchen und die Torpedosektion zu filmen«, erzählt Ve. »Das war lustig, denn er hatte sonst einen Riesenrespekt vor den Militärs. Aber sobald sie draußen waren, schlug er seine Idee vor wie ein Junge in der Küche, der die Kekse stiehlt, wenn die Eltern weg sind.«

Nach der Inspektion des Wracks wollen die Norweger zur Sicherheit der Taucher noch wissen, ob eine erhöhte Radioaktivität festzustellen ist. Die russischen Gesprächspartner beteuern, dass es mit den Reaktoren keine Probleme gebe, aber sie präsentieren auch auf mehrmalige Bitten hin keine Messergebnisse. Die Norweger befestigen daraufhin einen Gammastrahlendetektor am Unterseeroboter und lesen an Bord dank der Kamera die jeweiligen Messergebnisse rund um das Heck der »Kursk« ab. »Als wir die Radioaktivität in Höhe des Reaktors messen wollten, waren die Russen sehr strikt«, erzählt Tore Tynes. »Es gab darüber einige Spannung. Die Russen sagten: ›Ihr geht zurück.‹ Und ich sagte: ›Nein, wir müssen weiter voran, um oberhalb des Reaktors zu messen.‹ Letztlich haben wir den Roboter um 180 Grad gedreht.« Er bewegte sich rückwärts voran, und hinten hat er keine Kamera. Die Russen befürchteten wieder, dass die Zerstörungen am Bug gefilmt werden könnten.

Die Vorbereitung der Operation am Meeresgrund zieht sich hin. An Bord der »Seaway Eagle« sitzen die Spezialtaucher bereits ungeduldig in den Tauchglocken. 100 Meter Tiefe ist für sie keine große Herausforderung, denn sie sind an den Ölbohrstätten in der Nordsee oft in 200 Metern beschäftigt. Die »Seaway

Eagle« hat zwei Glocken zum Abstieg auf den Meeresgrund. Die Taucher haben vereinbart, in Schichten von je siebeneinhalb Stunden zu arbeiten. Zum Schichtende klettert das Ablöseteam in die zweite Glocke und fährt nach unten. Das andere Team steigt in der ersten Glocke zur »Seaway Eagle« auf. So geht keine Minute verloren, rund um die Uhr. Der Job ist hart: Eine Stunde Arbeit unter Wasser entspricht im Energieverbrauch vier Stunden körperlicher Anstrengung an Land. Das abgelöste Team begibt sich in die Druckkammer an Bord des Schiffes, duscht, isst und schläft.

Während der gesamten Aktion befinden sich alle Taucher immer auf demselben Druckniveau – ob im Wasser oder in der Druckkammer auf dem Basisschiff: 98 Meter Tiefe wurde als »Arbeitshöhe« gewählt, zehn Meter über dem Meeresboden – die Höhe des Notluks. Sie atmen ein Gemisch aus Sauerstoff und Helium ein, denn Sauerstoff allein wäre in dieser Tiefe schädlich. Das Helium lässt ihre Stimmen quietschig werden, und sie klingen dann, so scherzen sie, »wie Donald Duck an einem schlechten Tag«. Die Mikrophone in ihren Anzügen sind mit einem speziellen Gerät ausgestattet, das ihre Stimmen in den Normalklang umwandelt. Damit die Männer an Bord der »Seaway Eagle« sie auch verstehen.

Wie an einer Nabelschnur hängen die Taucher während der Arbeit im Wasser. Die Gasflaschen auf ihrem Rücken sind nur für den Notfall vorgesehen, falls die Verbindung abreißt. Über Kabel werden sie vom Schiff aus mit Energie für den Helmscheinwerfer versorgt und haben eine Sprechfunkverbindung, über Schläuche erhalten sie Luft und heißes Wasser. Während seiner Schicht muss ein Taucher gewärmt werden, denn am Grund der Barentssee ist das Wasser drei Grad kalt. Dazu fließt ständig heißes Wasser durch die zwei Schichten seines Neopren-Anzuges. Bei der Arbeit im Meer fühlen sich die Taucher wie in einer warmen Badewanne. Jetzt endlich, nach fast 48 Stunden Nervosität an Bord der »Seaway Eagle«, kann es für sie losgehen.

Die britischen Retter sitzen währenddessen am Sonntag Morgen frustriert auf ihrem Schiff »Normand Pioneer« und trinken

Tee in den Kabinen. Die Russen wollen vorläufig nicht, dass ihre Tauchkapsel »LR-5« am Wrack der »Kursk« eingesetzt wird. »Als wir von dieser Entscheidung erfuhren«, erzählt Commander Alan Hoskins, »war unsere Stimmung im Arsch.« Jahrelang hatte er einem solchen Einsatz entgegengefiebert. »Wir waren alle sehr enttäuscht, so nahe dran zu sein und doch nicht zum Zuge zu kommen.« Die eigenständige Vorbereitung, der weite Weg und die Eile zur »Kursk« – alles scheint umsonst. Noch heute verbreiten russische Militärs, die »LR-5« sei in Wirklichkeit ein Spionageschiff und ihr Einsatz an der Unglücksstelle nie geplant gewesen.

Auch die Norweger sind genervt von den Offizieren der Nordflotte. »Die Russen haben uns mit so ungenauer und geradezu irreführender Information versorgt, dass das Leben der Taucher in Gefahr war«, klagt Vizeadmiral Skorgen. So hieß es, am Meeresboden würden eine starke Strömung von drei Knoten und miserable Sicht herrschen. »Das war Desinformation«, sagt Skorgen, »unter solchen Umständen hätten wir gar nicht anfangen können. Tatsächlich waren die Arbeitsbedingungen first class.« Das Logbuch der Operation vermerkt: »Minimale Grundströmung. Sicht etwa acht bis zehn Meter.« Auch die russische Information, das U-Boot habe eine Schräglage von 60 Grad und liege mit dem Bug nach unten bei einer Neigung von 25 Grad, erweist sich als falsch. Die »Kursk«, so stellen die Norweger an der Unglücksstelle fest, ruht flach auf dem Grund. Das Notausstiegsluk, an dem sich der russische Rettungsdienst mit seiner Unterseekapsel ergebnislos abmühte, ist nach Angaben der Nordflotte stark beschädigt. Ein Andocken oder ein Öffnen mit normalem Werkzeug könne nicht gelingen. Von den Norwegern erfährt die Öffentlichkeit nun, das Luk samt Andockring seien »ok«. Diese Äußerung Skorgens weist das Kommando der Nordflotte sogleich voller Empörung als »absurd« zurück.

Manchmal steht die gesamte Rettungsaktion kurz vor dem Abbruch. Wenn genaue Informationen fehlen, schließt sich Skorgen direkt mit Popow kurz, als letzte Rettung für die Norweger. »Popow war erstaunlich aufrichtig und nahm kein Blatt vor den

Mund«, urteilt Jan Risberg. »Er wollte alles tun, was in seiner Macht stand, um die Probleme zu lösen. Während eines der ersten Treffen sagte er zu uns: ›Immer wenn Ihr Hilfe benötigt und sie nicht bekommt, wendet Euch direkt an mich.‹ Für einen Menschen des Militärs ist das eine sehr deutliche Aussage, da eigentlich die Kommandokette durchlaufen werden müsste.« Popow kennt die Widerstände und Zersetzungskräfte der eigenen Militärbürokratie gut.

Wenn die Sprache auf den Hergang des Unglücks kommt, reagieren allerdings alle Russen brüsk. »Wir bekamen keine klare Antwort auf die Frage nach den Klopfsignalen«, berichtet Risberg. »Sie gaben uns auch nicht genügend Details, um zu verstehen, warum das Andocken ihrer Tauchkapsel nicht geklappt hat. Das war technisch für uns wichtig. Wir fragten mehrmals danach, bekamen jedoch keine Antwort.«

Der ständige Umweg über die Dolmetscher erschwert noch zusätzlich die Kommunikation. »Keiner der Russen sprach wirklich gut Englisch mit Ausnahme eines Offiziers, der etwas Englisch und auch teilweise Norwegisch konnte, was mich überrascht hat«, erinnert sich Egil Ve. »Später wurde mir gesagt, dass er für die Militärische Auslandsspionage arbeitet. Die höheren Ränge gaben sich eher distanziert, während einige Offiziere niederer Dienstgrade sehr angenehm waren. Aber ich hatte niemals das Gefühl, mit ihnen richtig in Kontakt zu kommen.«

Viele der russischen Offiziere an Bord der »Seaway Eagle« stammen aus dem Rettungsdienst der Nordflotte. Die Träger der hohen Dienstgrade haben oft wenig praktische Erfahrung und kennen das Parkett oder den Linoleumboden besser als die öligen Metallstiege der U-Boote. Einmal, als das Durcheinander im Kontrollraum der »Seaway Eagle« zu groß wird, weist der Operationsmanager die russischen Offiziere und die Dolmetscher vor die Tür. Um in Ruhe nachdenken zu können.

Für die Anstrengungen an der Unglücksstelle und den Blitzeinsatz der Briten und Norweger zeigt sich Russland wenig dankbar. Während die Seeleute aus dem Westen alles tun, um Überlebende aus der »Kursk« zu retten, versucht das Flottenkommando, dem Westen die Schuld an der Katastrophe anzulasten. Bereits wenige Stunden, nachdem der Unfall des U-Bootes bekannt geworden war, meldete die Agentur Interfax: »Das Kommando der Nordflotte schließt nicht aus, dass der Grund des Unfalls ein Zusammenstoß mit einem ausländischen U-Boot ist.«

Hemmungslos setzt die Flotte ihre Propagandamaschine in Gang. Jeden Tag überraschen Vertreter der Flotte mit neuen geheimnisvollen Andeutungen. Verteidigungsminister Igor Sergejew berichtet in einem Fernsehinterview, bei der Suche nach der »Kursk« sei ein »zweites Objekt« am Meeresboden gefunden worden, »der Größe nach mit einem U-Boot vergleichbar«. Ein Journalist fragt nach: »War es ein zweites U-Boot?« Sergejew antwortet: »Das war entweder ein anderes U-Boot oder ein zweites schwimmendes Objekt. Obwohl... was kann sonst unter Wasser schwimmen? Klar, das war ein zweites U-Boot.« Als die Retter das Objekt später noch einmal suchen, ist es angeblich nicht mehr auffindbar.

Ein anderes Mal berichtet der Minister, die russischen Retter hätten aus der Ferne die Notbojen eines ausländischen U-Bootes beobachtet: »Die Bojen wurden von dem Wachtdient eines Fischtrawlers und des Kreuzers ›Peter der Große‹ gesehen«, teilt Sergejew mit. »Wir schickten Boote, um die Bojen einzusammeln. Doch sie konnten nicht gefunden werden, vor allem wegen des Seeganges.« Nach der Version der Militärzeitung »Krasnaja Swesda« wurden die Bojen angeblich sogar an Bord der Rettungsschiffe gehoben. Alle Nummern, die das Trägerboot der Bojen hätten identifizieren können, seien jedoch zuvor entfernt worden. »Auf Spionage fährt man ja nicht mit Dokumenten«, heißt es lapidar. Das absurde Informationsspiel um die merkwürdigen Seezeichen erreicht seinen Höhepunkt, als der Verdacht aufkam, bei den Bojen habe es sich um Kohlköpfe gehandelt, die vom Deck des Kreuzers »Peter der Große« gekullert sind.

Auch von anderen »Beweisen« für den Crash ist die Rede. »Wir haben konkretes Videomaterial, das in der Regierungskommission analysiert wird«, behauptet Sergejew. Der Sprecher der

Nordflotte, Wladimir Nawrozkij, eröffnet Journalisten in Murmansk, man habe das Loch im vorderen Teil des U-Bootes untersucht, und die Ränder des zerstörten Stahlkorpus wölbten sich nach innen. »Wir können mit 85-prozentiger Sicherheit behaupten, dass die Ursache des Unglücks ein starker Schlag von außen war.« Popow, der Chef der Nordflotte, will sogar Notsignale des ausländischen U-Bootes vernommen haben. Die Klopfzeichen, die von der Flotte tagelang als Lebenszeichen der Besatzung angeführt wurden, stammten in Wirklichkeit gar nicht von der »Kursk«, verriet er: »Wie eine spektrale Analyse in den Labors der Nordflotte gezeigt hat, stammten diese Signale von einem ausländischen U-Boot, das sich anscheinend in der Nähe der ›Kursk‹ befand.«

Immer kurioser werden die Anschuldigungen. Angeblich wurden Metallteile eines fremden Bootes unweit der »Kursk« gefunden. Der Reporter des Staatssenders RTR, der während der Rettungsarbeiten von Bord des Kreuzers »Peter der Große« berichten darf, verbreitet, das russische Atom-U-Boot sei offensichtlich attackiert worden. Und der Kommandant der Nordflotte, Popow, verwirrt mit der Aussage, er würde gern demjenigen Menschen in die Augen sehen, der die Tragödie verursacht habe. »Lebt er in Russland oder weit weg?«, fragt daraufhin ein Reporter. »Kein Kommentar«, antwortet Popow. Der Journalist hakt nach: »Kennen Sie seinen Namen?« Popow: »Das kann ich jetzt noch nicht sagen. Dazu muss Zeit vergehen.« Die Antwort blieb Popow bis heute schuldig.

Nie hat die Flotte mehr zu bieten als nebulöse Behauptungen. Beweise werden zwar versprochen, doch niemals vorgelegt. Und doch wiederholen die Fernsehkanäle die Version wieder und wieder. Viele Menschen in Russland glauben daran: Das Vertrauen gegenüber dem Westen ist in den vergangenen Jahren Angst, sogar Verachtung gewichen. Amerika ist in den Köpfen noch immer Feind – angeblich schuld am Ende der Sowjetunion und damit auch am bitterarmen Alltag. Die Militärzeitung »Krasnaja Swesda« legt den Lesern sogar nahe, die Amerikaner hätten die »Kursk« absichtlich versenkt: »Haben Sie jemals Ostereier gegeneinander geschlagen?«, fragt der U-Boot-Kapitän Igor Britanow in der Militärzeitung. »Wenn man mit dem Kopf des einen Eies in die Seite des anderen schlägt, geht die Hülle des anderen Eies auf jeden Fall kaputt. Etwas ähnliches geschieht mit den U-Booten. Die Nase eines U-Bootes ist von ihrer Konstruktion her besonders kräftig. Die Seite ist jedoch empfindlich. Der Schlag gegen die ›Kursk‹ geschah mit der Nase – und getroffen wurde die gefährdetste Stelle des U-Bootes. Wichtig ist, dass sich alle vorherigen Zusammenstöße zwischen amerikanischen und sowjetischen U-Booten genauso abspielten – mit einem harten Schlag in die Seite.« Und natürlich, fügt Britanow hinzu, habe Amerika seine Beteiligung an Zusammenstößen stets abgestritten.

Tatsächlich ist es nicht das erste Mal, dass Russland die Vereinigten Staaten für den Verlust eines U-Bootes verantwortlich macht. Russische und amerikanische U-Boot-Fahrer sind noch immer erbitterte Gegner. Mehr als 2000 Spionagemissionen führten amerikanische U-Boote aus, indem sie sowjetischen U-Booten folgten, und der fiebrigen Jagd nach militärischen Geheimnissen vermochten die Sowjets kaum Einhalt zu gebieten. Schon früh zeigten sich die Amerikaner der sowjetischen U-Boot-Technik überlegen. Die amerikanischen U-Boote waren wendiger, leiser und mit wesentlich besserer Sonartechnik ausgerüstet als die ihrer Gegner. Selbstbewusst leisteten sich die Amerikaner provokante Aktionen: Sie tauchten in sowjetische Häfen und Manöverübungen, manövrierten dicht hinter den sowjetischen U-Booten hinterher, hängten sich über Wochen hinter die Propeller der Gegner. »Für die Sowjets waren amerikanische U-Boot-Fahrer mehr als nur ein Feind«, schrieben die Journalisten Sherry Sontag und Christopher Drew in ihrem Buch »Jagd unter Wasser«. »Sie waren eine ständig präsente Plage.«

Die aggressiven Aufklärungsfahrten der Amerikaner blieben selbst dann nicht aus, als sich die einstigen Gegner des Kalten Krieges zu Abrüstungsgesprächen zusammensetzten und die Sowjetunion ihre Unterwasserausflüge an die amerikanische Küste bereits eingestellt hatte. Bis heute dienen 25 Prozent der amerikanischen U-Boot-Einsätze der Spionage vor russischen

Kriegshäfen. Sie brauchen der Küste nicht einmal mehr nahe zu kommen – so gut sind die elektronischen Lauschgeräte. Den Russen bleiben die fremden Boote dennoch nicht verborgen. Die Offiziere in Widjajewo schimpfen oft über die ungebetenen Gäste in der Barentssee. Für Verfolgungsjagden und Spionagemissionen an die amerikanische Küste fehlt Geld. Hilflos bleibt ihnen nur die Wut.

Bis heute glauben die Russen, dass die Amerikaner für mindestens einen tödlichen Unfall verantwortlich sind: den ihres U-Bootes »K-129«. Das Diesel-U-Boot war am 24. Februar 1968 zu einer Patrouillenfahrt im Pazifik aufgebrochen, mit 100 Mann Besatzung und drei Atomraketen an Bord. Am 8. März verschwand das U-Boot spurlos.

Drei Monate lang ließ die sowjetische Flotte nach der »K-129« suchen – ohne Erfolg. Die Angehörigen der Offiziere erhielten kurze Briefe mit einer unbestimmten Todesnachricht. Sogar Pensionen verwehrte man ihnen. In den Zeitungen erschien nicht einmal eine Meldung über das rätselhafte Verschwinden des U-Bootes.

Die Amerikaner waren dem verunglückten U-Boot schnell auf die Spur gekommen: Ein Aufklärungssatellit fixierte die Unfallstelle unweit der amerikanischen Insel Guam. Bereits im Juni 1968 überzeugten sich die Amerikaner vor Ort von dem Unglück. Das Wrack der »K-129« lag 5000 Meter tief auf dem Grund.

Schon bald entwickelte die CIA eine spektakuläre Idee: Der Geheimdienst beschloss, das U-Boot des Gegners zu heben. Man hoffte, möglichst viel über die sowjetische Technik zu erfahren, wollte den Atomsprengkopf, die Chiffrierbücher, die Chiffrieranlagen und die Fernmeldeeinrichtungen bergen. 500 Millionen Dollar ließ sich Amerika die groß angelegte Spionage-Operation mit dem Code-Namen »Jennifer« kosten. Spezialschiffe, die extra angefertigt wurden, arbeiteten 40 Tage an der Unglücksstelle. Langsam hoben acht Greifer das 5000 Tonnen schwere Wrack aus der Tiefe. Es hatte nicht einmal die Hälfte der Strecke zurückgelegt, als das U-Boot im Wasser zerbrach. Nur ein Zehntel des Wracks konnten die Amerikaner mit auf den Heimweg nehmen. Im Bug bargen sie auch sechs tote Seeleute. Sie wurden in Amerika beigesetzt.

Während der Perestrojka wurde die Katastrophe auch in Russland öffentlich. 1992 übergaben die Amerikaner alle Unterlagen der Hebung an den russischen Präsidenten Boris Jelzin. Fernsehsendungen berichteten von dem geheimnisvollen Untergang, Zeitungen druckten Artikel. Die russische Flotte beeilte sich, ihre Version zu verbreiten. »Das Boot ist nach einem Zusammenstoß mit dem amerikanischen U-Boot ›Swordfish‹ untergegangen«, erklärte der Konteradmiral Wiktor Dygalo. »Das U-Boot ist zu nah an die ›K-129‹ herangetaucht. Dann stieß es mit dem oberen Teil des Turms in den Boden unseres Bootes.« Anschließend sei die »Swordfish« in den japanischen Hafen Yokosuka eingelaufen, um dort die Spuren des Unfalls zu beheben. Anderthalb Jahre habe sich das Boot nicht mehr in sowjetischen Gewässern gezeigt.

Die Beschädigungen des Wracks geben jedoch keinerlei Hinweis auf eine Kollision. Die Fotos, die von Amerikanern an der Unglücksstelle gemacht wurden, schließen einen U-Boot-Crash sogar aus: Zerstört ist vor allem der obere Teil des Bootes. Doch die Propaganda hat alle Beweise überlebt. Sie schien eine angemessene Rache zu sein für die eigenmächtige Hebung des Wracks.

Tatsächlich sind sowjetische und westliche U-Boote bei ihren Verfolgungsjagden durch die Tiefe mindestens ein Dutzend Mal zusammengestoßen. Doch die Folgen waren meist harmlos. Die Furcht vor diplomatischen Krisen war weit größer als vor Blechschäden: Die amerikanische Marine versuchte deshalb oft, dem Präsidenten und seinen Beratern die Zwischenfälle unter Wasser zu verheimlichen. Die Admirale fürchteten, man könne ihre aggressiven Spionagemissionen reduzieren, aus Angst vor einer Katastrophe, bei der zwei mit Atombomben bestückte U-Boote gegeneinander schlagen. Auch die Sowjets hielten die Vorfälle strikt unter Verschluss. Oft fälschten die Kommandanten ihre Patrouillenberichte, und die Mannschaft verpflichtete sich zum

Schweigen. Manchmal wurden die Crashs dann als »Kollision mit einem Wal« verbucht. Unter den U-Boot-Fahrern der sowjetischen Marine machte sogar ein Witz die Runde: »Ein amerikanisches U-Boot kollidiert mit einem Eisberg. Die Mannschaft des Eisbergs erlitt keine Verluste.«

Die schwerste U-Boot-Kollision geschah 1970, und diesen Zwischenfall konnte die amerikanische Marine ihrer Staatsführung nicht verschweigen. Durch die Recherchen der amerikanischen Journalisten Drew und Sontag gelangten Details dieser spektakulären Unterwasserbegegnung nun zum ersten Mal an die Öffentlichkeit.

Das amerikanische U-Boot »Tautog« befand sich damals auf einem Spionageeinsatz vor der sowjetischen Kamtschatka-Halbinsel. Denn dort, vor Petropawlowsk, unterhielten die Sowjets eine mächtige Basis für Raketen-U-Boote. Die »Tautog« war gerade in sowjetische Gewässer eingetaucht, als sich auf dem Sonar ein sowjetisches U-Boot der »Echo«-Klasse zeigte.

Das Boot bewegte sich ungewöhnlich, stieg auf, ließ sich fallen, wendete, kurvte. Offenbar versuchte der Kommandant herauszubekommen, ob es für alle Manöver gerüstet ist und welchen Lärm sein U-Boot macht. Bei einer solchen Übung, die alle U-Boot-Fahrer regelmäßig vollführen, müssen Verfolger eigentlich in sichere Distanz gehen. Doch die »Tautog« geriet dem sowjetischen U-Boot unbemerkt gefährlich nahe.

Der Kapitän, den der Erste Offizier aus dem Bett geholt hatte, trat in gestreiftem Bademantel und in Pantoffeln vor das Oszilloskop. Der Computer wandelt den Lärm unter Wasser in Bilder um und zeigte das gegnerische Boot ganz klar. Doch plötzlich verschwanden die Zeichen vom Monitor. Niemand hatte verstanden, wo das U-Boot geblieben war.

Sekunden später wussten sie es: Das »Echo«-Boot rammte mit aller Wucht den Turm des amerikanischen Bootes – so laut, dass der Sonarchef sich die Kopfhörer von den Ohren riss. Die »Tautog« taumelte, alles geriet in Bewegung. Männer hielten sich an Handläufen und Tischen fest, Kaffeebecher, Schreibgerät, Lineale und Karten flogen umher. Im Maschinenraum kullerten Maraschino-Kirschen und eingelegte Gurken über den Boden. Im Torpedoraum klammerten sich Männer an ihren Waffen fest.

Es blieb bei einem Schrecken. Doch wo waren die Sowjets? Von dem U-Boot der Gegner hörten die Amerikaner kaum etwas außer sonderbaren Geräuschen. Es schien, als ob einer der beiden Propeller des »Echo«-Bootes abgerissen war. Die Männer an Bord der »Tautog« bemerkten ein Knallen, später ein Geräusch, das sich wie platzendes Popcorn anhörte. »Der Stahl zerreißt«, dachten die Amerikaner. Sie waren überzeugt davon, dass das sowjetische U-Boot auf dem sicheren Weg in den Tod versank. Schnell begingen die Amerikaner Fahrerflucht.

Mit Mühe und in Schräglage setzte die »Tautog« ihre Fahrt fort. Der Turm war eingedrückt, eines der Periskope verbogen. Von Land erhielt der Kommandant den Befehl, sofort nach Pearl Harbor zurückzukehren. Heimlich und bei Nacht lief das U-Boot ein.

Die Nachricht von der Kollision, bei der ein sowjetisches U-Boot gesunken war, erreichte selbst Präsident Richard Nixon. Doch der blieb ruhig. Mit seinen Beratern beschloss er, dass die Sowjets den Unfall vielleicht auf ihre miserable Technik zurückführen würden.

Doch in Wirklichkeit war alles ganz anders. Tatsächlich hatte die Mannschaft des sowjetischen U-Bootes panisch reagiert. Ein Schiffstechniker musste seine Befehle sogar im Liegen erteilen: Vor Schreck waren seine Beine gelähmt. Doch dann gelang es dem Kapitän, das sinkende U-Boot zu stoppen. Als es an die Oberfläche auftauchte, war auch er davon überzeugt, dass das gegnerische U-Boot gesunken war. Als er dem Küstenkommando Bericht erstattete, hörten jedoch die Sonartechniker, wie sich ganz in der Nähe ein anderes U-Boot entfernte. Sie hatten beide überlebt.

Auch später krachte es. Im Mai 1974 stieß ein sowjetisches Atom-U-Boot mit der amerikanischen »Pintado« zusammen: Die Amerikaner hatten sich vor der Kamtschatka-Halbinsel die Unterwasserverteidigungsanlagen eines Hafens angesehen, als sie in 60 Meter Tiefe gegen das U-Boot der Sowjets donnerten. Nur wenige Monate später kollidierte ein sowjetisches U-Boot mit der amerikanischen »James Madison«: Die Sowjets lauerten vor dem U-Boot-Stützpunkt im schottischen Holy Loch, und die Amerikaner hatten den Hafen eben erst verlassen. 1986 verfing sich ein sowjetisches U-Boot in der Barentssee im Schleppsonar des britischen U-Bootes »Splendid«.

Anfang der 90er Jahre, als die Sowjetunion bereits zusammengebrochen war, führten zwei Kollisionen zu ernsthaften diplomatischen Krisen. 1992 rammte das amerikanische U-Boot »Baton Rouge« bei einer Aufklärungsfahrt in der Barentssee das russische U-Boot »K-239«. Boris Jelzin beschwerte sich: Noch immer operierten die Amerikaner so dicht vor den Stützpunkten der russischen Nordflotte. Zum ersten Mal gab das Pentagon den Zwischenfall zu.

Noch peinlicher wurde es, als am 20. März 1993 das amerikanische U-Boot »Grayling« mit einem russischen U-Boot kollidierte – mitten im Übungsgebiet der russischen Nordflotte in der Barentssee. Damals hatte Bill Clinton gerade die Regierungsgeschäfte übernommen und ließ das erste Gipfeltreffen mit Boris Jelzin vorbereiten. Clinton war wütend über die dreiste Aktion seiner Flotte. Er versprach Jelzin eine Überprüfung des Vorfalls und sicherte dem russischen Präsidenten außerdem zu, seine Reformen mit 1,6 Milliarden Dollar zu unterstützen. Die amerikanische Marine blieb dennoch Sieger: Sie erhielt die Erlaubnis, die Russen weiter zu beobachten – wenn auch in verringertem Umfang und aus größerer Distanz.

Nicht nur die Feinde kollidierten, manchmal rammten sich sowjetische U-Boote auch gegenseitig. Einige Male stießen sie auch gegen Schiffe: 1977 fuhr das Atom-U-Boot »K-462« in einen Fischkutter – dabei brachen die Periskope ab. Bei Sewastopol stieß ein Diesel-U-Boot gegen das Rettungsschiff »Elbrus«, und 1983 krachte das Atom-U-Boot »K-314« gegen einen amerikanischen Flugzeugträger. Doch meist kamen die U-Boote auch bei diesen Zusammenstößen mit einem Blechschaden davon. Nur einmal waren die Folgen katastrophal.

Am 21. Oktober 1981 kollidierte das sowjetische Diesel-U-Boot »S-178« mit dem sowjetischen Frachter »Refrigerator-13«.

Der Kapitän des Frachters hatte eine Abkürzung wählen wollen und war bei einer Kursänderung von 30 Grad durch eine verbotene Zone gefahren, die für den Schiffsverkehr nicht freigegeben war. Um unentdeckt zu bleiben, stellte er sogar die Fahrlichter aus. Dem Hydroakustiker des U-Bootes gelang es noch, den Kapitän rechtzeitig vor dem anrückenden Schiff zu warnen. Doch der reagierte zu spät.

Der Frachter schlug ein fünf Meter großes Loch in das U-Boot, es versank innerhalb einer Minute. Fünf Menschen starben sofort. Weitere 27 Seeleute kamen um, weil der Kommandant das U-Boot nicht ausreichend für Notfälle ausgestattet hatte. Die Taschenlampen funktionierten nicht, Lebensmittelreserven fehlten, die Wärmeanzüge waren im Stützpunkt geblieben. Selbst einige Atemgeräte waren nicht einsatzbereit. Vier Menschen starben, weil sie nicht wussten, wie sie sich durch die Torpedorohre retten konnten. Es ist bis heute der schlimmste Crash in der Geschichte der U-Boote.

Nur wenige Experten können sich vorstellen, dass die 154 Meter lange »Kursk« nach einer Kollision mit einem anderen U-Boot so dramatisch versank. »Es gab Zusammenstöße mit ausländischen U-Booten, in der Tiefe, beim Hochtauchen, in Periskophöhe«, sagt der ehemalige Kommandant der »Kursk«, Wiktor Roschkow. »Alles gab es. Doch wir sind immer ohne Opfer nach Hause zurückgekehrt, ohne Hilfe. Nach einer kleinen Reparatur konnten wir wieder starten.« Doch für die Flotte ist eine Kollision die bequemste Version. Sie schützt die Admirale vor der unangenehmen Frage, wer die Tragödie verschuldet hat. Sie lenkt vom Desaster der russischen Rettungsbemühungen ab. Und sie mindert den Ruhm der westlichen Rettungskommandos, die so souverän wirken nach den vergeblichen Bemühungen der Russen. Für das Volk soll es aussehen, als seien die Briten und Norweger nur an der Unfallstelle, um ihre Schuld vor Russland zu mindern.

Die Hoffnung stirbt

Am Sonntag nimmt die »Seaway Eagle« um 10.35 Uhr ihre endgültige Arbeitsposition über dem Wrack der »Kursk« ein: 69 Grad 36 Minuten 59 Sekunden nördlicher Breite und 37 Grad 34 Minuten 26 Sekunden östlicher Länge. Dank hochmoderner Technik, dem dynamischen Positionshaltesystem, bleibt das Schiff exakt an einer Stelle im Meer stehen. Drei Propeller drehen sich am Heck, von denen jeder 360 Grad um die eigene Achse rotieren kann. Im Bug besitzt die »Seaway Eagle« drei Röhren direkt im Schiffskörper, die mit Schrauben ausgestattet sind. So lässt sich proportioniert Kraft in jede beliebige Richtung abgeben. Dank der Positionsbestimmung über Satellit und der computergesteuerten ständigen Ausgleichsbewegungen kann das Schiff seine Position ohne Anker mit einer Genauigkeit von einem halben Meter stabil halten.

Gegen elf Uhr steigt in 100 Metern Tiefe das Taucherteam aus der Glocke und betastet erstmals den schwarzen, zylinderförmigen Riesenkörper. Die Sicht liegt bei fast zehn Metern, und die Strömung ist gering. Der scheinbare Riss auf der Steuerbordseite, stellen die Männer fest, ist nur eine Furche zwischen zwei Dämmplatten auf dem Rumpf der »Kursk«. Dann schwimmen die Taucher zu einer Stelle, wo Rohre durch die Doppelhülle des U-Bootes bis in die Sektionen verlaufen. Die Ballasttanks zwischen den zwei Hüllen isolieren normalerweise den Schall, aber hier dringen alle Vibrationen bis ins Innere durch. Mit voller Kraft schlagen sie dagegen, viermal hintereinander – eine Art Code für die Seeleute. Immer wieder klopfen die Taucher auf das Metall, dann lauschen sie angespannt. Die Rundum-Kommunikation in ihren Kopfhörern ist abgestellt, keine Geräusche aus dem Kontrollraum stören die Konzentration. Auch dort scheint es stiller als sonst. »Ein Schiff macht immer viel Krach«, erzählt Egil Ve, »aber jetzt verharrten alle im Raum und machten große Ohren.« Die Taucher hoffen auf ein Klopfen als Antwort, doch sie hören nur das zischende Geräusch ihrer Atemzüge. Von drinnen kommt kein Lebenszeichen.

Die Russen beschließen, den äußeren Lukdeckel des Notausstiegs zu öffnen. Die Taucher sollen in die Rettungsschleuse vordringen. Am anderen Ende würde ihnen nur noch der innere Lukdeckel den Weg ins Boot versperren. Zuerst müssen die Taucher aber feststellen, welcher Druck in der Schleuse herrscht. Der äußere Deckel geht nach außen auf und lässt sich nur öffnen, wenn der Druck innen und der Wasserdruck von oben gleich sind. Im Deckel sitzt ein durchgehendes Luftventil, das von beiden Seiten aufgedreht werden kann. Die Taucher wollen es öffnen, doch es bewegt sich nicht. »Gegen den Uhrzeigersinn, wie üblich!«, lautet die Anweisung der russischen Offiziere im Kontrollraum. Das Ventil rührt sich nicht. Die Taucher haben Angst, zu stark Gewalt anzuwenden. Sie befürchten, dass die Spindel abbricht. Wenn noch Lebende an Bord sind, dann wäre das ihr Todesurteil.

Die Spezialisten von «Stolt Offshore« sind verärgert über den Mangel an technischer Unterstützung durch die russischen Offiziere. Mehrmals fordern sie eine genaue Darstellung des Ventilmechanismus. Statt einer detaillierten technischen Zeichnung erhalten sie schematische Skizzen und widersprüchliche Angaben. Dank der Hilfe von Admiral Popow entspannt sich die Lage etwas: Zwei der Norweger dürfen zu einem Schwesterschiff der »Kursk« in den Hafen fliegen, um die Funktionsweise des Ventils und die Technik der Notschleuse mit eigenen Augen zu untersuchen. Das Entgegenkommen der Russen ist bemerkenswert: Nur ungern zeigen sie Vertretern eines Nato-Landes ihre Kriegstechnik, auch wenn die Schleuse des Notausstiegs kaum militärische Geheimnisse birgt. Die Norweger stellen bei dieser Gelegenheit fest, dass ihnen die Russen auf der »Seaway Eagle« Falschinformationen gegeben haben. Der innere Lukdeckel, so wurde ihnen geschworen, kann nur aus der hinteren Sektion, nicht aber von der Schleuse aus geöffnet werden. Doch einer der Westler klettert in die Schleuse hinein und entriegelt das Luk ohne Probleme.

Die Männer an Deck der »Seaway Eagle« suchen inzwischen

nach einem passenden Werkzeug, um das Ventilrad vielleicht doch noch zu öffnen. Sie werden nicht fündig, und die Russen haben ihr Werkzeug nicht dabei. Also messen die Taucher das Rad aus. Dann schweißt der Mechaniker in seiner Bordwerkstatt einen entsprechenden Dreizack zurecht. An einem Kranhaken, der zur Markierung mit Leuchtstöcken versehen ist, lassen die Männer das Spezialwerkzeug in die Tiefe hinab. Einer der Taucher versucht es mit dem Dreizack vorsichtig nochmals, doch wieder erfolgos. Die Norweger fragen sich schon, ob jemand in der Schleuse das Ventil blockiert. Da probiert es der Taucher einfach mal andersrum, im Uhrzeigersinn, und das Ventil geht auf.

Die Russen haben eine falsche Anweisung gegeben. »Keiner der Vertreter der russischen Marine hatte praktische Erfahrung«, beklagt Jan Risberg. »Erst am letzten Tag kam ein Chefmechaniker an Bord, aber da war es eigentlich zu spät.« Die Konstruktion des Ventils ist einleuchtend. Im Notfall gerät der Eingeschlossene leicht in Panik und ist nicht mehr in der Lage, besonnen nachzudenken. Also muss er das Ventil aus der Schleuse heraus nach dem Gefühl, der Gewohnheit aufdrehen können: entgegen dem Uhrzeigersinn. Der Retter außen am U-Boot dagegen dürfte eher einen klaren Kopf haben. Wenn er überlegt, versteht er, dass er sich am anderen Ende derselben Spindel befindet und deshalb in der Gegenrichtung, also mit dem Uhrzeigersinn drehen muss. Die russischen Offiziere kamen mit ihrem eigenen Boot nicht zurecht. »Einige der technischen Berater kannten keine Details und wussten nicht, was sie tun sollten«, kommentiert Vizeadmiral Skorgen. »Die Inkompetenz war manchmal atemberaubend.«

Das Ventil steht nun offen. Die Taucher erkunden, ob und wie stark Wasser in die Schleuse strömt. Sie vermuten dort Luft mit einem großen Unterdruck. »Drinnen hätte etwa ein Bar Druck herrschen müssen, draußen in der Tiefe von 100 Metern waren es ungefähr zehn Bar«, erklärt Pål Dinessen. Das Wasser müsste demnach mit großer Kraft hineindrängen und die Luft in der Schleuse zusammendrücken. »Wenn Wasser zu Hause in den Ausguss der Badewanne abfließt, dann sind das etwa zweieinhalb Bar. Wenn man das mit vier multipliziert, hat man die

Druckkraft, mit der das Meerwasser durch das Ventil strömen müsste.«

Üblicherweise benutzen die Taucher Farbe, um das Fließen am Ventilkopf sichtbar zu machen, aber es findet sich keine an Bord. Also nehmen sie Milch aus der Kombüse und geben diese ins Wasser. Kleine weißliche Schleier treiben um das Ventil, ganz langsam, nähern sich der Öffnung und werden wie in Zeitlupe eingesogen. Die Strömung in die Schleuse ist minimal. Bedrückt betrachten die Taucher das Ventil. »Wenn die Strömung sehr groß gewesen wäre, hätten wir das Ventil sofort wieder geschlossen und die 'LR-5' herbeigeholt«, erzählt Dinessen. »Aber jetzt wussten wir, dass die Schleuse wahrscheinlich zumindest teilweise geflutet ist.« Die Hoffnung, noch Überlebende an Bord zu finden, sinkt weiter.

Die Retter befürchten, dass sich ein Mensch in der Schleuse befinden könnte. Vielleicht ein Seemann, der beim Versuch, selbst auszusteigen, bis zum äußeren Lukdeckel vorgedrungen ist. Vielleicht ist er nur ohnmächtig. Sie hoffen, dass er einen Tauchanzug trägt mit Gasflaschen. Wenn die Schleuse geöffnet wird, würde er mit der Luftblase raustreiben an die Wasseroberfläche. Ohne Spezialanzug allerdings wird er jetzt, da langsam weiter Wasser in die Schleuse läuft, ertrinken. Die Norweger hoffen auch, dass der innere Lukdeckel geschlossen ist, damit das Wasser nicht in den Innenraum des U-Bootes weiterläuft und dort die verbleibende Luft zusammenpresst. In diesem Fall wäre den Seeleuten an Bord die letzte Überlebenschance genommen. Die Retter lassen das Ventil geöffnet, Wasser fließt kaum wahrnehmbar hindurch. Sie haben keine andere Wahl.

Nach einiger Zeit versuchen die Taucher, den Deckel des Luks mit der Hand zu öffnen. Ein Mensch sollte leicht dazu in der Lage sein, zumal ein Federmechanismus im Verschluss ihn dabei unterstützt. Doch der Deckel sitzt fest. Als auch der Unterseeroboter, der eine Hubkraft von 250 Kilogramm entwickelt, mit seinem Greifarm scheitert, wird offensichtlich, dass der Druckausgleich über das Ventil noch nicht abgeschlossen ist. Es heißt abzuwarten.

Der Kommandeur der Nordflotte, Admiral Wjatscheslaw Popow (rechts), an Bord eines Kreuzers der russischen Marine.

Um 16.30 Uhr am Sonntag kommt Admiral Popow per Hubschrauber an Bord der »Seaway Eagle« geflogen. Der norwegischen Rettercrew teilt er mit, das Notausstiegsluk sei so stark beschädigt, dass ein Einsatz der britischen Tauchglocke »LR-5« nicht in Frage komme. Die Norweger korrigieren diese Aussage sofort, denn sie halten das Luk für in Ordnung. Das Logbuch der Operation vermerkt: »Admiral Popow war sichtbar verblüfft und befragte einige seiner Gehilfen mit erhobener Stimme.« Worum es geht, verstehen die Norweger nicht. Doch die Differenzen unter den russischen Offizieren sind nicht zu übersehen.

Später verbietet die russische Delegation der »Normand Pioneer«, näher an die »Seaway Eagle«, die direkt über der »Kursk« steht, heranzufahren. Die Briten sollen statt dessen das gesamte Gebiet verlassen, denn ihre Hilfe sei nicht länger gefordert. Die Norweger protestieren nachdrücklich, und nun wird einer »LR-5«-Delegation immerhin erlaubt, zu einer abendlichen Beratung an Bord der »Seaway Eagle« zu kommen. Während dieser Versammlung entsteht der Eindruck, die »LR-5« könne am nächsten Tag doch eingesetzt werden. Die Norweger protokollieren erstaunt: »Es war zu beobachten, dass die Haltung der russischen

Delegation sich fast um 180 Grad geändert hat. Sie sind jetzt empfänglich für Vorschläge und sehr positiv und hilfsbereit.« Die Motive für die russischen Zick-Zack-Manöver kann sich keiner erklären.

Unter Wasser bemühen sich die Taucher weiterhin, den Deckel des Luks aufzubekommen. Sie befestigen einen Hubballon, gefüllt mit Gas, am Außenluk. 500 Kilogramm Zugkraft zerren am Deckel nach oben, doch er öffnet sich weiterhin nicht. Die Taucher kehren in die Glocke zurück. Als sie bald darauf zum Wrack kommen, steht das Luk halb offen. Zwischenzeitlich müssen sich Innen- und Außendruck auch dank der einsetzenden Gezeitenbewegung einander angeglichen haben.

Die Taucher nähern sich der Schleuse, auf das Schlimmste gefasst. Sie schauen hinein. Die Schleuse ist leer. Sie untersuchen die zylindrische Kammer und stellen fest, dass das Luftventil im inneren Lukdeckel zur neunten Sektion hin halb geöffnet ist. »Entweder hat einer der Überlebenden nach den Explosionen versucht, es aufzudrehen«, mutmaßt Pål Dinessen. »Oder es war die ganze Zeit geöffnet. Das könnte dann der Fall gewesen sein, wenn in die Schleuse von irgendwoher Wasser eintrat. Das sollte dann wegen der Rostgefahr in das Boot und die Bilge ablaufen, wo sich das Dreckwasser sammelt.«

Die Taucher klopfen gegen das Metall in der Schleuse und hoffen erneut auf eine Antwort, wieder vergebens. Das halb geöffnete Ventil lässt vermuten, dass das Innere des Bootes geflutet ist. Dann, so überlegen die norwegischen Retter, ist kein Leben mehr möglich. Aber wenn sich einige der Seeleute in große Luftkissen flüchten konnten? Und vielleicht stehen nicht alle Sektionen unter Wasser? Die Retter können nur ahnen, wie es im Innern der »Kursk« aussieht. Aber sie wollen Gewissheit.

Admiral Popow entscheidet, das innere Luk zu öffnen. »Die Russen müssen sicher gewesen sein, dass alle tot waren. Aber woher wussten sie das?«, fragt sich Egil Ve noch Monate später. »Vermutlich haben sie Erfahrung darin.«

Die Taucher erhalten mit Hilfe des Krans einen langen Eisenstab, der extra zurechtgeschweißt wurde. Er passt auf das Rad, das den Verschluss des Lukdeckels entriegelt. Sie bringen ihn in Stellung und öffnen ganz vorsichtig den Verschluss eine halbe Drehung weit. Winzige Blasen steigen auf und perlen durch die Schleuse nach oben. Erste kleine Botschaften aus dem Inneren des U-Bootes, das gleich freiliegen wird. Egil Ve bringt den Unterseeroboter per Fernsteuerung in Position, und die Taucher haken die metallenen Finger seines Greifarmes am Eisenstab fest. Dann schwimmen sie in sichere Entfernung davon. Der Sog könnte so kräftig sein, dass sie in die Schleuse gezogen und zerschmettert werden.

Auf der »Seaway Eagle« müssen alle Mann in die Innenräume. Die norwegischen Strahlenexperten fürchten, dass die Luft im U-Boot radioaktiv verseucht sein könnte. Im Kontrollraum versammeln sich die Retter, um vor den Bildschirmen zu verfolgen, wie die letzte Tür zum Bauch der »Kursk« aufgestoßen wird. Der Strahlenspezialist Tore Tynes steht mit seinem Geigerzähler an der Reling und schaut gespannt auf das schiefergraue Wasser der Barentssee.

Um 10.31 Uhr öffnet der Roboterarm den Verschluss ganz und drückt den Deckel nach unten. Das Luk schlägt auf. Wasser dringt mit großem Schwung ins Boot, mit demselben Druck entweicht dann von innen eine große Gasblase. Aus 100 Metern Tiefe drängt sie nach oben und teilt sich in dicke Blasen, die heftig blubbernd an der Oberfläche zerplatzen, als täte die »Kursk« ihre letzten Atemzüge. Tynes betrachtet das Brodeln im Wasser neben dem Schiff, dann schaut er konzentriert auf sein Messgerät. Nach kurzer Zeit ist klar, dass keine erhöhte Radioaktivität herrscht. Doch die Männer an Bord der »Seaway Eagle« sind nicht erleichtert. Enttäuschung und Trauer legt sich auf sie, und die bisherige Aktivität erstirbt. An Bord wird es still. Jeder ist auf seine Weise berührt von diesem Moment.

»Es war sehr traurig«, erinnert sich Jan Risberg. »Vorher hatten wir immer auf den Monitoren das Boot gesehen: eine Konstruktion, schwarz und stählern. Es fiel uns schwer zu begreifen, dass dies eine Art Haus war für Menschen. Obwohl wir versuchten, das Menschliche nie zu vergessen, empfanden wir die Rettungsaktion anfangs als eine technische Operation. Aber als der Gasstrom rauskam, das war der stärkste Eindruck für mich.« Seinem Kollegen Egil Ve kommt es vor, als sei mit der Nadel in einen Luftballon gestochen worden: »Plötzlich war alle Aufregung weg«, sagt er. »Wir fühlten nichts mehr, aber wir begannen zu verstehen, was für eine Tragödie dies wirklich war.« In der Tiefe ergreift das eisige Wasser gierig und endgültig Besitz vom U-Boot. Kleine Luftblasen wirbeln weiter an die Oberfläche. Allen ist klar, dass sie zu spät gekommen sind. 118 Seeleute starben in der »Kursk«.

Auf der »Normand Pioneer« erfahren die britischen Retter per Funk vom Erlöschen aller Hoffnung. »Das war der schwärzeste Augenblick in meinem Leben«, erzählt Alan Hoskins. »Ich dachte an die Besatzung und die Angehörigen und war unendlich traurig.« Auf dem Schiff geht die Nachricht um, dass in einer halben Stunde eine kleine Gedenkmesse gehalten wird. Fast alle Seeleute versammeln sich am Heck, und Captain Simon Lister von der Königlichen Marine hält eine kurze Totenpredigt. Danach schweigen alle für zwei Minuten. Im Kühlraum hat der Kapitän ein paar Blumen gefunden, Chrysanthemen. Nun wirft er sie in die See, und die Gruppe geht auseinander. Ein jeder zieht sich zurück, um für sich nachzudenken.

Auf der »Seaway Eagle« überlegen die Norweger, wie sie das Innere der neunten Sektion erkunden können. Sie haben keinen Unterseeroboter an Bord, der so klein ist, dass er durch die Schleuse passt. Für die Taucher stellt der Weg ins Innere des U-Bootes ein zu großes Risiko dar: Sie müssten die Gasflaschen vom Rücken nehmen, um durch das Luk zu gleiten. Wenn dann jedoch ein Unfall passiert, die Nabelschnur zum Schiff abreißt, haben sie keine Notration Luft mehr. Die Entfernung zur rettenden Tauchglocke könnte schnell zu groß und tödlich sein.

»Wir haben dann unsere spezielle Kamera vom Helm abgenommen und sie an einer Art Winkelarm befestigt«, erzählt Pål Dinessen. »Diesen Stab hielten wir durch das Luk und filmten den Innenraum.« Die Kamera und das Licht des Scheinwerfers haben so nur einen begrenzten Raum und Winkel, in dem sie manövriert werden können. Zudem lässt sich der Lukdeckel nicht ganz öffnen. Etwas drückt von innen dagegen.

Die Sicht reicht nur etwa fünf bis zehn Zentimeter weit. »Das Wasser war ein trübes Gemisch«, erinnert sich Dinessen. »Normalerweise erscheinen die Luftbläschen darin wie kleine Sterne, wenn sie das Licht reflektieren. Hier sahen sie grau und nebelig aus, weil Rauch in ihnen eingeschlossen war. Wenn man etwas verbrennt und hernach Wasser dazugibt, erhält man ein sehr trübes Gemisch. So war es in der neunten Sektion. Da muss nach dem Unglück ein Höllenfeuer getobt haben.« Sogar die Kamera, stellen die Norweger später an Bord der »Seaway Eagle« fest, stinkt nach Rauch.

Die Luktür zwischen der achten und neunten Sektion ist geschlossen. An der Tür sind deutlich die Spuren des Brandes zu erkennen. Die Farbe hat Blasen geschlagen, sie muss richtiggehend gekocht haben. Die Männer schließen daraus, dass auch auf der anderen Seite der Wand, in Sektion acht, ein Feuer gewütet haben muss. Dort werden keine Überlebenden vermutet. Aber genau weiß letztlich niemand, was sich hinter dem Luk zur achten Sektion verbirgt.

Zwischendurch nehmen die Taucher Wasser- und Gasproben. An Bord des Schiffes stellt sich heraus, dass der Sauerstoffanteil im Gasgemisch extrem gering ist, 8,6 Prozent. In der Atmosphäre beträgt er normalerweise etwa 21 Prozent. Dafür erweist sich der Anteil von Kohlenmonoxid und Kohlendioxid als sehr hoch. Der Sauerstoff muss verbraucht worden sein, vermutlich durch Atmung und vor allem durch Verbrennung. Denn ein Feuer erklärt auch den großen Anteil von Kohlenmonoxid. Der Mangel an Sauerstoff musste für denjenigen, der das Feuer überlebte, zum Erstickungstod führen. Die Ergebnisse sprechen dafür, dass im Inneren der »Kursk« beim Öffnen des Luks niemand mehr lebte.

Drei bis vier Stunden filmen die Taucher insgesamt im U-Boot. Zentimeter für Zentimeter bewegen sie die Kamera voran. Als Pål Dinessen den Winkelarm vorsichtig in die Tiefe der Sektion schiebt, stößt er mehrmals gegen etwas Weiches, womöglich eine

Leiche. Auf dem Bildschirm an Bord der »Seaway Eagle« erkennen die Männer hinter dem Lukdeckel einen Arbeitskittel, den die Seeleute typischerweise tragen. Vermutlich ist dort einer der Toten eingeklemmt.

Die Offiziere der Nordflotte bitten die Norweger darum, die erreichbaren Toten aus dem Wrack herauszuholen. Auch der russische Außenminister wendet sich mit dem Wunsch an seinen Osloer Kollegen, die Taucher sollten gleich mit der Bergung beginnen. Anderthalb Stunden konferieren die norwegischen Offiziellen per Videokonferenz und sprechen sich für den Vorschlag aus Moskau aus. Doch «Stolt Offshore« lehnt ab. Die Leichen müssten aus der Kammer geradezu herausgefischt werden. Das erscheint der norwegischen Firma würdelos. Es fehle an der notwendigen Ausrüstung, weshalb der Einsatz der Taucher aus Sicherheitsgründen unakzeptabel sei. »Wir sind gekommen, um Leben zu retten und nicht, um Leichen zu bergen«, fasst »Stolt Offshore« die eigene Position zusammen.

Die Norweger schlagen nochmals vor, das gesamte U-Boot außen mit der Unterwasserkamera abzufilmen. Doch die Russen lehnen weiterhin ab. »Bevor wir am Schluss die ›Kursk‹ verließen, kam Admiral Popow ein letztes Mal in den Kontrollraum für den Unterseeroboter«, erinnert sich Egil Ve. »Er wollte die ›Kursk‹ noch mal sehen. Ich flog, wie wir das nennen, mit der Kamera für eine letzte Begutachtung zu beiden Seiten des U-Bootes am Heck entlang. Als ich über das Luk zog, sagte er nur: ›Danke, das ist ok. Ich bin fertig.‹« Die Russen hatten bisher nur schlechte Bilder des Wracks gesehen, doch Popow wollte die Chance nicht nützen, endlich hervorragende Aufnahmen vom Bug anzuschauen. Sie sollten geheim bleiben.

Die Rettungsaktion geht zu Ende – ohne Erfolg. Der Einsatz kostet die britische Marine etwa 3,3 Millionen Mark. Die norwegische Regierung muss mehr als 4 Millionen Mark bezahlen. Es ist nicht daran gedacht, Russland die Kosten in Rechnung zu stellen.

Um 14.45 Uhr am Montag, dem 21. August, entscheiden die Vertreter von »Stolt Offshore«, die »Kursk« wieder zu schließen. Pål Dinessen schwimmt ein letztes Mal von der Tauchglocke zum Wrack, klappt die Tür des äußeren Luks zu und bringt den Schnappverschluss in Position. Dann springt er auf dem Deckel auf und ab, bis der Mechanismus einrastet. Dinessen verriegelt das Luk. »Ich habe das Grab versiegelt«, sagt er. »Es war, als hätte ich einen Grabstein draufgestellt.«

An Deck des Kreuzers »Peter der Große« flüchtet der Chef der russischen Nordflotte, Admiral Wjatscheslaw Popow, vor den Blicken an die Reling. Er reißt die Krawatte vom Hals, steckt sich eine Zigarette an und weint.

Der Präsident

In Widjajewo fühlen sich die Menschen alleingelassen, missachtet in ihrem Kummer und verhöhnt durch das Chaos der Nachrichten. Viele sehnen sich nach einem Ende des hilflosen Wartens und fürchten zugleich den Moment der Gewissheit. Erste Gerüchte über das Ende der Rettungsaktion dringen in die Garnisonsstadt. Widjajewo liegt im Bann des Todes: »Die Frauen laufen wie Schatten umher, und die Männer heben ihre Augen nicht«, erzählt eine Einwohnerin einem Fernsehteam.

Die widersprüchlichen Informationen lassen in der halbhysterischen Atmosphäre Verschwörungstheorien gedeihen. Wilde Erklärungen für das Unglück machen die Runde. Als der führende Propagandist der islamistischen Kämpfer in Tschetschenien auf seiner Webseite die Meldung verbreitet, an Bord der »Kursk« sei ein Kamikaze-Kämpfer gewesen, brodelt ein neues Gerücht giftig auf: Terroristen haben das Boot versenkt. Gut eine Woche zuvor explodierte in Moskau in der Nähe eines Eingangs zur U-Bahn am Puschkinplatz eine Bombe. Die Stimmung in Russland ist noch immer durch den zweiten Tschetschenienkrieg aufgeheizt, und einige hatten sofort kaukasische Terroristen im Verdacht. Zumal die Regierung und der Geheimdienst im Spätsommer 1999, zum Auftakt des Krieges, die verheerenden Bombenanschläge auf Wohnhäuser in Moskau und anderen russischen Städten tschetschenischen Tätern zugeschrieben hatten.

Als die Angehörigen des dagestanischen Torpedofachmannes Mamed Gadschijew aus ihrer kaukasischen Heimat nach Widjajewo kommen, treffen sie auf unverhohlenes Misstrauen. Mameds Bruder und seine Schwester Ajssat sind in den Norden geflogen. Sie wollen das Schweigen um sie herum durchbrechen und um Hilfe für die Familie des Waffenkonstrukteurs bitten.

Am Montag, dem 14. August hatte Mameds Ehefrau Safinat in Kaspijsk am Kaspischen Meer erstmals vom Unfall der »Kursk« gehört. Sie stand gerade auf dem Balkon und hängte Wäsche auf die Leine, als im Wohnzimmer die Nachrichtensendung »Westi« im Fernsehen begann. Safinat hörte von Problemen mit einem U-Boot, lief ins Zimmer und ließ sich verstört auf den Diwan sinken. Sie wusste, dass ihr Mann auf Dienstreise war, dort oben im Norden. Aber ob er auf einem U-Boot mitfahren sollte, hatte er wie immer geheimgehalten. »Mama, Du lässt Dir doch immer irgendwas einfallen«, tröstet sie eine der Töchter, die hinzugekommen ist. Safinat wird übel vor Angst. Die Schwester von Mamed ruft im Konstruktionsbüro der Firma »Dagdisel« an, in der er als Waffenfachmann arbeitet. Dort geht keiner ans Telefon. Später erreicht sie den kommissarischen Leiter der Abteilung, doch der antwortet nur: »Ich kann nichts sagen.« Ein anderer Mitarbeiter macht telefonisch Hoffnung: »Eigentlich dürfte Mamed nicht auf dem Boot sein. Er hat noch am 10. August von Widjajewo aus bei uns angerufen.« Vermutlich sagt er das, damit Mameds Familie Ruhe gibt.

Am nächsten Tag läuft Safinat zur Firma »Dagdisel«, aber die verunsicherte Frau wird am Drehkreuz des Eingangs abgewiesen. Es kommt ihr so vor, als schauten alle Mitarbeiter sie ganz starr an und wüssten bereits Bescheid. Aus Sicherheitsgründen, heißt es, darf sie das Gelände der Rüstungsfirma nicht betreten. Der Direktor lässt sich verleugnen, seine Mitarbeiter bestellen ihr, sie möge am nächsten Tag um zehn Uhr vorbeikommen. Safinat ruft abends seinen Stellvertreter zu Hause an, aber dessen Ehefrau sagt, er sei weggefahren und komme erst spät zurück, vielleicht aber auch gar nicht. Anrufen sei zwecklos.

Am Mittwoch geht Safinat um zehn Uhr in die Firma, doch wieder ist niemand zu sprechen. Sie verzweifelt beinahe. Am nächsten Tag, entscheidet sie sich, wird sie vordringen, koste es was es wolle. Zu allem entschlossen läuft sie am Donnerstag ins Eingangsgebäude von »Dagdisel«. Sie wird ins Vorzimmer des Direktors vorgelassen. Er kommt rein, bittet sie scharf, sich auf einen Stuhl zu setzen. Er steht, seine Hände zittern. Safinat schreit auf: »Ist Mamed dort?« – »Ja«, sagt er. Sie bekommt Beruhigungstabletten. Zu Hause sitzt sie vor dem Fernseher und hofft auf ein Wunder. Manchmal hält sie möglichst lange den Atem an, damit es ihrem Mann in der stickigen Enge des U-Bootes leichter fällt, Luft zu finden für seine Lungen. Safinat fühlt sich nicht in der Lage, nach Widjajewo zu reisen. Sie schickt ihren Schwager und ihre Schwägerin.

Als die beiden sich mit anderen Angehörigen in Widjajewo versammeln, tritt plötzlich eine Frau auf Mameds Schwester zu und ruft: »Ist es Dein Bruder, der das Boot in die Luft gejagt hat?« Ajssat fällt in Ohnmacht vor Schrecken. Admiral Popow erfährt von den Verdächtigungen und erklärt sofort, alle Gerüchte über einen Anschlag seien Unfug. Doch auch der Geheimdienst FSB ist auf den Dagestaner aufmerksam geworden und sammelt nach Bekanntwerden des Unglücks Informationen über ihn. Später erklärt der Chef des FSB öffentlich, dass es keinen Hinweis auf eine Beteiligung der Vertreter der kaspischen Rüstungsfirma an der Tragödie gebe. Er erzählt natürlich nicht, dass seine Mitarbeiter, als sie sich in der Firma über die politische Verlässlichkeit Mamed Gadschijews erkundigen wollten, vom Generaldirektor unter Schimpfwörtern rausgeworfen wurden.

Ajssat, Mameds Schwester, wartet in Widjajewo auf den Präsidenten Putin. Sie will ihn etwas Wichtiges fragen. Der Besuch Putins kündigt sich bereits seit Tagen an: Die Schlaglöcher in den Straßen zu den Garnisonen hin werden hastig gefüllt. Auf dem Militärflugplatz von Seweromorsk steht der Präsidentenhubschrauber bereit. In Murmansk errichten Arbeiter eine Tribüne auf dem großen Platz gegenüber dem Hotel »Sewer«. Dort, so sagen die Gerüchte, soll Putin bei einer Kundgebung auftreten.

Am 22. August, zehn Tage nach dem Untergang des U-Bootes, kommt Putin endlich in den Heimatort der »Kursk«. Der Präsident zieht die Sicherheit der geschlossenen Garnison vor und meidet die offene Stadt – die Murmansker warten vergeblich auf seine erklärenden und tröstenden Worte. In Widjajewo besucht er die Frau des Kommandanten, Irina Ljatschina, und andere Angehörige in ihren schäbigen Wohnblöcken. Dann fährt er ins »Haus der Offiziere«.

Seit fünf Uhr warten die Menschen auf ihn. Sie sind erregt und zornig und haben sich bereits gegenüber dem Vizepremier Klebanow und dem Flottenchef Kurojedow mit Vorwürfen und Beschimpfungen Luft verschafft. Nun kommt der Präsident, erst gegen neun Uhr abends. Putin trägt einen schwarzen Anzug und ein schwarzes Hemd. Er bittet seine Leibwächter, die Menschen am Eingang des Gebäudes nicht wegzudrängen.

Im Versammlungssaal sitzen und stehen mehr als 500 Angehörige und Offiziere. Die Ankunft des Präsidenten aus Moskau markiert den Höhepunkt einer dramatischen Entwicklung in der kleinen, zivilisationsfernen Garnison. Bisher hat Putin es abgelehnt, an den Rand der Barentssee zu kommen, da er angeblich die Experten bei den Rettungsmaßnahmen nicht stören wollte. So sprach er, der Technokrat, der eine Woche lang nicht begriff, dass Russland gerade in diesen Tagen eine Persönlichkeit an der Spitze benötigte, die Führungskraft beweist, Verantwortung übernimmt und im Durcheinander klare Orientierungspunkte setzt. Jetzt endlich redet er mit den Menschen.

Die Admirale bitten die Versammelten, Journalisten aus dem Saal zu weisen. Widjajewo ist als Militärgarnison für Ausländer grundsätzlich geschlossen. Sogar russische Journalisten, die eigentlich eine Besuchserlaubnis besitzen, werden zwischenzeitlich vor den Schlagbäumen aufgehalten. So ergeht es den Korrespondenten des regierungskritischen Fernsehsenders NTW. Im Gefolge Putins fehlt diesmal sogar der Pulk der Kremljournalisten. Vermutlich haben die Ratgeber des Präsidenten Angst, dass er vor den Objektiven der Nation in einem Ausbruch von Emotionen und Beschuldigungen untergeht. Aufnahmegeräte und sogar Notizblöcke sind im Saal verboten. Nur wenige, ausgewählte Journalisten dürfen offiziell teilnehmen. Die einzige Kamera steht ganz oben im Saal, in der Projektorenkabine für Filmvorführungen, und gehört dem staatstreuen Sender RTR. Die wenigen Minuten Nachrichtenfilm, die in Russland später von der Versammlung gezeigt werden, präsentieren einen beredten Präsidenten. Die Atmosphäre und die Gespräche geben sie nicht wieder. Doch findigen Journalisten gelingt es trotz aller Verbote, die Dialoge im »Haus der Offiziere« aufzuzeichnen. Die Zeitschrift »Kommersant Wlast« veröffentlicht in der darauffolgenden Woche das Stenogramm des historischen Treffens. Es war eine lange überfällige Entscheidung des Präsidenten, den gepeinigten Menschen in Widjajewo gegenüberzutreten. Mut gehörte dazu. Aber Putin ist der falsche Mann für einen solchen Auftritt. Mehr als zwei Stunden versucht er hilflos, die Vorwürfe der von Angst zerrütteten Menschen abzuwehren – distanziert, hölzern und ohne eigene Beileidsworte.

»Es ist eine schreckliche Tragödie«, sagt der Präsident zu Beginn knapp. »Es gab Beileidsbekundungen und alles andere mehr, wie Sie bereits gehört haben. Ich schließe mich dem an.« Olga Kolesnikowa, die inmitten der Menschen sitzt, reagiert enttäuscht auf den Auftritt des Präsidenten. »Er war so kalt und leidenschaftslos uns gegenüber«, erinnert sie sich. »Außer Negativem, außer Verärgerung, ja sogar Hass hat er bei uns nichts hervorgerufen. Wenn er menschlicher reagiert hätte. Wenn er ein Zeichen dafür gegeben hätte, dass ihm nicht alles egal ist, dass er auch mitleidet. Vielleicht hat er gelitten, aber wir haben das nicht gefühlt.«

Tragödien habe es schon in früheren Zeiten gegeben, versucht der Präsident, die Menschen zu trösten. »Sie alle wissen, dass unsere Streitkräfte in einer schwierigen Lage sind. Aber dass die Lage so schwierig ist, habe ich mir selbst nicht vorgestellt.« Putin beginnt, vor den Eltern und Ehefrauen, die noch immer auf ein Wunder der Bergung hoffen, über die Konturen einer nötigen Armeereform zu dozieren, als befinde er sich auf einer Sitzung des Sicherheitsrates im Kreml. Er spricht nüchtern über die Schlüsse für die Zukunft, während die Menschen eine Botschaft zur Gegenwart ersehnen.

Die Versammlung entgleitet Putin bereits in den ersten Minuten. Viele unterbrechen ihn, um sich endlich von den schmerzhaften Fragen zu befreien. »Warum haben Sie nicht sofort die Retter aus dem Westen geholt?«, schreit eine Frau. Putin windet sich bei der Antwort: »Der Kontakt mit dem Boot ging am 12. August um 23 Uhr verloren. Das heißt, ich habe davon nichts gewusst. Mich hat der Verteidigungsminister am 13. um sieben Uhr morgens angerufen.« Die Militärs, so erzählt Putin, hätten ihm

Wladimir Putin spricht während einer Versammlung im »Haus der Offiziere« in Widjajewo am 22. August 2000 vor Angehörigen der Seeleute des U-Bootes »Kursk«. Journalisten waren offiziell ausgesperrt, doch einem Militärjournalisten gelingt es, einige Fotos zu machen.

gegenüber beteuert, dass alle nötigen Rettungsmittel zur Verfügung ständen. Dann behauptet der Präsident, das Angebot zur Hilfe aus dem Ausland sei sofort angenommen worden, am 15. August. Es ist eine Lüge seiner Admirale, die Putin verbreitet. Denn die Norweger und Briten haben Moskau bereits am 13. August ihre Bereitschaft mitgeteilt, bei der Rettungsaktion zu helfen.

Der Präsident schiebt die Verantwortung auf die Experten ab. »Wissen Sie«, sagt er den Angehörigen, »ich bin kein Meeresspezialist. Meine Handlungen gründen alle auf den Beobachtungen der Spezialisten.« Er hält treu zu seinen Militärs, die das Chaos und die Hysterie der ersten Woche mitverschuldeten. »Sie haben die Wahrheit gesagt«, beteuert der Präsident mehrmals. »Werfen Sie sie ins Gefängnis!«, fordern dagegen Angehörige im Saal erbost. »Sie haben Sie, den Präsidenten, doch belogen! Wo ist die Offiziersehre dieser Leute? Für so etwas gehören die Schulterstücke und Orden abgerissen!« Die Menschen verzweifeln an der achttägigen Rettungsaktion der russischen Marine und dem späten Einsatz der westlichen Retter: »Acht Tage!«, schreit eine Frau auf. »Dabei war doch am zweiten Tag sichtbar, dass nichts klappt. Die Norweger sind gekommen und haben alles in acht Stunden erledigt.« Putin versucht, die Flotte zu verteidigen: »Die Norweger haben nicht angedockt. Sie haben per Hand gearbeitet, ganz simpel, mit den Methoden der Großväter.« Im Saal stöhnen die Menschen auf: »Und wir, wir haben nicht mal das gekonnt.«

Der Präsident steht fest zu seinen Admiralen und Generalen. »Es gibt verschiedene Vorschläge, sofort mit der Führung der Armee und der Flotte abzurechnen, jemanden zu entlassen. Das wäre das Einfachste jetzt. Doch ich bin der Ansicht, dass wir erst feststellen müssen, welches die wahren Gründe der Tragödie sind. Wir müssen erst herausfinden, wer schuld ist.« Die Rücktrittsangebote von Verteidigungsminister Sergejew, Flottenchef Kurojedow und Nordflottenchef Popow lehnt er ab. Er will keine schnellen Kopf-ab-Entscheidungen. Angesichts der sowjetischen Geschichte und ihrer Tradition der Schauprozesse und flugs gefundenen Sündenböcke ist Putins Position respektabel. Viele seiner Vorgänger an der Spitze des Landes gebärdeten sich aus ihrer unangreifbaren Macht heraus als Ankläger und Richter zugleich.

Im Fall der »Kursk« allerdings liegen die Versäumnisse der militärischen Führung auch unabhängig vom Grund der Katastrophe von Anfang an offen. Dennoch hat Putin im Jahr nach dem Unglück sein Versprechen, Klarheit zu gewinnen und dann disziplinarische Maßnahmen zu treffen, nicht eingehalten. Seine Entscheidungsschwäche gegenüber den gehätschelten Militärs und sein Zögern bei personellen Konsequenzen erinnern fatal an eine weitere sowjetische Tradition: Wenn es nicht unbedingt opportun war, einen Schuldigen zu finden, zogen die Oberen das Verschweigen und Vertuschen vor.

Die Unschuldsvermutung, auf die sich Putin für seine Militärs so vehement beruft, gilt jedoch nicht für diejenigen, die er als wahre Schuldige erkennt: die Journalisten. Als ihm Angehörige die Informationen aus dem Fernsehen vorhalten, ruft er erregt aus: »Das Fernsehen? Also es lügt! Also es lügt! Also es lügt! Dort beim Fernsehen gibt es Leute, die heute mehr als alle anderen schreien. Die im Laufe von zehn Jahren diese Armee und Flotte zerstört haben, in der heute Menschen sterben. Einige Jahre lang haben sie Geld geraubt, und jetzt kaufen sie alle und alles!« Putin zielt auf die sogenannten Oligarchen wie Boris Beresowskij oder Wladimir Gussinskij und die von ihnen kontrollierten Fernsehstationen, doch es ist zugleich deutlich, wie allergisch der Präsident auf eine kritische Öffentlichkeit reagiert.

In Widjajewo sitzt sie vor ihm, und er kann sich ihr nicht entziehen. Die Menschen schreien ihm ihre Wut ins Gesicht. Es ist eine außergewöhnliche Situation in einem Land, wo das Gespräch zwischen der Macht und dem Volk traditionell nur von oben nach unten geführt wird, meist in Form von Belehrungen und Befehlen. Immerhin hört der Präsident den Menschen zu. »Wir werden doch alle betrogen! Auch jetzt noch!«, ruft ein Offizier. »Wo ist mein Sohn?«, schluchzt eine Frau. »Wann bekommen wir unsere Söhne zurück?« Aus den Anwesenden sprudelt das Leid hervor, auch der aufgestaute Frust über ihr Leben in Armut. »Wissen Sie überhaupt, wieviel ein Offizier der Flotte verdient?«, fragt eine Frau den Präsidenten. »Ein Kapitän?« Putin zeigt sich schlecht vorbereitet. Er liest langsam von einer Soldliste ab, die ihm das Militär vorgelegt hat, vom Stabschef unterschrieben. »Die durchschnittliche Besoldung liegt um die 6000 Rubel.« Da brechen die Trauernden im Saal in schmerzvolles Lachen aus. Ein Kapitän bekommt nur etwas mehr als die Hälfte, um 300 Mark. Putin muss eingestehen, dass er falsch informiert wurde. »Diese Gehälter sind eine Schande«, sagt er und stellt sich an die Spitze des Unmuts, um den Saal für sich zu gewinnen. »Es darf nicht passieren, dass Offiziere in Russland aus dem Bus geworfen werden, weil sie die Fahrt nicht bezahlt haben.«

Der Präsident versucht, die Menschen mit Geld zu beruhigen. Er verspricht als Entschädigung für die Hinterbliebenen einen monatlichen Offizierslohn in Höhe von 6000 Rubeln, 470 Mark. Der Lohn soll in einer Gesamtsumme für den Zeitraum von zehn Jahren ausgezahlt werden. Auch eine Wohnung in jeder gewünschten Stadt Russlands sagt Putin den Angehörigen zu. Er improvisiert, nichts ist vorbereitet von seiner Verwaltung. Als ein

Mann hartnäckig nachfragt, an wen er sich wegen der Kompensation in den nächsten Tagen wenden kann, ist Putin zunächst ratlos. Letztlich empfiehlt er spontan, Irina Ljatschina anzusprechen, die Frau des Kommandanten der »Kursk«. Die Anspannung im Saal legt sich nur langsam. Eine Frau steht auf und spricht den Präsidenten an: »Mein Sohn hat 15 Jahre im Norden geschuftet. Hat nicht gegessen, nicht getrunken, und konnte den Kindern nicht mal was kaufen. Erst mit dem Preis seines Todes hat er uns eine Wohnung erarbeitet? Um die Lebenden muss man sich kümmern!«

Der Gedanke an die Entschädigung lenkt die Menschen etwas ab. Viele Familien haben den Mann verloren, der sie ernährt, viele Eltern den Sohn, der ihnen mit Geld die miserable Rente aufbessert. Ajssat, die in der ersten Reihe sitzt, meldet sich zu Wort: »An Bord war auch ein ziviler Spezialist aus Dagestan, Gadschijew. Er hinterlässt eine Frau und zwei Töchter. Ich verstehe es so, dass nur die Mitglieder der Mannschaft das Geld bekommen. Ich bitte Sie hier, lassen Sie uns nicht allein.« Putin verspricht, Gadschijew den Seeleuten der »Kursk« gleichzustellen. Einige Angehörige bestürmen den Präsidenten mit Detailfragen. »Wir kommen aus der Ukraine. Wenn das Geld bei uns eintrifft, werden Steuern abgezogen.« Putin schlägt der Fragerin vor: »Warum in der Ukraine? Wir geben Ihnen das Geld gleich hier, als humanitäre Hilfe.« Die Frau erkundigt sich aufgeregt: »Gleich hier?« Der Präsident antwortet: »Nicht gleich. Ich habe es nicht mitgebracht.« Im Saal kommt Gelächter auf.

»Mir war das alles so widerwärtig: Wir sterben vor Kummer, und sie erzählen uns von irgendwelchem Geld, von ihrer Hilfe«, kommentiert Olga Kolesnikowa die Versammlung später. »Aber wir brauchen nicht ihre Hilfe, wir brauchen ihr Mitgefühl, ihre Aufmerksamkeit, ihre Achtung.«

Eine Frau im Saal schreit auf, ihre Stimme überschlägt sich: »Wir haben einen solchen Kummer durchlebt. Die Leute schluchzen nur noch. Hören sie nicht auf, suchen sie weiter. Wir brauchen das Geld nicht. Wir brauchen die Seeleute lebendig. Sie haben daran geglaubt, dass der Staat sie rettet!« Wütend fordern die Angehörigen, die offizielle Staatstrauer am folgenden Tag abzusagen: »Noch kein einziger ist rausgeholt worden. Nicht einer ist beerdigt. Wozu die Staatstrauer?« Die Menschen möchten die Hoffnung nicht aufgeben, noch nicht. »Ich will erst die Leiche meines Sohnes haben!«, ruft ein Mann. Der Präsident weiß sich kaum zu helfen: Es ist 23.10 Uhr, und im Fernen Osten, zehn Zeitzonen voraus, läuft schon die neunte Stunde des Staatstrauertages. Er kann nicht mehr abgesagt werden.

Der autoritäre Präsident muss sich in der kleinen Garnison Widjajewo geschlagen geben. Eigentlich hatte er am Trauertag mit dem Hubschrauber an Bord des Kreuzers »Peter der Große« fliegen wollen, um von Deck aus einen Blumenkranz in die Barentssee zu werfen. Nun gibt er nach und sagt ab. Putin verlässt die Stadt. Danach, so berichtet ein russischer Journalist, wird das warme Wasser in den Häusern von Widjajewo wieder abgestellt.

Im ganzen Land wehen am Mittwoch die Flaggen auf Halbmast. Fernsehstationen senden ernste Musik oder klassische russische Kriegsfilme als Dienst am patriotischen Gedenken. Sogar die Witz-Internetseite »anekdot.ru« stellt für einen Tag den Dienst ein. Nur Widjajewo will den Rest an Hoffnung noch bewahren. Die Trauerveranstaltungen und auch der Gottesdienst werden abgesagt.

Die PR-Riege des Präsidenten begreift, dass sie etwas unternehmen muss, damit Putin nicht noch tiefer in den Strudel der Kritik abrutscht. Sein bisher glänzendes Image als effektiver und kompetenter Staatschef gerät in Gefahr. Am Abend des Trauertages tritt Putin in einem spontan angesetzten Fernsehinterview vor das Volk. Er beginnt erneut, verkniffen und etwas beleidigt zu argumentieren und sich zu verteidigen. Er verweist darauf, dass er erst gut 100 Tage im Amt sei. Dabei unterschlägt er, dass er bereits seit August 1999 als Premierminister an der Spitze der Regierung saß. Doch dann sagt er, unter langen Pausen zur richtigen Wahl der Worte: »Ich habe ein starkes Gefühl von Schuld und Verantwortung.« Endlich macht er eine Geste der Demut gegenüber dem aufgewühlten Land. Zu seinem Treffen mit den Angehörigen in Widjajewo fügt er hinzu: »Worte sind hier nicht genug, sind schwer zu finden. Ich möchte heulen.«

Geld

Manchmal versucht Galina Issajenko sich vorzustellen, ihr Mann Wassilij sei einfach nur auf dem Meer unterwegs. »Er wird also zurückkommen«, denkt sie dann. Früher war er oft über Monate weg, und das Warten fühlt sich nicht so schlimm an wie die Trauer. Diesen Trost möchte sie sich noch eine Weile lassen.

Es klappt nicht immer mit dem Selbstbetrug. Zum ersten Mal in ihrem Leben spürt Galina, die Frau des Reaktorspezialisten Wassilij Issajenko, verzweifelte Leere. »Ich hatte den Eindruck, dass ich nur noch eine Rolle spiele«, erinnert sie sich. »Ich bin irgendwohin gegangen, ich habe mit Leuten geredet und gearbeitet. Es war wie im Traum. Ich versuchte aufzuwachen, aber das klappte nicht.«

Freundinnen übernachten bei ihr, denn allein hält sie die Abende kaum aus. Jeder Schritt im Alltag quält. Einmal möchte sie Bettwäsche waschen. Doch die riecht noch nach ihrem Mann. Galina ist außer sich, weiß kaum, was sie tun soll. »Wenn ich sie wasche, ist sein Geruch für immer weg«, sagt sie. »Aber wenn ich den Geruch spüre, kommen sofort die Tränen.«

Auch die Kinder sind verzweifelt. Sergej, ihr 14jähriger Sohn, kann über den Tod des Vaters nicht sprechen. Monatelang bleibt der Schmerz tabu. Mit Ljuba, der Tochter, arbeiten Psychologen. Auch zu Galina kommt einer. Nach den Gesprächen mit ihnen können sich Mutter und Tochter manchmal sogar an schönen Erinnerungen freuen. Doch der Beileidsbesuch im kleinen Widjajewo reißt nicht ab. »Es kommt jemand, drückt meine Tochter unter Tränen an sich, und schon ist es wieder um uns geschehen.«

30 Psychologen sind nach Widjajewo gekommen, und sie haben viel zu tun. Widjajewo ist der Ort der haltlosen Schmerzen, der Verzweiflung und Hysterie. Während der öffentlichen Treffen im »Haus der Offiziere« erleiden Angehörige Herzattacken, andere verlieren das Bewusstsein. Manche bäumen sich auf ihren Stühlen auf, brüllen die Wut hinaus und sacken dann wieder in

Einige Trauernde können sich vor Verzweiflung nicht auf den Beinen halten, als in Widjajewo zu Ehren der Mannschaft ein Gedenkstein geweiht wird. Die Menschen schluchzen, legen Blumen nieder und küssen den Stein.

sich zusammen. Auf großen Tischen haben Ärzte der »Katastrophenmedizin« Beruhigungstabletten ausgelegt, von denen sich längst auch die Psychologen bedienen. Als ein Gedenkstein für die Besatzung der »Kursk« geweiht wird, brechen Frauen ohnmächtig zusammen. Einige können nicht mehr gehen, sie müssen von beiden Seiten gestützt werden und stolpern hilflos durch die Masse der Trauernden. Andere küssen den Stein, schreien hemmungslos den Schmerz hinaus. Ärzte behandeln die Trauernden sogar auf dem Rasen.

Das Schluchzen der Masse übertönt beinahe den Trauermarsch des Orchesters. Niemand, nichts kann die Menschen trösten: Die Welle der Trauer bricht über die Garnison herein und lässt sich nicht mehr stoppen.

Viele denken, dass die Mannschaft unter Wasser noch immer lebt. »Die haben darin ja nichts mehr zu atmen!«, ruft eine Frau im Flugzeug, das Angehörige der Opfer von Moskau nach Murmansk bringen soll. Daraufhin fangen auch alle anderen zu weinen an. Auf Ilja Klebanow, den Vizepremier, und Wladimir

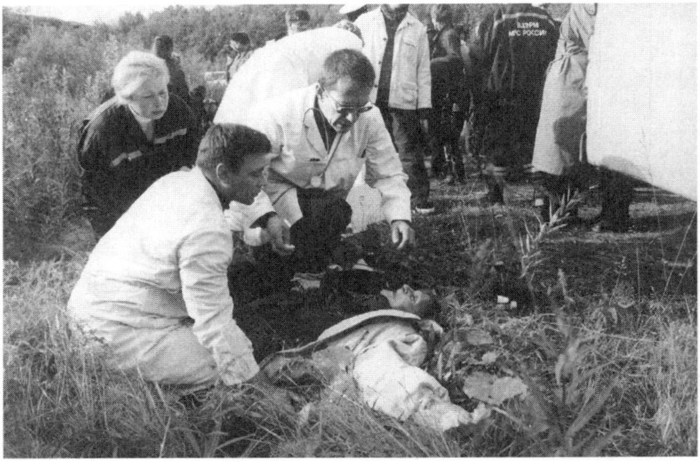

Eine Frau hat in der Menge der Trauernden das Bewusstsein verloren. Notärzte kümmern sich um sie.

Kurojedow, den Chef der Flotte, reagieren die Angehörigen mit blanker Wut. Eine Frau springt während einer Versammlung auf, würgt Klebanow mit seinem Schlips und schüttelt ihn an den Schultern. Nur dem Chef der Nordflotte, Wjatscheslaw Popow, gelingt es, sich trotz der misslungenen Rettungsaktion Sympathien zu sichern. Denn er entschuldigt sich öffentlich. »Wir haben die beste U-Boot-Mannschaft der Nordflotte verloren«, sagt er feierlich und schließt dabei die Augen. »Vergebt mir, dass ich Euch die Jungs nicht zurückgebracht habe.« Das bewegt die Trauernden.

Am 24. August, zwei Tage nach Putins Besuch in der Garnison, bringt das Schiff »Klawdija Jelanskaja« die Verwandten auf das offene Meer. Dort wollen sie zum Gedenken an die Toten Blumen und Trauerkränze in die Barentssee werfen, eine Bestattung auf See ohne Leichen. Eigentlich hat das Flottenkommando versprochen, die Menschen bis zur Unglücksstelle zu bringen. Doch in letzter Minute wird der Plan wieder verworfen. Das Schiff schwimmt nur aus dem Fjord hinaus, und die Angehörigen schimpfen leise. Zum lauten Protest reicht die Kraft nicht mehr.

Die meisten weinen schon, als das Schiff vom Anleger abfährt. »Sehr geehrte Gäste!«, sagt der Kapitän über Lautsprecher zu den Trauernden. »Wenden Sie sich an unser Hospital, wenn sie medizinische Hilfe brauchen.« Wieder sind Dutzende Ärzte und Psychologen dabei. Offiziere haben sich an der Reling aufgestellt, damit sich niemand über Bord werfen kann.

Als das Schiff auf das Meer hinausschwimmt, versammeln sich die Trauernden an Deck. »Das Schiff erreicht den Platz der Ehrenbekundung für das heroische Sterben des U-Bootes ›Kursk‹«, verkündet eine tiefe Stimme über den Lautsprecher. Ein Priester hält eine Totenmesse, ein islamischer Imam liest aus dem Koran. Danach fliegen Blumen ins Wasser und Dutzende Kränze. Ein Orchester spielt Trauermusik. Jetzt schluchzen alle: Angehörige, Offiziere in Uniformen, das Bordpersonal, Ärzte. Sogar die Journalisten heulen. »So eine Trauerfeier hat es in der Geschichte unseres Landes noch nicht gegeben«, schreibt die Korrespondentin der »Komsomolskaja Prawda« ergriffen. »Die Fotografen konnten nicht mehr fotografieren. Die Sucher ihrer Apparate waren voller Tränen.« Bevor das Schiff nach Widjajewo zurückkehrt, dreht es ein paar Runden um die Trauerkränze, die nun auf den Wellen in der Barentssee schaukeln.

Dann kommt das Geld für die Toten. Es entzweit die Garnison. Stets sind die Menschen in Widjajewo gleich arm gewesen. Nun erhalten viele mit einem Mal 720 000 Rubel, fast 60 000 Mark von der Regierung. Spenden von zahlreichen Stiftungen kommen hinzu – wieviele das sind, durchschaut kaum einer mehr. Insgesamt haben die Familien jedes Opfers mindestens 90 000 Mark bekommen, schätzen Experten. Das ist für die Garnisonsbewohner, die vor dem Unglück mit weniger als 500 Mark im Monat auskommen mussten, ein ansehnliches Vermögen.

Mit dem Geld bricht der Streit herein. »Die Leute haben aufgehört, miteinander zu reden«, klagt Galina Issajenko. »Erst haben alle Mitgefühl mit uns Opfern gezeigt. Aber Armut und Geldlosigkeit verderben den Charakter. Widjajewo bestand nach dem Unglück aus zwei Teilen. Aus Menschen, die Geld haben, und Menschen, die keines haben.« Schnell verdrängt der Neid das

Mitleid. Die Angehörigen der Toten dürfen sogar aus dem Norden wegziehen. Sie erhalten Wohnungen umsonst, selbst in Moskau oder Sankt Petersburg. Die anderen Garnisonsbewohner brauchen davon nicht zu träumen.

Nur die Wut verbindet sie manchmal noch. Warum, fragen sich alle, werden nur die Toten geehrt? Wer unterstützt die Lebenden? Wer hat der Besatzung der »Kursk« geholfen, bevor sie so erbärmlich starb? Einmal ruft ein Vertreter der Flotte bei Nadeschda Tylik an, um ihr zu sagen, dass sie und ihr Mann, wie seit Jahren gewünscht, eine Wohnung im südrussischen Anapa bekommen. Nadeschda ist sprachlos. Mindestens ein Jahrzehnt hätte sie auf diesen Anruf warten müssen, würde ihr Sohn Sergej noch leben, glaubt sie. »Das ist schamlos«, wütet sie am Telefon. »Es ist eine Wohnung aus den Knochen meines Kindes.«

Galina hört oft, wie die Leute in Widjajewo über die Witwen tuscheln. Wer führte eine gute Ehe, und wer war in Wirklichkeit längst verkracht? Über einige Frauen heißt es, sie seien mit dem vielen Geld gleich bei ihrem Liebhaber eingezogen. Zu Galina Issajenko sagt eine Nachbarin: »Du hast es gut. Ich bin geschieden und auch allein. Aber ich habe kein Geld bekommen.«

Galina ärgert sich oft. Manchmal kommt es ihr vor, als hätten die Menschen schon vergessen, warum sie das Geld bekommen hat und andere nicht. Glauben die Leute ihr die Trauer nicht? Sie rechtfertigt sich sogar. »Ich wäre tausend Mal, zehntausend Mal glücklicher, wenn mein Mann leben würde«, erklärt sie den Menschen wütend. Einmal kommt ein Vertreter der Flotte zu ihr, der herausfinden soll, welche Angehörigen noch Hilfe brauchen. Schweigend sieht er sich in der Wohnung um. »Also, was brauchen Sie?«, fragt er dann. »Oder haben Sie auch schon soviel bekommen, dass es ihnen zu den Ohren wieder herauskommt?« Galina, eine bescheidene, gebildete Frau, wird rot vor Scham und Wut.

Doch der stumme Vorwurf, aus dem Tod ein Geschäft zu machen, ist nicht mehr aus der Welt zu räumen. Viele Garnisonsbewohner glauben, die Angehörigen hätten sich von der Regierung kaufen lassen. »Als gesagt wurde, dass für die Toten viel Geld gezahlt wird, wurden die Opfer doch sofort friedlich«, sagt eine Offiziersfrau aus Widjajewo, die lieber anonym bleiben will. Andere Bewohner versuchen schnell, von dem unerwarteten Reichtum auch ein wenig abzubekommen. Ständig werden die Angehörigen um Geld angebettelt. »Es ist schwer für die Opfer, mit den täglichen Erpressungen fertig zu werden«, sagt Iwan Nessen, Oberfähnrich der »Kursk«. »Andauernd geht jemand zu den Witwen und sagt: ›Gib mir 2000 Dollar, du hast es doch, und mein Sohn ist krank.‹ Diese Forderungen sind nach dem Tod der Männer kaum auszuhalten.«

Auch den Seeleuten der »Kursk«, die zufällig überlebten, macht der Geldregen zu schaffen. Schuldgefühle quälen sie, weil sie nicht bei den Kameraden waren. Nun denken manche, sie hätten auch ihren Familien gegenüber versagt, fühlen sich stummen Vorwürfen ausgesetzt, weil sie überlebten. Nikolaj Misjak sagt seiner Frau: »Wenn ich auf der ›Kursk‹ gewesen wäre, dann wärest Du mit den Kindern jetzt versorgt.« Andere Offiziere überlegen, welches U-Boot als nächstes untergehen könnte. Nur ihr Tod, glauben sie, sichert ihrer Familie eine sorglose Zukunft.

Überall führt das Geld zu Streit. Alewtina Nefjodkowa verlor ihren 20jährigen Sohn auf der »Kursk«. Iwan, ein Rekrut, wollte unbedingt zur Flotte. »Da kriegt man zwei, drei Jahre lang umsonst zu essen und wird angezogen«, sagt seine Mutter. »Ich war froh, dass er nicht in den Krieg musste. Im Norden gibt es nur Pinguine, habe ich ihm gesagt. Wer soll ihm da etwas tun?« Alewtina lebt in dem kleinen Dorf Krasnaja Gorka bei Jekaterinburg im Ural und macht sich keine Sorgen um Iwan. Noch am Tag des Unfalls bekommt sie einen Brief von ihm. »Er schrieb, die Garnisonen seien sehr dreckig«, erzählt Alewtina. »In unserem Dorf sei es viel schöner.« Sie hatte keine Ahnung, dass ihr Sohn auf dem verunglückten U-Boot diente, bis sie am Montag einen Anruf bekam. Journalisten erzählten ihr, Iwan sei auf der »Kursk«.

Von einem Tag zum anderen wird Alewtina, die im Lager des Dorfladens arbeitet, zur reichsten Frau des Ortes. Und plötzlich gehört sie nicht mehr dazu. Nachbarn kommen und betteln sie an. Sogar die Arbeit will man ihr wegnehmen. »Du hast doch jetzt so viel Geld«, sagen die Leute. Die lokale Verwaltung macht Druck, damit Alewtina die Reparatur des Heizwerkes finanziert. Denn seit es kaputt ist, leben die 300 Dorfbewohner im Kalten. »Ich sitze vor dem Fernseher und warte, dass sie meinen Jungen finden, und die Leute zählen nur meine Rubel«, klagt Alewtina. »Dieses Geld bedeutet nur Dreck.«

Auf einmal taucht sogar ihr Ex-Mann wieder auf, Iwans Vater. Zehn Jahre lang hat sie ihn nicht mehr gesehen. Sie hatte ihn sogar suchen lassen, weil er sich vor den Alimenten drückte. Jetzt fuhr er nach Widjajewo und forderte dort ein Viertel der Entschädigungssumme. »Auf einmal ist seine Liebe zum Sohn erwacht«, sagt Alewtina voller Verachtung. »Ich hatte nicht gedacht, dass er so tief sinken kann.«

Der neue Reichtum zerrüttet viele Familien. Putin will die wütenden Angehörigen möglichst rasch besänftigen, denn ihren Zorn verbreiten Fernsehsender überall auf der Welt. Der Staat kauft sich von seinem schlechten Gewissen frei, den zahllosen Lügen und dem Versagen. Niemand denkt daran, das Geld an alle gerecht zu verteilen. In der Eile ist das völlig egal. So wird für jeden Toten nur eine Summe gezahlt: an die Witwe oder an die Eltern, wenn der Seemann ledig war. »Und was ist mit den Eltern, wenn die Söhne verheiratet waren?«, fragt ein Vater die Vizeregierungschefin Walentina Matwijenko, die mit der Geldvergabe betraut wird. Matwijenko schaut sich verwirrt um. Dann antwortet sie: »Die Verwandten sollen das Geld selbst nach ihrem Gewissen aufteilen.«

Das klappt nicht. Viele Witwen wollen nichts abgeben, und die Eltern gönnen den Schwiegertöchtern die große Summe nicht. »Sie wird doch wieder heiraten«, klagen viele, »aber den Sohn kann uns keiner ersetzen.« Manche tragen den Konflikt sogar in der Presse aus. »Es stimmt nicht, dass wir den Eltern kein Geld geben«, klagt Ljubow, Witwe des Kapitänleutnants Andrej Korowjakow, in der »Komsomolskaja Prawda«. »Aber die Eltern wollen mehr. Sie können die Summe noch nicht einmal untereinander teilen. Wir müssen also die Mütter und die Väter getrennt bezahlen.« Ihre Schwiegermutter schimpft öffentlich zurück: »Ljubow weicht uns aus. Sie versucht sich zu verstecken und ruft nicht mehr an. Neulich hat sie uns noch nicht einmal gegrüßt.« Auch Roman Kolesnikow, der Vater des Turbineningenieurs Dmitrij, beschwert sich in der Presse über seine Schwiegertochter Olga, mit der sein Sohn gerade dreieinhalb Monate lang verheiratet war. »Das Mädchen hat das Geld auf die Hand bekommen und hat sich danach nicht mehr in unsere Nähe getraut.«

Wladimir Geletin, Offizier des Kommandostabs der Nordflotte, schreibt im Juni 2001 einen offenen Brief an Präsident Putin. Sein Sohn Boris war verheiratet: Die Eltern Wladimir und seine Frau Natalja bekommen deshalb nicht einmal das Erinnerungsfoto der Mannschaft, auch kein Geld, keine Wohnung, nicht einmal eine Glückwunschkarte zum Tag der Frau, die am 8. März, dem russischen Feiertag, von der Nordflotte an die Witwen der Seeleute verschickt wurden. »Die Eltern lediger Seeleute und die Eltern verheirateter Seeleute wurden in weiß und schwarz unterteilt«, klagt Geletin dem Präsidenten. »Die einen bekommen Achtung und Hilfe. Die anderen gar nichts.« Dabei leiden die einen doch nicht stärker als die anderen, schreibt Geletin: »Unsere Söhne waren vor dem Tod alle gleich. Warum werden wir, die Lebendigen, in würdige und unwürdige Eltern unterteilt?« Dem Chef der Nordflotte wirft Geletin vor, die Mütter zu vergessen. »Es geht mir ja nicht ums Geld«, versichert Geletin. »Es geht ums Prinzip.«

Die Angehörigen kassieren nicht nur das Geld des Staates. In Russland, aber auch in Amerika, Deutschland, Großbritannien spenden die Menschen für die Hinterbliebenen. Es ist so viel, dass kaum einer weiß, wieviele Stiftungen für die Opfer gegründet wurden. Alewtina Nefjodkowa, die Mutter des Matrosen Iwan, bekommt einen Fernseher geschenkt – und weiß nicht einmal, von wem er ist. In Norwegen sammelt eine Hausfrau 20 000 Dollar. Als sie in der Russischen Botschaft in Oslo fragt, wie sie das Geld an die Angehörigen überweisen kann, geben die Diplomaten ihr die Nummer zweier Konten. Eines ist in New York, das andere in London. »Wir haben uns auch schon gefragt, warum es kein Konto in Moskau gibt«, erklärt ein Mitarbeiter der Botschaft auf Anfrage eines Journalisten. »Wir haben unsere Spenden lieber mit der Diplomatenpost nach Moskau geschickt, das ist sicherer.« In Deutschland sammelt das Maritim-Museum in Peenemünde, in Großbritannien Vanessa Redgrave. Unter großem Presserummel fliegt die Schauspielerin selbst nach Russland – um ein Taschengeld von 3000 Dollar zu überreichen.

Wer die Spenden bekommt, wird nicht immer kontrolliert. Überall herrscht Unmut. Im Petersburger »Klub der U-Boot-Fahrer« will der Kontrollrat 43 000 Dollar Spenden zunächst nur für die Opfer aus Sankt Petersburg ausgeben. Die Summe liegt bis heute auf der Bank und kann aus bürokratischen Gründen nicht an eine Stiftung der Angehörigen übergeben werden. Auch die Opfer anderer U-Boot-Katastrophen wollen von diesem Geld profitieren. Sie fühlen sich vergessen und ungerecht behandelt. »Wir bitten, in die Liste der Geldempfänger weitere 69 Familien aufzunehmen«, heißt es in einem Brief der »Gesellschaft zum Gedenken des Atom-U-Bootes ›Komsomolez‹« an den Klub. »Das sind die Familien der Offiziere, Fähnriche und Matrosen, die bei Unfällen der Boote ›K-129‹, ›M-256‹, ›K-56‹ und ›K-278‹ ums Leben kamen.«

Das Geld, das Menschen aus Russland auf ein Sonderkonto des Verteidigungsministeriums überwiesen haben, erreicht die Hinterbliebenen offenbar nur zu einem geringen Teil. 40 Prozent der Spenden sollen für die Garnison verwendet werden, heißt es, 45 Prozent für zukünftige Ausgaben im Zusammenhang mit der »Kursk«. Das behaupten zumindest die Angehörigen. Genaues ist nicht zu erfahren. Niemand fühlt sich für die Stiftung zuständig, nicht im Ministerium, nicht bei der Flotte. Der Pressesprecher der Nordflotte, Wladimir Nawrozkij, will am liebsten gar nichts sagen. Auf Anfragen deutscher Journalisten fragt er nur zurück: »Haben Sie in Deutschland keine eigenen Probleme?«

Als die Tageszeitung »Kommersant« für jede Familie ein eigenes Spendenkonto eröffnen will, weigern sich das Verteidigungsministerium, die Flotte und der Stab der Nordflotte, die Daten und Namen der Hinterbliebenen herauszurücken. Schließlich recherchieren die Journalisten die Angaben selber. »Die Offiziere haben so getan, als sei die Liste der Angehörigen ein Geheimnis«, sagt der Leiter der Stiftung, Lew Ambinder. In Wirklichkeit, glaubt er, gab es gar keine Liste. Die Nordflotte hatte die Daten noch gar nicht zusammengestellt.

Am meisten Aufsehen erregt die Arbeit der Stiftung, die der Murmansker Gouverneur Jurij Jewdokimow kurz nach der Tragödie ins Leben rief. Knapp 15 Millionen Rubel, mehr als eine Million Mark, fließen auf das Spendenkonto. Das Geld kommt aus ganz Russland. Es spenden Banken und Öl-Unternehmen, Aluminiumfabriken und Schiffswerften, Stadtverwaltungen und Goldfirmen. Auch dieses Geld ist vor allem für die Angehörigen bestimmt. Doch die Mitarbeiter der Murmansker Gebietsverwaltung, die für die Verwaltung der Spenden zuständig sind, würden am liebsten bald aufgeben, heißt es in Murmansk. »Das Verhalten der Witwen ist eine Schande für ihre verstorbenen Männer«, schimpft eine Mitarbeiterin. »Sie sind unersättlich in ihren Wünschen und Forderungen. Jede passt auf, dass die anderen nicht mehr bekommen. Wir haben ihnen schon so viel gegeben, so viel Geld. Aber für sie ist das immer noch zu wenig.«

Niemand habe mit dieser Gier gerechnet, erzählen Beamte streng vertraulich. Und kaum einer spricht darüber: Denn die Öffentlichkeit würde der Gebietsverwaltung sowieso keinen Glauben schenken, heißt es. Das wissen die Mitarbeiter der Kommission aus trauriger Erfahrung. Denn im Oktober 2000 kommt es zum Eklat. Die Kommissionsvorsitzende und Vizegouverneurin Ljudmila Tschistowa möchte 100 Dankesbriefe in Kunstledermappen an die großzügigsten Spender verschicken. 300 Rubel, 23 Mark, soll einer der Briefe kosten. Außerdem möchte Tschistowa zum Dank 1000 Bücher für knapp 2000 Mark verschenken. Die Sitzung der Kommission verläuft ruhig, und bei der Abstimmung über die Ausgaben gibt es nur eine Enthaltung. Irina Ljatschina, die einzige Vertreterin der Opfer, kann sich offenbar nicht entscheiden.

Was Ljatschina wirklich denkt, erfahren die Kommissionsmitglieder Tage später erst aus der Zeitung. »Von Hilfe für die

Familie der Mannschaft kann hier keine Rede sein«, schimpft sie in einem offenen Brief, den die Moskauer Zeitung »Komsomolskaja Prawda« veröffentlicht. Stattdessen werde das Geld für Briefe und Bücher verschleudert. Am Ende des Briefes erklärt sie ihren Rücktritt. Einer solchen Kommission, schreibt Ljatschina, wolle sie nicht länger angehören.

Der Brief rührt die Menschen erneut auf. Alle Nachrichtensendungen zitieren ihn. Schon wieder, so scheint es, werden Spendengelder missbraucht. »Das war ein Schrei der Seele«, formuliert Sergej Stepaschin empört, der Vorsitzende des Russischen Rechnungshofes. Sofort macht sich der Rechnungshof daran, die Stiftung zu überprüfen. Doch Unregelmäßigkeiten entdecken die Revisoren nicht.

Den Beamten der Gebietsverwaltung macht Ljatschinas offener Brief die Arbeit zur Hölle. Schnell fährt Ljudmila Korytowa, die Assistentin der Kommissionsvorsitzenden, nach Widjajewo, um die wütenden Witwen zu beruhigen. Es wird eine laute Begegnung. Noch nie habe sie so viele Schimpfworte und Beleidigungen gehört, erinnert sich eine Zeugin. »Die Witwen forderten, dass die Kommission das Geld in Säcke laden und sofort in die Garnison bringen sollte«, erzählt sie. »Sie wollten das Geld allein aufteilen, ohne Kommission.« Da schreit Korytowa zurück: »Ihr wollt allein das Geld aufteilen? Dabei schneidet Ihr Euch doch gegenseitig die Hälse durch! Bei Euch geht es ja nur noch um Geld!« Doch Ruhe kehrt erst ein, als Korytowa eine Drohung einfällt. Sie könne ja, sagt sie dem aufgebrachten Publikum, der Presse verraten, wieviel jede Familie bereits bekommen hat.

Denn manchen Menschen in Russland erscheint die Hilfe auf einmal ungerecht. Es ist ein Privileg der »Kursk«-Opfer, dass der Staat sie in der Not nicht allein lässt. Schätzungsweise 7000 Soldaten sind während des zweiten Tschetschenien-Krieges gefallen, und niemand zahlt Eltern und Witwen mehr als eine winzige Versicherungssumme. Wohl keiner von ihnen hat je eine Wohnung erhalten oder eine Entschädigung. Kaum einer verteilt Spenden an sie. In der russischen Öffentlichkeit werden sie nicht einmal wahrgenommen.

Manchmal wenden sich an die Murmansker Stiftung auch Angehörige toter Tschetscheniensoldaten und bitten um Hilfe. Ein Vater verlor seine Arbeit in Murmansk, weil er die Leiche seines Sohnes wochenlang in Tschetschenien suchte. Eine Mutter hat nicht einmal Geld, um am Grab ihres Sohnes eine Bank aufzustellen. Eine andere bittet die Stiftung um 5000 Rubel, knapp 400 Mark, um sich im Sanatorium zu erholen.

Doch die Stiftung, die nur für die Hinterbliebenen der »Kursk«-Besatzung gegründet wurde, muss ablehnen. Und selbst die Mitarbeiter fragen sich, wieso.

Wer ist schuld?

Das Unglück lässt Russland monatelang nicht zur Ruhe kommen. Journalisten, U-Boot-Offiziere und selbsternannte Experten spekulieren immer wieder über mögliche Gründe der Katastrophe. Der Staat tut nichts, um Klarheit zu schaffen. Präsident Putin verspricht zwar großzügig »maximale Transparenz der Ermittlungen«, doch die Transparenz bleibt minimal. Die Ergebnisse der Untersuchungen gelangen aus einem verschworenen Insider-Zirkel nicht hinaus.

Bereits am Abend des 14. August, zwei Tage nach dem Unglück, unterschreibt Premierminister Michail Kasjanow ein Dekret über die Bildung einer Regierungskommission, die die Katastrophe der »Kursk« untersuchen soll. Zum Vorsitzenden wird Ilja Klebanow bestimmt, der in seiner Funktion als Vizepremier auch für die staatlichen Rüstungsbetriebe zuständig ist. Sein Stellvertreter ist Wladimir Kurojedow, der ehrgeizige Befehlshaber der Flotte. Auch Wjatscheslaw Popow, der Chef der Nordflotte, Igor Spasskij, Leiter des Konstruktionsbüros »Rubin«, und 17 weitere Militärs, Konstrukteure und Schiffsbauer gehören zu der geschlossenen Gesellschaft.

Von der Arbeit der Kommission erfahren die Menschen in Russland kaum etwas. Von Zeit zu Zeit verspricht der Vorsitzende Klebanow einen Abschlussbericht, und doch hat das Gremium bis heute kein Ergebnis vorgelegt. Angeblich wollen die Kommissionsmitglieder nun bis zur Hebung des Bootes warten. Ob sie ihr Versprechen halten, bleibt zweifelhaft. Denn die Experten sitzen auch heute nicht mit leeren Händen da. Bereits im Oktober 2000 hoben Taucher 40 Tonnen Metallfragmente der »Kursk« aus der Barentssee, verschmolzenes Metall, Stahlsplitter, Teile der zerborstenen Außenwand, Bruchstücke des Torpedorohrs. Auch Tausende von Fotos des Wracks, die aus den Tauchapparaten des Forschungsschiffes »Keldysch« aufgenommen wurden, liegen dem Untersuchungsausschuss vor. Vermutlich konnten Taucher auch das Fahrtenbuch und andere Dokumente von Bord der »Kursk« bergen, die Auskunft über das Unglück geben können.

Kritiker glauben, dass es der Kommission in Wirklichkeit gar nicht um die Wahrheit geht. Vielleicht, so denken viele, ist der Grund der Katastrophe längst bekannt. Die Kommission könne sich nur nicht darüber einigen, welche Version der Öffentlichkeit präsentiert werden solle. Das Gremium sei tief zerstritten.

Um die eigenen Posten zu retten, möchten die Vertreter der Flotte die Katastrophe am liebsten auf ein ausländisches U-Boot schieben, das angeblich mit der »Kursk« kollidiert sei. Doch diese Version trifft nicht nur den Westen als Schuldigen. Sie richtet sich auch gegen die Konstrukteure des U-Bootes aus dem Petersburger Konstruktionsbüro »Rubin«. »Es ist unverständlich, warum bei Zusammenstößen immer ausgerechnet unsere U-Boote untergehen«, wettert Kurojedow, der bei vielen Unglücken die Schuld bei fremden U-Booten sucht. Marineoffiziere leisten dem Flottenchef Schützenhilfe, berichten der aufgeregten Presse von Ausfällen der Technik an Bord von Atom-U-Booten und erinnern sich sogar an Beinahe-Katastrophen. »Die amerikanischen U-Boote haben nur einen Korpus«, beschwert sich der Admiral Georgij Kostjew. »Unsere haben zwei und sind angeblich doppelt so stabil. Doch unsere U-Boote gehen trotzdem viel öfter unter. Sind die amerikanischen Konstrukteure unseren nicht doch überlegen?«

Die Konstrukteure aus dem Unternehmen »Rubin« wollen die Schuld nicht auf sich nehmen: Ein solcher Fehler wäre verheerend für die weitere Arbeit und Finanzierung des Betriebs. Auch Klebanow, der als Vizepremier für das Rüstungsunternehmen »Rubin« verantwortlich ist, widerspricht der Flotte. Sie alle sind von einer Explosion im Innern des U-Bootes überzeugt, die vermutlich durch einen Schaden an den Waffen ausgelöst wurde. So hätte die Flotte die Tragödie zu verantworten. Über die Medien lancieren sie ihre Version hartnäckig. »Niemand will die Wahrheit sagen«, zitiert die Wochenzeitung »Obschaja Gaseta« einen anonymen Informanten aus der Kommission. »Denn dann müsste die Flotte zugeben, dass in ihren Arsenalen Chaos herrscht.«

Der Chef des Kontruktionsbüros »Rubin«, Igor Spasskij, sagt: »Wir kennen den Grund des Unfalls.« Nur öffentlich dürfe er noch nichts sagen.

»Die Kommission war nie um Objektivität bemüht«, klagt der liberale Duma-Abgeordnete Alexej Arbatow. »Sie zerfiel sofort in mehrere Interessengruppen. Jeder suchte sich einen bequemen Schuldigen.« Die Duma bestand darauf, eigene Vertreter in die Kommission der Regierung zu entsenden. Doch monatelang kämpften die Parlamentarier vergeblich darum. Als sie das erste Mal an einer Sitzung teilnehmen durften, war mehr als ein halbes Jahr verstrichen. »Die wichtigen Punkte«, sagt Arbatow, »waren schon diskutiert. Wir konnten nur noch zuhören.«

Angehörigen der Opfer gelang es gar nicht, an der Arbeit des Gremiums teilzunehmen. Viele der Verwandten sind selbst U-Boot-Offiziere, sie hätten der Diskussion kompetent und engagiert folgen können. »Es wäre nur natürlich gewesen, auch Opfer einzuladen«, sagt Roman Kolesnikow, der Vater des Turbineningenieurs Dmitrij. »Wir wären in der Kommission sicher nützlich gewesen.« Doch dort kann niemand kritische Stimmen gebrauchen.

Der Streit zwischen der Flotte und dem Rüstungsbetrieb »Rubin« ist nicht neu. Schon in einer früheren Regierungskommission hatten beide Seiten aufgebracht Krieg gegeneinander geführt. Nach dem Unfall des Atom-U-Bootes »Komsomolez« im April 1989 beharrten die Vertreter der Flotte darauf, »technische Unzulänglichkeiten« hätten zu einem Feuer an Bord, zum Untergang des U-Bootes und dem Tod von 42 Seeleuten geführt. Die Konstrukteure aus Sankt Petersburg hielten jedoch die Mannschaft für schuldig. Schließlich habe die »Komsomolez« fünf Jahre lang unfallfrei bei der Nordflotte gedient. Die Unglücksfahrt war der erste Einsatz einer neuen Besatzung.

Eineinhalb Jahre nach der Katastrophe legte die Kommission endlich ihren Abschlussbericht vor. Nebulös ist darin von Konstruktionsmängeln und Fehlern der Mannschaft die Rede – ein flauer Kompromiss, der nichts erklärt. »Die Kommission war zur Geisel der Politik geworden«, schrieb die Zeitung »Nowaja Gaseta«.

Parallel beschäftigte sich jedoch auch die Militärstaatsanwaltschaft mit dem Unfall. Langsam arbeiteten sich die Staatsanwälte durch die Akten des Straffalles 2697-89. Acht Jahre später, am 26. Januar 1998, schlossen auch sie den Vorgang ab. Die Mannschaft habe falsch und inkompetent auf den Brand reagiert, heißt es darin. Denn die Flotte habe ihre Mannschaft schlecht auf Notfälle vorbereitet, die Ausbildungsbestimmungen seien stets ignoriert worden. Unter Punkt 1 des Abschlussberichtes steht: »Die Konstruktion des U-Bootes ist nicht der Grund für seinen Untergang.«

Doch die Öffentlichkeit erfährt das Ergebnis nicht: Der Bericht trägt das Siegel »vertraulich«. Erst im April 2001 veröffentlicht die Moskauer Zeitung »Nowaja Gaseta« Auszüge daraus. Aber da interessiert der Fall kaum noch einen.

Die Staatsanwaltschaft ermittelt nun auch im Fall der »Kursk« – und offenbart die Wahrheit vielleicht wieder in zehn Jahren.

Seit dem 23. August 2000 haben die Staatsanwälte mehr als 20 Versionen untersucht und dabei, so ein Ermittler voller Selbstlob, »titanische Arbeit« geleistet. Geblieben sind nach ihrer Ansicht drei mögliche Unglücksursachen.

Noch ein Jahr nach dem Untergang der »Kursk« zählen die Staatsanwaltschaft und der Vorsitzende der Untersuchungskommission den Zusammenstoß mit einer Seemine aus dem Zweiten Weltkrieg als eine realistische Version auf. Richtig ernst nimmt kaum jemand diese Variante. Es scheint, als sollte sie von Anfang an nur eine weitere Alternative auf der Liste der möglichen Unglücksursachen bieten und vielleicht von anderen ablenken. Zwar wurden seit dem Kriegsende in der Barentssee alte Minen entdeckt, doch der letzte Fund dieser Art stammt nach Angaben eines Ermittlers aus den 80er Jahren. Die Gewässer, in denen die »Kursk« verunglückte, gelten als so gut wie minenfrei. Außerdem ist zweifelhaft, ob eine Mine aus dem Zweiten Weltkrieg das moderne Doppelhüllen-U-Boot stark beschädigen könnte. Der Kommandeur der 7. U-Boot-Division in Widjajewo, Michail Kusnezow, hält dies für unmöglich, weil der Korpus der »Kursk«, wie er sagt, sogar eine kleine Atomexplosion ausgehalten hätte.

Kapitän zur See Alexander Leskow, früherer Kommandant eines Atom-U-Bootes, hat für diese Version abschätzig nur einen Satz parat: »Der Zusammenstoß einer Mine mit der ›Kursk‹ – das ist ein Mückenstich in einen Elefantenhintern.«

Die bevorzugte Version der russischen Politiker, der Generale und Admirale bleibt die Kollision mit einem fremden U-Boot. Der Zusammenstoß, so die Vorstellung, fügte der »Kursk« einen fatalen Schaden zu oder bewirkte zumindest die erste Explosion im Torpedoraum, die wie ein auslösender Funke die zweite Explosion der Notbatterie oder beschädigter Waffen nach sich zog.

Die Kollisionsversion ist schon bald nach dem Untergang der »Kursk« in den offiziellen Darstellungen an die erste Stelle gerückt. Am 21. August teilte Verteidigungsminister Sergejew mit, dass die russischen Suchteams in der Nähe des Wracks am Meeresgrund anfangs ein weiteres Unterwasserobjekt von ähnlicher Größe entdeckt hätten. Dieses Objekt habe auch SOS-Signale abgegeben. So erlebte die Erklärung der aufgezeichneten Klopfzeichen verschiedene Stadien der Metamorphose. Zu Anfang wurde das SOS-Signal für ein Zeichen der Männer an Bord der »Kursk« gehalten, die mit einem schweren Gegenstand, vielleicht einem Vorschlaghammer, gegen die innere Hülle schlugen. Später verbreitete die russische Marine eine neue Erklärung: Die Klopfzeichen kamen zwar von der »Kursk«, doch sie waren das eher zufällige Ergebnis eines mechanischen Gerätes im U-Boot, das noch weiterlief. Der Kommissionsvorsitzende Klebanow erklärte den seltsamen Umschwung der Wahrnehmung so: »Einige Leute wollten glauben, dass die Mannschaft noch am Leben ist, und interpretierten die SOS-Signale aus dem Inneren des U-Bootes als von menschlicher Hand gemacht.« Wochen später kamen die staatlichen Ermittler zu einem neuen Ergebnis. Nun habe eine Analyse erwiesen, dass die Signale gar nicht von der »Kursk«, sondern von jenem fremden U-Boot ausgegangen seien.

Diese dritte Interpretation der Klopfzeichen passt endlich zur Kollisionsversion. »Ich bin zu 80 Prozent sicher, dass die ›Kursk‹ mit einem anderen U-Boot zusammengestoßen ist«, verkündete Flottenchef Kurojedow im Oktober 2000. »In einigen Monaten

Bei der offiziellen Trauerfeier der Flotte am 29. Oktober 2000 in Seweromorsk bezeugen der Vizepremier Ilja Klebanow (zweiter von links), Verteidigungsminister Igor Sergejew (Mitte) und der Kommandeur der Nordflotte, Wjatscheslaw Popow (rechts), den Toten die letzte Ehre.

werde ich die fehlenden 20 Prozent finden und der Welt mitteilen, wer es war. Ich habe Fakten, zur Zeit reichen nur die Beweise nicht. Aber ich werde sie bekommen, das ist nur eine Frage der Zeit.« Seltsamerweise war Verteidigungsminister Sergejew bereits im August 2000 anderer Meinung als sein Flottenchef. Damals sprach er davon, er habe »unwiderlegbare Beweise« für eine Kollision. Welche, verriet er nicht. Nordflottenchef Popow wiederum wertete die gewonnenen Erkenntnisse anders: »Eine große Anzahl indirekter Hinweise« spräche für die Kollision. Doch Beweise bleiben die Russen schuldig. Als Klebanow im Herbst auf Unterwasseraufnahmen eine deutliche Delle im Bugteil der »Kursk« entdeckte und sie als Spur einer Kollision bezeichnete, löste dies sogar bei einigen russischen Marineoffizieren Amüsement aus. Solche Dellen, kommentierten sie, holen sich U-Boote schon bei einem schlechten Anlegemanöver.

Da die Beweise an Land nicht ausreichend sind, müssen viele, scheint es, doch noch am Meeresgrund liegen. Anfang November 2000 offenbarte der Oberbefehlshaber der Kriegsflotte Kurojedow der Welt, dass ein U-Boot in der Nähe der Unfallstelle ausgemacht worden sei. Vermutlich, so unterstellte der Admiral, wollte es Beweise vernichten. Der Vizechef der Nordflotte musste wenig später in der Öffentlichkeit zurückrudern. Das Sonar, so legte er dar, könne auch einen Fischschwarm aufgefangen haben.

Als Beleg für ihre Kollisionsversion werten die Russen, dass weder die Vereinigten Staaten noch Großbritannien einer Inspektion ihrer in Frage kommenden U-Boote auf Spuren eines Zusammenstoßes hin zustimmten. Dabei konzentrieren sich die Verdächtigungen auf das US-U-Boot »Memphis«, in der russischen Presse auch als »Mörderboot« bezeichnet. Die »Memphis«, ein U-Boot der »Los Angeles«-Klasse und stationiert in Groton/Connecticut, hatte das Manöver in der Barentssee belauscht und erreichte danach am 18. August den Militärhafen Haakonsvern der westnorwegischen Stadt Bergen. Am Tag zuvor waren den Streitkräften Norwegens zwei Aufklärungsflugzeuge vom Typ Iljuschin-38 aufgefallen. Sie kamen vom russischen Marinestützpunkt Seweromorsk und flogen entlang der Küstenlinie im internationalen Luftraum. Vizeadmiral Einar Skorgen trat deshalb mit Nordflottenchef Popow in Verbindung, und dieser bestätigte die Flüge: »Da war eine Kollision, und wir suchen das U-Boot, das die Gegend verlassen haben könnte, wo die Kollision stattfand.« Als Skorgen gegenüber Journalisten im Herbst diese Aufklärungsflüge erwähnte, wurde es in Moskau gleich als Bestätigung der Zusammenstoßversion aufgefasst. Verteidigungsminister Sergejew triumphierte: »Dies ist ein weiterer Beweis.« Skorgen fühlte seine Aussagen jedoch missdeutet und erklärte: »Ich glaube noch immer, dass dies Propaganda für den russischen internen Gebrauch ist.« Der Besuch der »Memphis« sei bereits zwei Monate vor dem Manöver vereinbart worden und reine Routine gewesen.

Allerdings ist der Aufenthalt der »Memphis« in Bergen von einigen Merkwürdigkeiten begleitet. Ein Mitarbeiter der Werft erzählt, dass die »Memphis« anders als sonst einlief: Unter Wasser sei sie direkt in die große Werkshalle geschwommen. Hinter ihr habe sich sofort das Tor geschlossen. Anhänger der Kollisionstheorie in Russland vermuten, das U-Boot sei zu Reparaturen eingefahren. Die Zeitung »Wersija«, bekannt für skandalöses und zuweilen anrüchiges Material, publizierte im Oktober als Beweis das Foto eines russischen Aufklärungssatelliten vom 19. August, das ein U-Boot der »Los Angeles«-Klasse am Pier in Bergen zeigen soll. Angeblich sei der Bug des U-Bootes verbeult, was auf dem Foto kaum zu erkennen ist. Die norwegische Marine erklärte, die Aufnahme sei vier Jahre alt. Einen Tag später mussten die Militärs in Oslo ihr eigenes Dementi dementieren: Der Presseoffizier in Bergen habe einen Fehler gemacht und so Verwirrung gestiftet. In Wahrheit stamme das Foto doch aus dem Jahr 2000, aber die »Memphis« habe keine äußeren Schäden gehabt und keine Reparaturen benötigt. Ziel des Besuchs seien die Aufnahme von Vorräten und die Erholung der Mannschaft gewesen.

Am 19. August befand sich zufällig ein norwegisches Fernsehteam im Militärhafen und filmte auch die »Memphis«, die mittlerweile am Pier lag. Die Journalisten konnten keinerlei Schäden oberhalb der Wasserlinie entdecken. Doch ihr Filmmaterial erwies sich später als unbrauchbar. Ein unerklärlicher Umstand, der den Verschwörungstheoretikern in Russland ins Weltbild passte.

Im November bekam die Redaktion der Zeitung »Wersija« Besuch von Agenten des Geheimdienstes FSB, die Mitarbeiter befragten und Computerfestplatten mitgehen ließen. Angeblich waren die Staatsschützer auf der Suche nach dem »Geheimnisverräter«, der den Journalisten das Satellitenfoto zugespielt hatte. Doch in Moskau kam gleich der Verdacht auf, das Foto zur Diskreditierung des Westens könnte vom Geheimdienst selbst stammen. Die Durchsuchung des Büros sollte den FSB als Quelle verdecken und den Berichten der Zeitung den Anschein der Echtheit verleihen.

Der Version über einen Zusammenstoß mit einem amerikanischen U-Boot gab zudem der außergewöhnliche Besuch des CIA-Direktors in Moskau Auftrieb. George Tenet war, von der Öffentlichkeit fast unbemerkt, am 14. August 2000 zu einer Vielzahl von Geheimgesprächen angeblich über den internationalen

Terrorismus nach Russland gekommen. Im Nachhinein wurde sein Besuch als Indiz dafür gewertet, dass die USA in den Untergang der »Kursk« verwickelt waren. Beide Seiten hätten sofort auf höchster Ebene Stillschweigen vereinbart, um die Erfolgsaussichten des Vizepräsidenten Al Gore bei der Präsidentschaftswahl Anfang November nicht zu gefährden. Doch für eine solche Abmachung gibt es sonst keine Anhaltspunkte, und nach der Wahl hätte die russische Regierung Washington allemal öffentlich mit Beweisen konfrontieren und unter Druck setzen können. Aber das passierte nicht.

Die Version eines Zusammenstoßes der »Kursk« mit einem fremden U-Boot klingt letztlich nicht überzeugend. Zu viele Fragen bleiben ungeklärt, zu viele Indizien sprechen dagegen.

Bisherige Kollisionen führten nur zu kleinen Schäden, ein paar Dellen, Schlieren und Absplitterungen am U-Boot-Korpus. Zudem dürfte die »Kursk« in Periskoptiefe nur mit geringer Geschwindigkeit gefahren sein. Ein Zusammenstoß mit solch katastrophalen Folgen ist nur schwer vorstellbar. Wenn es so war, hätte die »Kursk«, dieser Gigant unter Wasser, das halb so große westliche U-Boot mindestens ebenso schwer beschädigen oder gar versenken müssen.

Am Unglücksort der »Kursk« wurden jedoch bisher keine Teile eines fremden U-Bootes gefunden. Dabei haben die Tauchglocken »Mir1« und »Mir2« allein im Oktober mehr als 96 Tauchstunden lang den Schlick am Meeresboden durchkämmt. Sie untersuchten per Bodenscanner ein Territorium von fünf Quadratkilometern rund um die »Kursk« und hievten mehr als 40 Tonnen U-Boot-Teile an die Oberfläche. Alle stammen von der »Kursk«, die meisten von der inneren oder äußeren Hülle.

Zum Zeitpunkt einer möglichen Kollision befand sich das russische U-Boot mit ausgefahrenem Sehrohr in etwa 16 bis 18 Metern Tiefe. Ein fremdes U-Boot, das die »Kursk« in dieser Situation in Höhe der am oberen Bug gelegenen Torpedorohre rammt, befindet sich oberhalb des russischen Bootes und ragt unweigerlich aus dem Wasser. Die russische Marine wäre sofort auf den Eindringling aufmerksam geworden. Es ist auch kaum zu erklären, dass die Russen das angebliche fremde U-Boot am Meeresgrund nicht haben orten und festsetzen können. Nach offiziellen Angaben dauerten die SOS-Signale bis mindestens Montag, zwei Tage nach dem Unglück, an. Danach, so die Darstellung des Moskauer Verteidigungsministeriums, habe das fremde Boot von alleine losschwimmen und entkommen können. Für die Nordflotte wäre das ein Armutszeugnis.

Wenn ein beschädigtes U-Boot, gar mit Verletzten oder Toten an Bord, in einen westlichen Hafen einliefe, würde das sicherlich bekannt. Im Laufe der Zeit sind in den USA immer wieder viele Einzelheiten über offiziell geheimgehaltene Kollisionen an die Öffentlichkeit gedrungen. Der Kreis der Mitwisser und die Transparenz der Gesellschaft sind zu groß, als dass absolute Geheimhaltung zu garantieren wäre. Allein im Hafen von Bergen haben viele Zivilangestellte der Werft die »Memphis« begutachten können. Zudem ist der Pier, an dem sie vom 19. August an lag, auch von außerhalb des militärischen Geländes einsehbar. Doch es gibt bisher keinen einzigen norwegischen Zeugen, der Schäden am U-Boot bestätigt.

Die US-Marine beteuerte, dass der Abstand ihrer U-Boote zur »Kursk« niemals weniger als acht Kilometer betragen habe. Vertreter der Britischen Marine gaben bekannt, dass sich keines ihrer U-Boote näher als 1000 Meilen zum Manövergebiet befand. Nach der Ankunft der »Memphis« in Bergen konnten die Amerikaner die Aufzeichnungen ihres Spionagebootes zur Auswertung ins National Maritime Intelligence Center in Suitland/Maryland bringen lassen. »Wir haben U-Boote, die alles hören, was passiert«, kommentierte selbstsicher ein hoher Offizier. Nach Angaben der US-Marine weisen ihre Aufzeichnungen auf zwei Explosionen an Bord der »Kursk« hin. Eine Kollision habe ein anderes Schallprofil und sei deshalb auszuschließen. Auch die norwegische Marine betont, dass sie keine Anhaltspunkte für eine Kollision besitze.

Zu einem ähnlichen Ergebnis kommt ein Team forensischer Seismologen der Universität von Tucson/Arizona, das Diagramme verschiedener seismologischer Messstationen vom Unglückstag analysiert hat. Die Wissenschaftler untersuchen sonst die Schallwellendaten von Atomwaffentests und Erdbeben, von Terroranschlägen, chemischen Explosionen und auch von U-Boot-Unfällen. Das Seismogramm ist für sie dasselbe wie ein Fingerabdruck für den Kriminologen. Die Erschütterungen des Bodens offenbaren den Verlauf und die Entstehung der seismischen Wellen. Ist es zu einer Explosion gekommen, so sind heiße Gase entstanden. Wenn etwas unter Wasser explodiert, steigen diese Gase in Form von Blasen nach oben und zerplatzen, was wiederum Druck auf den Meeresgrund erzeugt. Auf dem Seismogramm ist dann zu erkennen, wie solche Blasen entstehen und pulsieren. Als Ergebnis ihrer Analyse führen die amerikanischen Wissenschaftler an, dass zwei Explosionen an Bord für den Untergang der »Kursk« verantwortlich seien.

Teile der Aufzeichnungen der »Memphis« hat der US-Sicherheitsberater Samuel Berger Anfang September 2000 an den Vorsitzenden des russischen Sicherheitsrates, Sergej Iwanow, weitergegeben. Später ist nach inoffiziellen Angaben der amerikanische Marineattaché der Moskauer Botschaft im russischen Außenministerium vorstellig geworden, um seinen Gesprächspartnern nahezulegen, nicht weiter die ärgerliche Version einer U-Boot-Kollision zu verbreiten. Aus russischen Marinekreisen war unter der Hand zu erfahren, dass die britische Marine gegenüber den Russen informell sogar eine Inspektion ihrer U-Boote als möglich bezeichnet habe. Dies wäre für die Russen und ihre Kollisionsversion fatal gewesen. Die britische Botschaft in Moskau dementiert allerdings ein solches Angebot.

Viele Offiziere der russischen Marine halten die Idee vom Zusammenstoß mit einem fremden U-Boot für abwegig. »Das dient hauptsächlich dazu, auf dem Rücken der Toten einigen Generalen die Schulterstücke zu retten«, vermutet einer von ihnen. Die Skepsis gegenüber dieser Version machte sich in Russland schon kurz nach der »Kursk«-Tragödie in einem Witz Luft. Am 27. August brach im Moskauer Fernsehturm, einem weiteren Symbol der technischen Macht aus sowjetischer Zeit, ein Feuer aus. Kurzzeitig bestand sogar die Gefahr, dass der 540 Meter hohe Turm umfällt. Auf die Nachricht, die Brandursache sei ungeklärt, reagierten die Menschen mit Humor: »Weißt du, warum der Fernsehturm in Flammen aufgegangen ist?« – »Nein.« – »Er ist mit einem amerikanischen Fernsehturm zusammengestoßen.«

Eine weitere Version zur Unglücksursache ist von den offiziellen Ermittlern zu den Akten gelegt worden. Doch viele Offiziere spekulierten gleich nach dem Untergang darüber, ob die »Kursk« von einem Schiff der Nordflotte gerammt oder gar von einem russischen Geschoss getroffen wurde. Die Staatsanwaltschaft sieht dafür keine Anhaltspunkte, da im Territorium der »Kursk« keine Gefechtstorpedos oder -raketen abgeschossen worden seien. Außerdem habe eine Inventur der Arsenale gezeigt, dass keine Waffen fehlten.

Im September berichtete die »Berliner Zeitung« unter der Schlagzeile »Ermittler: 'Kursk' von Rakete versenkt« über einen entsprechenden Bericht des FSB an Präsident Putin. Danach soll der Kreuzer »Peter der Große« im Manöver auf den Torpedoangriff der »Kursk« mit Raketen geantwortet haben, von denen eine das U-Boot getroffen habe. Schuld soll ein Defekt entweder im neuentwickelten Suchkopf des »Granit«-Marschflugkörpers zur Zerstörung von Unterwasserzielen oder im System der Freund-Feind-Kennung gewesen sein. Die russische Regierung erklärte, einen solchen Bericht gebe es nicht.

Bisher sind »Granit«-Raketen nur für den Angriff auf Überwasserobjekte bekannt. Doch es gibt seit einiger Zeit Gerüchte, dass eine Version für die U-Boot-Bekämpfung in der Entwicklung sei. Westliche Experten schließen das nicht vollkommen aus. Ein Anti-U-Boot-Flugkörper, abgefeuert vom Kreuzer »Peter der Große«, könnte sich im Wasser am Sonargeräusch der »Kursk« orientiert haben und mit der Wucht von etwa 100 Kilogramm Sprengstoff in das Boot eingeschlagen sein. »Das würde auch das große Loch an einer Seite des Bugs erklären«, sagt der amerikanische Marineexperte Norman Friedman. Nach verschiedenen Angaben befindet sich an der Übergangsstelle zwischen der ersten und zweiten Sektion ein Loch mit einer Größe von zwei mal drei Metern. Die Ränder des Loches sollen nach innen gebogen und verschmolzen sein. Voraussetzung für ein solches Szenario ist allerdings, dass von Bord des Kreuzers aus Versehen eine Rakete mit scharfem Sprengkopf abgefeuert wurde.

In der russischen Boulevardpresse tauchte das Gespräch mit einem angeblichen Besatzungsmitglied des Kreuzers »Peter der Große« auf, das den Abschuss der »Kursk« von der Brücke aus verfolgt haben will. Andere Wehrpflichtige von Bord des Kreuzers seien zu absolutem Stillschweigen verdonnert worden. Doch diese Berichte und Gerüchte konnten bisher nicht erhärtet werden. Die Version vom Friendly fire bleibt wenig glaubhaft. Die Fehlschüsse, die der Kameramann Oleg Nugajew am 11. August von Bord des Schiffes »Marschall Ustinow« beobachtet hat, können die »Kursk« jedenfalls nicht getroffen haben. Denn die Seismometer fixierten die Explosionen erst am 12. August – einen Tag nach dem Manöverfiasko der Nordflotte.

Am wahrscheinlichsten ist die dritte offiziell in Russland diskutierte Version: eine Notsituation an Bord, die zur Torpedoexplosion führte. Als Zeugnisse hierfür stehen seismologische Erkenntnisse, Quellen im Militär und Aussagen von Mitgliedern der Untersuchungskommission. Die Tragödie der »Kursk« könnte demnach wie folgt verlaufen sein: Um 11 Uhr, 28 Minuten und 27 Sekunden Moskauer Zeit zeichnen die Seismometer des norwegischen Instituts »Norsar« auf Spitzbergen, in Karasjok im Norden und in Südnorwegen eine Unterwasserexplosion auf, einen kurzen, scharfen Schlag mit einem Äquivalent von etwa 100 bis 150 Kilogramm Sprengstoff. Er entspricht 1,5 Punkten auf der Richterskala. Bei der Auswertung der Seismogramme erkennen die Wissenschaftler von der Universität Arizona »Blasenimpulse«, die auf eine innere Explosion und keine Kollision hindeuten. Sie lassen auch die Annahme zu, dass die Hülle des Bootes aufgerissen wurde. Ein vermutlich defekter Torpedo ist in einem der Rohre auf der rechten Seite der ersten Sektion explodiert. Die Energie der Detonation reißt die Torpedoklappe ab. Später wird sie zusammen mit Torpedoteilen von der Besatzung einer »Mir«-Tauchkapsel am Meeresgrund geborgen. Ein Brand bricht aus, zugleich dringt Wasser in die erste Sektion.

Die Aufzeichnungen der amerikanischen Spionageschiffe dokumentieren angeblich nach der Explosion das Geräusch von Schiffsschrauben, lärmenden Maschinen und der Druckluft, die in die Ballasttanks geblasen wird. »Man hört, wie sie verzweifelt versuchen, die Oberfläche zu erreichen«, sagt ein Offizier der US-Marine. Durch das eindringende Seewasser wird die »Kursk« buglastig, und das Feuer erreicht andere Waffensysteme. Vielleicht hat der Zentrale Posten bereits jetzt die Kontrolle über das Boot verloren, über die hydraulischen Systeme, den Bordfunk, die Energieversorgung.

2 Minuten und 15 Sekunden später registrieren die seismologischen Stationen eine zweite Explosion mit dem Äquivalent von drei bis sieben Tonnen Sprengstoff. Sie erreicht 3,5 Punkte auf der Richterskala. Die Hydroakustiker der Nato-Boote in der Nähe werden fast taub vom Lärm in ihren Kopfhörern. Noch in 5000 Kilometern Entfernung vermerken Seismometer die Erschütterung. Die zweite Explosion, so folgern die Wissenschaftler aus Arizona, hat die »Kursk« nahe oder auf dem Meeresgrund zerrissen. Es gibt Anzeichen dafür, dass simultan die Explosion mehrerer Quellen, vermutlich mehrerer Sprengköpfe, stattgefunden hat. Die amerikanischen Militärs verzeichnen nach der Detonation ein Knarren der Hülle des Bootes. Nach ihren Angaben schlägt die »Kursk« vier Minuten nach der ersten Explosion in die Schlickschicht über dem felsigen Meeresboden – ein Krachen und dann ein Rumpeln sind zu hören.

Die Temperatur des Feuers in der ersten Sektion hat vor der zweiten Explosion etwa 2000 Grad erreicht. Die Hitze lässt nach kurzer Zeit vier bis acht weitere Torpedos detonieren. Der Druck der Explosion reißt die ersten drei Schottwände ein. Über das Leitungssystem frisst sich vielleicht Feuer durch das Boot. Wasser dringt gleichzeitig durch die Rohre ins Heck. In den ersten vier Sektionen sind alle Männer umgekommen. Mögliche Überlebende im Heck wissen vermutlich nicht, was in der Torpedosektion passiert ist. Sie müssen den Kampf mit den größten Feinden der U-Boot-Fahrer aufnehmen: Feuer und Wasser.

»Bei uns ist der Tod an Bord«, hat Oberleutnant Sergej Tylik vor dem Abschied ins Manöver seiner Mutter gesagt. Tyliks Vater, ebenfalls U-Boot-Offizier, verstand, wovon sein Sohn sprach: »Von meinen Kollegen weiß ich, dass der Kommandant der ›Kursk‹ vor der Ausfahrt von einem defekten Torpedo an Bord berichtet hat. Er wisse nicht, was er damit tun soll.« Die »Kursk« musste dennoch ausfahren, um ihre ständige Kampfbereitschaft zu demonstrieren.

Das Verhängnis begann damit, dass Kommandant Ljatschin nach der Rückkehr von einer Fahrt in Kampfbereitschaft den kompletten Satz Gefechtswaffen nicht ausladen konnte. Den Vorschriften gemäß dürfen solche leistungsstarken Waffen bei Übungen nicht an Bord sein. Doch der Nordflotte fehlt es an Kränen zum Entladen.

An Bord lagerten Torpedos vom Typ »Uset-80« mit elektrischem Antriebssystem und die »Dicken« mit Flüssigantrieb, ungeliebt in der Marine, weil sie schwer zu handhaben und gefährlich sind. Einer dieser Torpedos hatte vermutlich ein Leck. Das kann durch Korrosion oder eine mechanische Beschädigung entstehen. Gefährlich wird es dann, wenn die Komponenten des Antriebs, Wasserstoffperoxid und Kerosin, ungesteuert miteinander oder mit anderen brennbaren Stoffen wie Plastik oder Öl in Kontakt geraten. Nach einem Gutachten des »Wissenschaftlichen Zentrums für Explosionssicherheit« der Moskauer Universität reicht schon ein winziges Leck in einem der Torpedos aus, um die U-Boot-Mannschaft in Todesgefahr zu bringen: »Wasserstoffperoxid kann bei dem Unglück der ›Kursk‹ eine wesentliche Rolle gespielt haben«, urteilen die Gutachter.

Dies bestätigt ein Petersburger Wissenschaftler, Physiker und Mitglied der Akademie. Er kennt die Arbeit der Untersuchungskommission und hat für das Konstruktionsbüro »Rubin« eine Expertise zur Explosivität der Torpedos erarbeitet. Er möchte anonym bleiben, hat aber dem ZDF für eine Dokumentation ein verdecktes Interview gegeben: »An Bord des U-Bootes befand sich tatsächlich ein defekter Torpedo vom Typ der ›Dicken‹ mit Gefechtskopf. Der Kommandant wusste, was das für die Besatzung und das Boot bedeutete. Er tauchte auf und meldete es der

Flottenführung. Zu dieser Zeit war die Besatzung schon dabei, den lecken Torpedo aus dem Schiff zu entfernen. Sie haben es vielleicht noch geschafft, ihn in ein freies Abschussrohr zu hieven. Dann ist er detoniert.«

Ein Feuer bricht aus und entwickelt hohe Temperaturen. Der Physiker aus Sankt Petersburg hat für die Untersuchungskommission ermittelt: »Nach unseren Berechnungen musste der Zeitpunkt einer Explosion der Torpedos nach etwa anderthalb bis zwei Minuten erreicht sein. Und so war es.« Die Gefechtsköpfe der anderen Torpedos explodieren.

Die Tests, zu denen die Experten von »Dagdisel« an Bord der »Kursk« kamen, haben eventuell nicht direkt mit der Katastrophe zu tun. Eigentlich dürfen neue Waffensysteme und ihre Komponenten nicht während militärischer Übungen ausprobiert werden. Vielleicht waren die Tests für die Zeit nach dem Abschluss des Manövers vorgesehen. Vertreter der Firma »Dagdisel« beteuern, dass ihre Mitarbeiter nur eine neue, haltbarere Batterie für die Torpedos «Uset-80« erproben wollten. Denkbar ist auch, dass sie wegen des Flüssigantriebs der »Dicken« an Bord waren. Eine dritte Erklärung aber wirft ein neues Licht auf die »Kursk«: Es gibt Hinweise dafür, dass sich zum Test eines neuen Antriebs auch »Schkwal«-Torpedos im Bauch des U-Bootes befanden. Dieser Raketentorpedo macht sich das physikalische Phänomen zunutze, dass sich bei der Bewegung durch das Wasser mit einer Geschwindigkeit von mehr als 180 Kilometer pro Stunde um das Geschoss herum eine Anzahl von Gasblasen bildet, die sich zu einer großen Blase vereinen. Der Widerstand des Wassers, der 1000 Mal größer ist als der der Luft, wird so überwunden – der »Schkwal« fliegt durchs Wasser, ohne es kaum mehr zu berühren. Für die verheerende Wunderwaffe, über die im Westen nur wenig Details bekannt sind, interessieren sich die Geheimdienste. Im Dezember 2000 wurde in Moskau der Amerikaner Edmond Pope wegen Spionage zu 20 Jahren Haft verurteilt. Er soll versucht haben, Blaupausen des Raketentorpedos zu kaufen.

Der »Schkwal« an Bord der »Kursk« könnte erklären, warum die russische Marine das Wrack wie einen Staatsschatz schützt und verteidigt. Im Herbst 2000 zündete sie mehr als 50 Wasserbomben in der Nähe des versunkenen U-Bootes – in internationalen Gewässern. Die Explosionen, die auf der Richterskala immerhin einen Wert von mehr als zwei Punkten erreichten, sollten vermutlich fremde U-Boote und Taucher davon abhalten, sich unter Wasser anzuschleichen. Der Kreuzer »Peter der Große« und andere Schiffe patrouillieren am »Posten Nr. 1«, wie die Seeleute den Unglücksort intern nennen. Als ein norwegischer Fischtrawler in das Territorium einfuhr, verwies der Kommandant des U-Boot-Jägers »Admiral Charlamow« das Schiff aus der Zone und ließ es zur Sicherheit von einem Hubschrauber begleiten. Der martialische Rummel um das Wrack dient natürlich auch der Propaganda im eigenen Land.

Eine Explosion ohne Fremdeinwirkung an Bord der »Kursk« ist eine Horrorvision für die Verantwortlichen in Politik und Militärspitze. Auf sie fiele die Schuld zurück. Der Abschlussbericht der Untersuchungskommission müsste in ihrem Sinne so gezimmert werden, dass er allen vertretenen Interessengruppen gerecht wird – ein unmögliches Unterfangen, will man Schuldige wirklich benennen. Anfangs betonten die Verantwortlichen, nur das U-Boot selbst könne den wahren Grund des Unglücks offenbaren. Mittlerweile hält sich die Flottenführung sogar für die Hebung der »Kursk« noch eine Hintertür offen. So sagte der Oberkommandierende der Flotte Kurojedow vorsorglich im Januar einer Gruppe von Offizieren und Journalisten: »Sie haben immer gesagt, jetzt holen wir das Boot hoch und finden alles exakt heraus. Wissen Sie, ich fürchte, dass wir es auch dann nicht feststellen.« Der Stabschef der Nordflotte, Michail Mozak, ergänzte im Juli: »Ich glaube nicht, dass es gelingt, an Bord das Logbuch zu finden, die Umstände einzuschätzen, die dem Unfall vorausgingen und eindeutig zu sagen, was der Grund für die Explosion der Waffen war.« Die Wahrheit über das Schicksal der »Kursk« wird vielleicht nur langsam an die Öffentlichkeit dringen. Die beste und endgültige Unglücksversion, so besagt ein bitterer Scherz derer, die keine Aufklärung mehr erhoffen, habe doch der russische Präsident offenbart. Als Putin im August 2000 von einem amerikanischen Journalisten gefragt wurde, was mit der »Kursk« passiert sei, antwortete er patzig: »Das Boot ist untergegangen.«

Die Frage, wie lange die Überlebenden an Bord ausharrten und ob sie doch hätten gerettet werden können, wird sicherlich unbeantwortet bleiben. Im Oktober 2000 allerdings dringen Taucher in einige der Sektionen der »Kursk« ein und ziehen zwölf Tote heraus. Bei zwei der Leichen finden sich Briefe. Sie legen den Schluss nahe, dass einige der Männer länger um ihr Leben gekämpft haben, als den Admiralen lieb sein kann.

Wie die Toten unter Wasser wohl aussehen? Im Oktober, gut zwei Monate nach dem Unfall, klettern russische Tiefseetaucher in das Wrack am Meeresboden. Sie sollen die Leichen der U-Boot-Fahrer bergen. Vielleicht beantwortet der Blick ins Innere auch die wichtigsten Fragen: Warum konnten die Seeleute das Rettungsluk in der neunten Sektion nicht öffnen? Hat nach den Explosionen im Bug des U-Bootes ein Teil der Mannschaft überlebt? Wie sind die Männer gestorben?

Da es in Russland keine Basisschiffe für Tiefseetaucher gibt, werden die 23 russischen und westlichen Taucher auf der norwegischen »Regalia« zum Unglücksort gebracht, einer 100 Quadratmeter großen Plattform, die mit zwei Taucherglocken ausgestattet ist. Die »Regalia« scheint für die Operation besonders geeignet zu sein.

Sie hält selbst Herbststürmen stand, und ihre Messgeräte kontrollieren regelmäßig die Wassertemperatur, die Stärke der Strömungen, die radioaktive Belastung der See, die Sicht unter Wasser. Ein Computer wählt den besten Standort, von dem sich die Taucher zum ersten Mal in die Tiefe wagen.

Die Männer haben sich in Norwegen auf die Operation vorbereitet. Denn die eigene Basis in Lomonossow am Finnischen Meerbusen verkommt aus Geldmangel: Nicht einmal Diesel ist da, um zu Übungsseinsätzen aufs offene Meer zu fahren. Seit Jahren trainieren die Taucher in einem dreieinhalb Meter tiefen Schwimmbecken, das sie sich in ihrem Stützpunkt selbst gebaut haben – mit Material, das sie im Tausch gegen Spritzen und Wodka bekommen hatten.

Zur psychologischen Vorbereitung schickte die Flotte ihre Taucher auch ins Leichenhaus von Seweromorsk. Die Toten unter Wasser sollen ihnen keine Angst machen. Psychologen raten den Tauchern, den Leichen der Seeleute niemals ins Gesicht zu sehen: Der Stress wird sonst zu groß.

Von Bord der norwegischen Schwimmplattform »Regalia« gleiten die Taucher in die Tiefe hinab zum Wrack. Die Plattform ist hochmodern: Computer bestimmen ihre Position, kontrollieren automatisch Temperatur, Strömung und Radioaktivität.

Der Einsatz im Wrack gilt als gefährlich. »Die Arbeit unter Wasser wird sehr schwer«, warnt Vizeadmiral Michail Mozak vor Beginn der Operation. »Die Durchgänge im Boot sind eng, es gibt wenig Platz, und es ist nicht leicht, sich in den Taucheranzügen dort unten zu bewegen.« Um sich besser zu orientieren, üben die Taucher auch am russischen Atom-U-Boot »Orjol«, das zum selben Typ wie die »Kursk« gehört. Rettungsluken, Schotten und Sektionen sind genau so angeordnet wie in dem verunglückten U-Boot.

Am 21. Oktober gleiten die Taucher zum ersten Mal in die Tiefe der Barentssee hinab. Roboter übernehmen die schwere Sägearbeit. Um in das Wrack einsteigen zu können, muss die schwarze Gummihülle, die drei Zentimeter dicke Außenwand und der 20 Zentimeter starke Metallkorpus des U-Bootes aufgeschnitten werden. Wasser dient als Schneidemittel: In speziellen Wasser-Jets wird es unter Hochdruck gesetzt und mit Diamantpartikeln angereichert. Die komplizierte Unterwassertechnik wird direkt an der Außenhülle des U-Bootes befestigt. Fünf Einstiegslöcher schneiden die Roboter in das Wrack.

Am vierten Tag gelangt der Taucher Sergej Schmygin zum ersten Mal in die »Kursk«. Er steigt in das achte Abteil ein, die Turbinensektion. Dunkel ist es hier unten, in dem verwüsteten Boot, trotz der Lampe auf dem Taucherhelm. Die Rohre an der Decke sind auseinandergeplatzt, Geräte und Kisten auf den Flur gekippt, das Wasser hat sich bis in die letzte Ritze des U-Bootes hineingefressen. Vorsichtig tastet sich der Taucher fünf Meter weit über den schmalen Flur in Richtung Bug. Die Sektion ist verlassen. Hier sind keine Toten.

Kurz vor dem Durchgang zur siebten Sektion muss er zurückweichen. Es wird zu eng für den breiten Taucheranzug, und der Schlauch, der ihn mit Luft versorgt, strafft sich. Langsam bewegt sich Schmygin zurück zum Heck. Das Schott zur neunten Sektion sperrt sich erst, aber dann gelingt es Schmygin, es doch noch zu öffnen.

In der neunten Sektion, in der das Getriebe und das Drucklager des Bootes untergebracht sind, ist das Wasser trüber als in dem Abteil zuvor. Schmygin kann noch weniger sehen. Mit einem mächtigen Wasserstrahl versuchen die Taucher, die Sektion auszuspülen. Doch auch das hilft wenig. Immer noch hängt das Wasser voll Dreck. »Hier muss ein Brand getobt haben«, denken sie. Der Weg ist von zerborstenen Apparaten, von Behältern und Instrumenten versperrt. »Es sah dort aus wie in der Hölle«, sagt Schmygin. »Alles verkohlt, verschmolzen, alles voller Ruß. Wir tasteten uns vorwärts.«

Die hinterste Sektion ist die schmalste des U-Bootes, Bewegungen sind nur schwer möglich. Doch in den unteren Kammern entdeckt der Taucher die ersten drei Toten. Sie sind ganz leicht im Meerwasser. Er zerrt sie aus dem Inneren, und Plastikcontainer befördern die Leichen an die Wasseroberfläche. Später werden die Männer die anderen Seeleute entdecken, werden sie aus übereinander gefallenen Kisten befreien, sie aus den Ecken hervorziehen, werden sie freischaufeln von dem Müll des Wracks.

Mehrfach versuchen die Taucher, in die dritte Sektion einzudringen. Hier stehen die hydroakustischen Instrumente und die Fernmeldetechnik mit ihren geheimen Codes. Nach den Regeln für Notfälle müssten 24 Männer hierher geflüchtet sein. Doch die dritte Sektion ist völlig zerstört. Überall ragt verbogenes Metall durch das Wasser, zerborstene Geräte blockieren den Weg. Den Tauchern gelingt es nur, die Verwüstung durch das eingesägte Fenster mit einer Videokamera zu filmen. Die Flotte lässt den Tauchgang in diese Sektion stoppen, und die Männer schließen das Einstiegsloch mit einem Stahlschild zu.

Alles haben die Explosionen im U-Boot verändert: Die »Kursk« will erobert werden wie ein unbekanntes Objekt unter Wasser. In der vierten, der größten Sektion des U-Bootes, sind die Schlafräume eingedrückt, die Kombüse ist verwüstet, die Messe vom Wasser zerstört. Angehörige baten die Taucher, auch persönliche Gegenstände der Seeleute zu heben. Doch es gelingt ihnen nicht. Türen, Betten, Schränke versperren den Korridor, dicker Ruß zeugt von einem Brand. »Alles war zugeschüttet mit Geräten«, erinnert sich der Taucher Jurij Gussew. Die Taucher können kaum eindringen in das Durcheinander: Ständig fürchten sie, zersplittertes Metall könnte ihre Taucheranzüge zerstören. An einem Tag tasten sie sich gerade zwei Meter in die Sektion hinein. Sie finden niemanden hier, doch gelingt es ihnen, im Chaos Dokumentationsmaterial zu heben. Als die Flotte die Operation am 10. November abbrechen muss, sind zwölf Tote geborgen.

In Russland ist derweil eine Debatte über den Sinn der Tauchgänge entfacht. Viele der Angehörigen, die im August noch lautstark eine Bergung der Toten gefordert hatten, sind nun plötzlich dagegen. »Es widerspricht dem letzten Willen der Besatzung«, sagen sie. »Die Männer haben zusammen gelebt, gedient und sind zusammen gestorben.« Von einem »Brudergrab unter Wasser« ist die Rede und von der Tradition der Seeleute, die Toten am Meeresgrund ruhen zu lassen. Denn vielen wird plötzlich klar, dass die Chancen auf die Bergung nicht gleich sind. Die Angehörigen der Toten in den hinteren Sektionen mögen sich die Operation sehnlichst wünschen: Sie glauben, dass die Leichen ihrer Männer gefunden werden, hoffen auf eine Beerdigung und auf ein Grab. Die Angehörigen der Toten im Bug des Bootes brauchen daran nicht zu denken. In die zerstörten vorderen Sektionen werden die Taucher nicht vordringen. »Ich halte es für einen großen Erfolg, wenn ein Dutzend der Seeleute geborgen wird«, sagt Vizeadmiral Mozak. »Die meisten der Toten werden wir erst finden, wenn das Boot an die Oberfläche gehoben wird.«

Auch das ist nicht ausgeschlossen. Es wäre nicht das erste Mal, dass U-Boot-Fahrer Monate nach ihrem Tod doch noch beerdigt werden. Der sowjetischen Flotte gelang es, sechs gesunkene U-Boote mit Pontons, Kränen oder Rettungsschiffen an die Wasseroberfläche zu heben. Ein letztes, unbemanntes U-Boot zog die russische Pazifikflotte im Jahre 1997 aus der Tiefe.

Die Mannschaft des Diesel-U-Bootes »S-80« wurde acht Jahre nach ihrem Tod beigesetzt. Dabei wusste die sowjetische Flotte lange Zeit nicht einmal, wo das U-Boot verunglückt war. Für die Nordflotte ist der Unfall der »S-80« besonders dramatisch gewesen: Jahrelang war das U-Boot einfach verschwunden. Nach einem letzten Funkkontakt am 27. Januar 1961 um 00.47 Uhr schien es, als habe es die »S-80« mit ihrer 68köpfigen Mannschaft nie gegeben.

Damals war auf der Barentssee ein Sturm ausgebrochen, und die Offiziere hofften lange, dass nur der Funkkontakt zum Boot gestört ist. Vielleicht, dachten sie, hatte der U-Boot-Kommandant beschlossen, am Meeresboden auf das Ende des Unwetters zu hoffen: Diesel-U-Boote können problemlos auf Grund gehen. Doch nach zwei Tagen brach im Stab Panik aus. Denn die »S-80« war erst kurz zuvor mit Marschflugkörpern ausgestattet worden und das führende Boot der neuen Bauserie 644. Wegen ihrer zwei zylinderförmigen Raketenbehälter hatten Nato-Experten es »twin cylinder« getauft. Für die Feinde aus dem Westen wäre das U-Boot am Meeresboden ein interessantes Forschungsobjekt. Sollte das Boot verunglückt sein, befürchteten die Sowjets, lag es vermutlich in neutralen Gewässern. Neugierigen Spionen der Nato wollten sie auf jeden Fall zuvorkommen.

Alle verfügbaren Schiffe der Nordflotte rückten aus, um das U-Boot zu suchen. Sie durchforschten 384 Quadratmeilen, wühlten sogar den Grund auf. In den folgenden Jahren zogen sie auch Metallsuchgeräte und neu entwickelte Ortungsgeräte hinzu.

Doch die großanlegten Suchaktionen blieben ohne Erfolg. Heimlich überlegte die Flotte gar, ob der Kapitän mit seiner Mannschaft vielleicht in den Westen durchgebrannt sei. Man erinnerte sich auch, dass der Kommandant Anatolij Sitartschik gern trank: Einmal wäre das U-Boot fast zu spät abgefahren, weil Sitartschik in den Kneipen von Sewerodwinsk die Zeit vergessen hatte.

Von dem U-Boot fehlte jede Spur. Bis ein Schiff es zufällig sieben Jahre später entdeckte. Die »S-80« lag 200 Meter tief auf Grund. Noch im selben Jahr beschloss die Regierung, das U-Boot zu heben, denn die Flotte wusste noch immer nicht, warum die »S-80« versunken war. Die Operation »Tiefe«, begonnen im Sommer 1969, war ein ehrgeiziges Projekt. Noch nie war ein U-Boot aus 200 Meter Tiefe an die Oberfläche gezogen worden. Zur Hebung ließ die Regierung rasch das Rettungsschiff »Karpaty« bauen. Es dauerte einen Monat, bis Schlepper das tote U-Boot auf großen Pontons in die Bucht Sawalischina zogen. Nachdem das Wasser abgeflossen war, betrat Vizeadmiral Rostislaw Filonowitsch als erster das Wrack.

Von außen sah das U-Boot beinahe heil aus. Doch im Innern hatte das Wasser die »S-80« verwüstet. Eine Flutwelle war in einem Schlag vom Heck in den Bug eingedrungen, hatte Geräte mitgerissen, Turbinen zerstört, Rohre von der Wand geknickt. Offenbar hatte sich ein Luk im Heck nicht richtig schließen lassen. Als die »S-80« abtauchte, war der hintere Teil des Bootes innerhalb von Minuten geflutet.

Die Seeleute in den vorderen Sektionen überlebten zunächst. Sie starben qualvoll. Mehrere Tage lang warteten sie auf den Tod, rekonstruierten die Offiziere nach der Hebung. Ein grausames Bild bot sich ihnen: Einige der Seeleute hielten die Gefangenschaft in der Tiefe nicht aus. In der Gewissheit des nahenden Todes warfen sie sich gegen Hochstromleitungen, andere erhängten sich verzweifelt.

Im Heck wurden die Tanks mit dem Treibstoff zerstört, und das Wasser vermischte sich mit Maschinenöl und Diesel. Auch hier lagen Tote. Nach der Hebung rieben die Pathologen fasziniert ihre Körper mit Spiritus ab. Die Seeleute, die vor acht Jahren gestorben waren, sahen danach aus, als seien sie gerade eingeschlafen. Das Treibstoff-Gemisch hatte sie in ihrem stählernen Grab wie Mumien erhalten.

Die zwölf Leichen, die im Oktober aus dem Wrack der »Kursk« geborgen werden, sind in Teilen bis zur Unkenntlichkeit verbrannt. Die meisten der Seeleute wurden aus der neunten Sektion gehoben, dem hintersten Abteil in der »Kursk«. Das ist so klein, dass die Überlebenden bis heute nicht daran glauben wollen. »Da passen ja kaum vier Mann rein«, wundert sich Oberfähnrich Nikolaj Misjak. Er muss die Leichen seiner Mannschaftskameraden zusammen mit den anderen Überlebenden identifizieren. Als er ins Labor in Seweromorsk kommt, liegen die Toten in einer Reihe vor ihm aufgebahrt. Er kann alle Gesichter erkennen. »Ich hatte Angst, dass ich verrückt werde«, erinnert sich Misjak. »Als alles vorbei war, fuhr ich nach Hause und betrank mich.« In Seweromorsk, dem Hauptquartier der Nordflotte, hört er, dass die Männer schon Wärmeanzüge trugen, um sich auf den Ausstieg vorzubereiten. »Die Männer hatten auf Hilfe gewartet«, sagt Iwan Nessen, Oberfähnrich der »Kursk«, der wie Misjak zufällig an Land geblieben war. »Sie wollten sich retten. Und sie wollten leben.« Die ehemaligen Besatzungsmitglieder der »Kursk« waschen ihre toten Kameraden, ziehen ihnen Uniformen an und legen sie in Särge. »Ich weiß nicht, wie wir weiterleben sollen«, sagt Nessen.

In der Kursker Wohnung von Olga Kusnezowa läuft im Oktober wieder den ganzen Tag lang der Fernseher. Olga wünscht sich nichts sehnlicher, als ein letztes Mal ihren Sohn Wiktor zu sehen. Er war Fähnrich auf der »Kursk« und Olgas Lieblingssohn. Seine Heimatstadt besuchte er in den letzten Jahren zwar nur noch selten, doch Olga war immer besonders stolz auf ihn. Sein Tod ist ein schrecklicher Schock für sie. Das Jahr 2000 sollte für ihre Familie eigentlich ein glückliches Jubiläumsjahr werden. Ihr Vater wurde 100, Olga 60 und ihre Tochter Ljudmila 25 Jahre alt. Doch dann brach der Tod in die Familie herein. Erst starb Wiktor, dann ihr Vater. Auch Olga ist schwach geworden. Im Sommer erkrankte sie an Brustkrebs. Die Metastasen haben nun schon die Leber zerfressen. Olga weiß nicht, dass die Ärzte auch ihr nur noch wenig Lebenszeit gegeben haben.

Am Abend des 30. Oktober klingelt in der Garnison Widjajewo das Telefon von Wiktors Frau Swetlana. Ein Offizier ist am Apparat. Swetlana soll nach Seweromorsk kommen, so schnell wie möglich. Vielleicht ist einer der Toten, die aus der Tiefe geborgen wurden, ihr Mann. Die Leiche liegt im Militärkrankenhaus der Nordflotte, und Swetlana soll sie nun identifizieren. Mit ihrem Vater macht sie sich auf den Weg.

Während der Autofahrt wird Swetlana von ungeduldiger Aufregung erfasst. Erst kürzlich ist Wiktor ihr im Traum erschienen. Er kam ihr auf einem langen Korridor entgegen. »Ich bin befreit«, sagte er ihr. Swetlana ist sich sicher, dass die Flotte ihren Mann gefunden hat.

Im Krankenhaus von Seweromorsk wird Swetlana nach seinen Merkmalen befragt. Zuerst will ihr Vater den Toten sehen: Er möchte Swetlana vor neuem Schrecken bewahren. Als er zurückkommt, besteht er darauf, der Tochter den Anblick zu ersparen. »Lass das bleiben«, sagt er ihr. »Geh nicht.« Doch Swetlana will ihren Mann ein letztes Mal sehen.

Es ist schon kalt im Oktober, deshalb liegt die Leiche in einem Zelt im Hof. Der Körper ist sorgsam zugedeckt. Aber das Gesicht liegt offen da. »Ist das Ihr Mann?«, fragt ein Arzt. Doch Swetlana kann nicht antworten. Die Trauer schnürt die Worte ab. Wiktor sieht aus, als ob er schläft, denkt sie. Sie erkennt ihren Mann sofort.

Wie sein Körper aussieht, weiß Swetlana bis heute nicht. Ihr Vater hat das Tuch kurz abdecken lassen. Doch als sie ihn fragt, was er gesehen hat, will er seiner Tochter nicht antworten.

Auf dem Rückweg nach Hause verhängt dicker Nebel die Straße in die Garnison. Es ist zwei Uhr in der Nacht, als Vater und Tochter wieder in Widjajewo ankommen. Swetlana möchte nun schnell Olga Bescheid sagen, Wiktors kranker Mutter. Doch sie kommt zu spät. Olga starb, während Swetlana den Leichnam identifizierte. Vor ihrem Tod, erzählt Wiktors Schwester Ljudmila, musste Olga noch schrecklich leiden. Drei Tage lang schrie sie vor Schmerz. Die Spritzen des Notarztes halfen kaum eine halbe Stunde lang. Verzweifelt versuchte Ljudmila, Morphium für die Sterbende zu bekommen. Doch die Ärzte winkten nur ab. »Es ist noch zu früh«, sagten sie. »Das ist eine Droge, und ihre Mutter wird noch abhängig davon.« Schließlich rief Ljudmila sogar beim Bürgermeister an: Nach Wiktors Tod hatte er der Familie seine Hilfe versprochen. Als der Arzt endlich das Morphium spritzte, lebte Olga nur noch wenige Minuten.

Wiktor soll in Kursk beerdigt werden, seiner geliebten Heimatstadt. »Ich habe mit dieser Entscheidung nicht gezögert«, sagt seine Frau Swetlana. »Unsere ganze Wohnung in Widjajewo war voller Bilder aus Kursk, und es war sein Traum, später einmal dorthin zurückzukehren.« Am 3. November werden Mutter und Sohn zu Grabe getragen. Auch im Tod bleiben sie getrennt. Olga wird im Stillen auf dem Südfriedhof beigesetzt. Doch Wiktor ist plötzlich zum Helden geworden. Feierlich fährt ein Panzerwagen den Zinksarg durch die gesperrten Straßen des Stadtzentrums. Die Beerdigung ist auf dem Heldenfriedhof für die Gefallenen des Zweiten Weltkriegs, einem monumentalen Denkmal, an dessen Ende ein ewiges Feuer flackert. Vertreter der Flotte sprechen dort von Verantwortung und Vaterland, von Pflichterfüllung und Schicksal. Schnell ist Wiktors Schwester Ljudmila vom Begräbnis der Mutter zur Trauerfeier für den Bruder geeilt. Sie sieht Hunderte fremder Menschen um sich herum und wundert sich. »Wie konnte das unserer Familie passieren?«, überlegt sie. »Wiktor war ein ganz normaler Junge. Und er wollte leben.«

Die Witwe Olga Kolesnikowa in Sankt Petersburg empfindet die Monate nach dem Untergang der »Kursk« als bleierne Zeit. Alle Menschen nehmen Anteil, und sie fühlt sich einsamer als je zuvor. »Wenn ich an den nächsten Tag dachte«, sagt sie, »habe ich mich nur gefragt: Wozu?« Die Schüler ihrer Biologie-Klassen geben ihr etwas Halt im Leben. »Meine Kinder«, wie Olga sie nennt. Ende Oktober holt die Schuldirektorin Olga aus dem Unterricht: Sie soll schnell zum Petersburger »Klub der U-Boot-Fahrer« kommen, auf die Wassiljewskij-Insel. Etwas Wichtiges ist passiert. Nur was? »Als erstes«, erinnert sie sich, »schoss mir ein Gedanke in den Kopf: Mitja lebt.« Im Klub erfährt Olga, dass die Leiche ihres Mannes aus der »Kursk« geborgen wurde. Ärzte warten im Nebenraum, für alle Fälle. »Und ich«, erzählt sie, »ich hatte fast freudige Sekunden, denn ich wusste, nun würde ich ihn endlich wiedersehen.«

Mit ihrem Schwiegervater fährt Olga in den hohen Norden, um den Toten zu identifizieren. »Ich war auf alles gefasst. Zuerst geht sein Vater in den Leichensaal. Als er wieder herauskommt, nimmt er mich zur Seite und fragt: 'Olja, bist Du wirklich bereit dazu? Es ist furchtbar.'« Sie tritt dennoch ein und erschrickt, als sie die Leiche ihres Mannes sieht. Von Mitja sind nur noch die Beine heil. Der Rest des Körpers ist verbrannt, die Zähne ragen wie nackt aus dem Schädel. Sie umarmt und küsst den zersetzten Körper. »Die Militärärzte haben leise protestiert: ›Tun Sie das nicht, das ist verwest!‹«, erzählt Olga. »Aber da lag doch mein Mann, und alles an ihm war mir so lieb und nah.« Sie identifiziert Mitja anhand einer kleinen Narbe auf dem Fuß. Als offizielle Todesursache wird ihr Kohlenmonoxidvergiftung genannt.

Eine letzte Liebesbotschaft erreicht Olga wie ein Ruf aus der Tiefe. Mitja hat sein persönliches Logbuch des Todes verfasst, von Hand, mit einem Kugelschreiber auf einem linierten Zettel. In nüchternen Worten, ohne Hysterie und Heroismus und umso eindrucksvoller: »12.08.2000. 15.45. Hier ist es zu dunkel zu schreiben, aber ich versuche es nach Gefühl. Chancen haben wir, so scheint es, keine, 10-20 %. Wir hoffen, dass dies irgendwer lesen wird. Hier ist eine Liste der Besatzungsmitglieder der Sektionen, die sich in der neunten Sektion befinden und versuchen werden auszusteigen. Grüße an alle, verzweifelt nicht. Kolesnikow.« Darauf folgt die Aufzählung der Namen jener 23 Seeleute, die im Heck des Bootes überlebt haben. Sie ist nie veröffentlicht worden. Auf der anderen Seite des Papiers hat er ein paar Zeilen für seine Frau und Grüße für seine Schwiegermutter Galina Wasiljewna und seine Eltern niedergeschrieben: »Oljenka, ich liebe Dich. Nimm es nicht zu schwer. Ein Gruß an GW. Ein Gruß an die meinigen. Mitja.«

Ein Teil der Aufzeichnungen ist gut zu lesen. Offensichtlich hatte der Kapitänleutnant anfangs noch Licht. Später musste er im Dunkeln schreiben, und der Text geht in ein fast unlesbares Gekrickel über. Er beendete den Brief, so ist zu vermuten, am 12. August um 15.45 Uhr. Dann wickelte er das Papier in ein Stück Plastik ein und steckte es in die Brusttasche.

Nach der verheerenden Explosion im Bug der »Kursk« hatten Mitja und die anderen Männer noch einige Stunden Gnadenfrist. So lange es ging, drückten sie sich in die schrumpfende Luftblase und atmeten den teuren Sauerstoff ein. Vielleicht sind dann die Regenerationskisten in Brand geraten. Das Wasser stieg in der Sektion langsam höher, kroch den Männern hinterher, und auf seiner Oberfläche schwammen Diesel und Öl aus den undichten Zisternen. Als es das dritte Deck erreichte, schwappte Öl auf die Regenerationspatronen, die die Seeleute vermutlich aufgestellt hatten. Ein Feuer flammte auf.

Wie durch ein Wunder blieb der Brief in der Brusttasche unversehrt. Nur der Rand ist ein bisschen angekohlt. Die Kugelschreiberfarbe hat sich gehalten, obwohl das aggressive Meerwasser in den Plastikumschlag vordrang. Der Zettel war mit Öl überzogen wie von einer Schutzschicht gegen das Wasser.

Nach der Identifizierung liest ein Offizier Olga den Text des Abschiedsbriefes ihres Mannes vor. Aber sie darf das Papier nicht sehen, nicht einmal eine Kopie erhält sie. Die Staatsanwaltschaft, so heißt es, benötigt den Brief für ihre Untersuchungen. Olga aber möchte mehr darüber wissen, was in der »Kursk« passiert ist. Sie gibt keine Ruhe, wendet sich an den Pressesprecher der Flotte, Igor Dygalo. »Ich habe lange mit ihm gesprochen und gefordert, alles zu erfahren«, erzählt sie. »Da hat er mich angeschaut und verwundert gefragt: ›Ist Ihnen die Wahrheit so wichtig?‹« Erst gut ein halbes Jahr nach dem Unglück darf sie bei der Moskauer Staatsanwaltschaft die Botschaft ihres Mannes ansehen. Die Anwälte versprechen ihr, dass sie nach Abschluss der Untersuchungen das Original erhalten wird.

Der Brief Kolesnikows offenbarte, dass 23 der 118 Männer die Explosionen an Bord überlebt haben. Die wenigen Zeilen waren eine Sensation, denn sie entlarvten die Aussagen einiger Admirale und des Vizepremierministers als unwahr. Sie hatten behauptet, dass die gesamte Mannschaft fast augenblicklich umgekommen sei, als unwahr. Ein letzter Schlag für die Glaubwürdigkeit der Verantwortlichen, und der Eindruck verfestigt sich, dass viele in den Streitkräften nicht Aufklärung anstreben, sondern das Geschehen zu verschleiern suchen. Die Debatte, ob nicht bei richtigem Handeln doch Menschenleben zu retten waren, bricht neu auf. Gerüchte entstehen und irrlichtern erneut durch die Vorstellung der Menschen: Geheime Passagen des Briefes von Kolesnikow seien vor der Öffentlichkeit verborgen worden, und überhaupt trage der Zettel als letzten Eintrag das Datum des 15. August, drei Tage nach dem Unglück. Den Dementis traut kaum mehr jemand.

Viele sind erstaunt, dass die Existenz des Briefes nicht einfach von oben verschwiegen wurde. Vielleicht ist es dem schlechten Wetter über der Barentssee zu verdanken, dass die Botschaft Kolesnikows bekannt wurde. Die Leichen konnten nicht sofort von Bord der Bergungsplattform »Regalia« in die Garnison von Seweromorsk geflogen werden, da der Sturmwind zu stark über die See fegte. Also wurden die Körper an Bord untersucht, und als der Arzt und der Staatsanwalt den Zettel entdeckten, befanden sich viele Zeugen im Raum: Taucher, Offiziere des Flottenkommandos, aber auch ausländische Mitarbeiter der »Regalia«. Da war es zu spät, und das Papier konnte nicht mehr geheimgehalten werden.

Chalima Arjapowa hat immer versucht, sich nicht zu sehr aufzuregen. Sie war im dritten Monat schwanger, als ihr Mann Raschid, Kapitänleutnant in der Reaktorsektion der »Kursk«, zum Manöver ausfuhr und nicht mehr zurückkam. Anfang November trifft sich der stellvertretende Chef der Nordflotte, Wladimir Dobroskotschenko, mit Chalima und anderen Witwen in Widjajewo. Während des Gespräches erzählt er, dass die Taucher noch eine Botschaft aus dem Wrack geborgen hätten. Die Frauen bestürmen den Offizier, ihnen anzuvertrauen, wer den zweiten Brief geschrieben hat. Letztlich gibt er nach und teilt ihnen mit, er stamme von Raschid. Chalima ist von dieser Nachricht wie elektrisiert, sie möchte mehr wissen und hört nur in abwehrenden Worten, nichts Persönliches stehe in dem Brief. Anfang Dezember ruft sie bei der Generalstaatsanwaltschaft an, um Einzelheiten zu erfahren. Sie erlebt eine Enttäuschung: »Mir wurde gesagt, dass die Information vorschnell war und das Schreiben gar nicht zu meinem Mann gehört. Genaueres könnte ich nach Neujahr erfahren nach Abschluss einer Expertise.« Doch im Januar lehnen die Beamten jede Auskunft ab und fordern eine schriftliche Eingabe von Chalima. Zwei Monate später erhält sie die Antwort: Der Brief sei in der Kleidung von Raschid gefunden worden, doch die Untersuchung habe ergeben, dass er nicht von ihm stamme. Die Staatsanwaltschaft weist außerdem ausdrücklich darauf hin, dass sich in der Botschaft keinerlei Information über den Grund des Untergangs der »Kursk« finde. Eine Woche später kommt ein zweiter Brief mit der Bitte, handschriftliche Dokumente ihres Mannes als Schriftproben einzureichen. Chalima versteht die Welt nicht mehr. Sie schickt zwei Hefte mit Aufzeichnungen Raschids ein und gibt auf. »Ich hatte keine Kraft mehr, Weiteres herauszufinden«, erzählt sie. Die Idee, dass die junge Frau selbst die Handschrift ihres Mannes wiedererkennen könnte, teilen die Staatsanwälte nicht.

Auch ein Jahr nach dem Unglück ist öffentlich ungeklärt, wer die zweite Botschaft aus dem Totenreich geschrieben hat. Nur eine kurze Passage aus dem Brief wird bekanntgegeben: »Da sind 23 Leute in der neunten Sektion. Wir fühlen uns schlecht. Nach dem Feuer werden wir durch die Auswirkungen des Kohlenmonoxids schwächer. Der Druck wird stärker in der Sektion. Sollten wir nach draußen gehen, würden wir den Druck nicht aushalten. Wir können nicht mehr als einen Tag aushalten.« Eine russische Zeitung behauptet später unter Berufung auf Quellen in der Nordflotte, dass Arjapow in seinen Aufzeichnungen die Explosion eines Torpedos als Grund für das Unglück bezeichnet habe. Der genaue Text bleibt unbekannt.

Als am 30. Oktober 2000 eine Linienmaschine aus Murmansk auf dem Flughafen von Sankt Petersburg landet, steht ein

Olga Kolesnikowa (links) mit ihren Schwiegereltern, Irina und Roman Kolesnikow, am Sarg ihres Mannes. Die Leiche des Kapitänleutnants wurde Ende Oktober 2000 geborgen und am 2. November in einem Ehrengrab auf dem Serafimowskoje-Friedhof in Sankt Petersburg beigesetzt.

»Kamas«-Lastwagen neben der Rollbahn bereit. Eine Tafel mit der Aufschrift »Fracht 200« klemmt hinter seiner Windschutzscheibe – der Armeejargon für den Transport einer Leiche. Der Zinksarg mit dem toten Dmitrij Kolesnikow trifft ein. Drei Tage später nehmen die Menschen in der Aula der Dserschinskij-Flottenlehranstalt Abschied vom Kapitänleutnant, dem sein Brief die Heldenaura des pflichtbewussten und tadellosen Offiziers verleiht. In diesem Saal hat er einst sein U-Boot-Diplom entgegengenommen vor dem Gemälde an der Bühnenwand. Es zeigt mehrere Kriegsschiffe auf der wogenden See, geschaffen von einem naiven Meister.

Einmal versucht Wjatscheslaw Popow, der Chef der Nordflotte, aus der Tragödie der »Kursk« einen normalen Betriebsunfall zu machen: »Wenn ein Mann auf einem U-Boot Dienst tut«, erklärt er in einem Interview, »dann weiß er, welches Risiko er eingeht. Für ihn ist die Möglichkeit, dass er sterben wird, nicht unerwartet. In den Mannschaften der U-Boote hat man ein normales Verhältnis zu diesem Berufsrisiko. Man bereitet sich mora-

Auf Panzerwagen werden die ersten vier Leichen aus dem versunkenen U-Boot durch Seweromorsk gerollt. Nach der Bergung veranstaltet die Flotte am 29. Oktober 2000 eine pompöse Trauerfeier für die Toten der »Kursk«.

lisch darauf vor. Die Männer auf einem U-Boot wissen, worauf sie sich einlassen.« Doch nach dem Unfall der »Kursk« will davon niemand etwas hören. Die Menschen in Russland sind immer noch wütend auf ihren Staat, der seine Soldaten in dieser Stahlbüchse unter Wasser sterben ließ, auf einen Staat, der zu schwach war, um selbst zu helfen und zu stolz, um rechtzeitig Hilfe anzunehmen. Um den Ärger zu bremsen, nimmt der Staat die Trauer nun einfach für sich ein. »Unsere Ahnen haben schon schwerere Katastrophen überlebt«, beschwört Putin seine Landsleute. »Solche Ereignisse sollten das Volk nicht trennen, sondern vereinen.« Aus der Mannschaft der »Kursk« werden Helden.

Im Saal der Dserschinskij-Lehranstalt in Sankt Petersburg verleiht die Flotte der Besatzung posthum Heldenorden. Die Orden für »Mut und Heldentum während der Erfüllung der dienstlichen Pflichten« waren ihnen eigentlich schon nach der Fahrt ins Mittelmeer versprochen worden. Doch zu ihren Lebzeiten hatte das Flottenkommando die Ehrung offenbar vergessen. Jetzt werden die Orden an Witwen und trauernde Eltern überreicht.

Der Festakt gerät zu einer peinlichen Veranstaltung. Unter Trauerklängen aus schnarrenden Lautsprechern erinnern Fernsehbilder auf einer Leinwand an das Manöver: Schiffe durchpflügen die aufgewühlte See, Raketen fliegen durch die Luft. Eine Computeranimation zeigt das Unglück: Das U-Boot stößt mit einer runden, schwarzen Masse zusammen und sinkt allmählich auf den Grund. Die Angehörigen müssen sich ansehen, wie auf den Trickbildern das Wasser in die »Kursk« eindringt und sich langsam durch die Sektionen frißt. Gefühllos sprechen die Redner von Heldentum und Brüderschaft. »Es war überhaupt nicht feierlich, mir fehlten die warmen, menschlichen Worte«, klagt Olga Kolesnikowa. »Dieser Orden ist für mich ein Symbol des Todes.«

Bald sieht es aus, als sei um die Helden ein Wettstreit entbrannt. In Sewerodwinsk, wo die »Kursk« gebaut wurde, wird zum Gedenken an das U-Boot eine Tafel aus Granit gelegt. »Lebt wohl, Männer!«, sagt Vizeadmiral Mozak beim Festakt. »Glaubt mir, unsere U-Boote werden in den Ozeanen schwimmen und die U-Boot-Fahrer werden euch niemals vergessen!« Der Erzbischof von Archangelsk weiht den Stein danach. »Es gibt keinen Menschen in Russland«, schreibt am nächsten Tag die Lokalzeitung, »den diese Tragödie nicht berührt.«

In Widjajewo, der Garnison des Elite-U-Bootes, entsteht zu Ehren der »Kursk« eine kleine Kirche – ein Geschenk der russischen Stadt Kostomukschi und des dortigen Zellulosekombinates. Den ersten Gottesdienst hält der Erzbischof von Murmansk jedoch auf der Straße: Es sind fast alle Bewohner der Garnison gekommen, viel zu viele für den kleinen Raum. Auch ein Denkmal ist in Widjajewo geplant, direkt gegenüber vom »Haus der Offiziere«, in dem sich eine Woche lang die verzweifelten Angehörigen trafen. Ein Künstler möchte den versinkenden Bug des U-Bootes nachempfinden, in einem Park, der angelegt ist wie das Andreaskreuz der russischen Flotte.

Selbst die U-Boot-Konstrukteure werden bedacht: Putin verleiht dem leitenden Ingenieur Igor Baranow im Januar 2001 einen Orden für die Arbeit an der »Kursk«. Im Überschwang schlägt die Militärzeitung »Krasnaja Swesda« vor: »Man möchte dem

Patriarchen sagen: ›Eure Hoheit, die Märtyrer der ›Kursk‹ sind alle bis zum letzten würdig, in die Liste der Heiligen aufgenommen zu werden.‹«

Auch in Kursk, der Patenstadt des U-Bootes, boomt der Kult um die Seeleute. Auf dem Ehrenfriedhof erinnert ein Denkmal an das Unglück, an den Wohnhäusern der Toten werden Gedenktafeln befestigt. Bald soll eine Straße den Namen des U-Bootes tragen. Die Stadt organisiert zum Gedenken an die Opfer sogar einen Marathon.

Zu Ehren des 20-jährigen Matrosen Dima Staroselzew wird auch am Haupteingang des Eisenbahnerinstitutes eine Gedenktafel aufgehängt – neben der Ehrentafel für die Opfer des Zweiten Weltkrieges. Zur Einweihung kommen Vertreter der Flotte, Beamte aus der Stadtverwaltung und alle Schüler des Institutes, zu denen bis vor kurzem auch Dima gehörte. Walentina, Dimas Mutter, ist Ehrengast. »Wir verbeugen uns vor Ihrer Erziehung«, sagt ein Redner. »Ein Mensch aus Kursk soll so sein wie Ihr Sohn.«

In der Schule seines Wohnviertels basteln die Schüler drei Schaukästen, die an Dima erinnern. Zeugnisse, Fotos, Briefe und Artikel sind darin ausgestellt. Bei der Eröffnung im kleinen Heimatmuseum der Schule lässt Walentina stolz den Heldenorden ihres Sohnes durch die Reihen gehen. Auch ehemalige Matrosen der »Kursk« sind geladen. »Für Vorbilder brauchen wir kein Hollywood mehr«, sagt einer von ihnen vor den Schülern. »Ich möchte, dass wir uns Dimas Heldenmut zum Vorbild nehmen. Man muss seine Pflicht immer bis zum Schluss erfüllen. Die Mädchen sollen so selbstlos sein wie die Mütter der toten Soldaten.«

Die Tragödie ist zum öffentlichen Schauspiel geworden. Schüler lesen Gedichte von den bleichen Seeleuten unter Wasser, von Mut und Vaterland und der wilden See. Zu leiser Gitarrenmusik treten nacheinander sieben Mädchen auf die Bühne: Sie tragen weiße Tücher auf dem Kopf und in der Hand eine Kerze. Dazu liest ein Junge die Namen der sieben toten U-Boot-Fahrer aus Kursk. Zwei Teenager spielen mit viel Pathos in der Stimme die getrennten Liebenden Olga und Mitja Kolesnikow. Gerührt wischen sich die Lehrerinnen Tränen aus den Augen. Nur Walentina Staroselzewa, Dimas Mutter, weint nicht. »Ich will nicht, dass andere meine Tränen sehen«, sagt sie. »Die gehören nur mir.«

In Widjajewo feiert die Nordflotte die toten Helden. Wieder versammeln sich die Angehörigen im »Haus der Offiziere«. Auch hier werden Orden verteilt. Mit stolzen Gesichtern lauschen die meisten Hinterbliebenen dem Pathos der Flotte. Doch eine Frau widersetzt sich. Nadeschda Tylik, Mutter des Oberleutnants Sergej, ist hager und blass geworden, tiefe Ringe liegen wie Furchen unter den Augen. Seit ihrem Ausbruch vor dem Vizepremier Ilja Klebanow wird Nadeschda in der Flotte gefürchtet. Damals stellte eine Krankenschwester sie mit einer Spritze ruhig. Im Westen wurde die aufgebrachte Mutter danach zum Symbol für die ungebeugte Wut der Opfer. »Wir wissen immer noch nicht, warum das Boot untergegangen ist und wer schuld daran hat«, liest Nadeschda Tylik nun von einem Zettel ab. »Uns wird nach wie vor die Version aufgetischt, die ›Kursk‹ sei von einem anderen U-Boot gerammt worden. Die Schuldigen haben wahrscheinlich Angst, dass sie ihre Schulterklappen verlieren und ihre warmen Sessel in Moskau. Deshalb verheimlichen sie uns die wahre Ursache der Katastrophe. Wer die Verwandten der Toten jetzt auch noch belügt, begeht eine schwere Sünde. Meine Herren Offiziere, fassen Sie endlich Mut. Bereuen Sie Ihr schändliches Verhalten, solange es noch nicht zu spät ist.« Das Kommando der Nordflotte ist empört. Die Journalisten, die zur Helden-Ehrung gekommen sind, sollen von dem skandalösen Auftritt auf keinen Fall berichten. »Zeigen Sie das nicht«, sagen Offiziere den Korrespondenten. »Sie müssen wissen: Diese Frau ist krank.«

Präsident Putin hat in Widjajewo den Angehörigen der Seeleute, die in der »Kursk« ihr nasses Grab fanden, sein Ehrenwort gegeben: Die russische Marine soll das U-Boot im Jahr 2001 heben. Gleich nach der Bergung der zwölf Leichen im Oktober beginnen die Verhandlungen über eine solche Operation. Es ist klar, dass die Russen in dem knappen Zeitrahmen nicht in der Lage sind, eigenständig die Hebung durchzuführen. Das Know-how und vor allem die technische Ausrüstung fehlen ihnen dazu. Verhandlungspartner auf westlicher Seite ist ein Konsortium, angeführt von den Firmen »Halliburton« und »Smit International«. Beide Seiten beteuern ihren guten Willen, doch die Gespräche stoßen auf eine Menge von Problemen. Die russischen Vertreter möchten das Risiko der Hebung eines U-Bootes mit zwei Atomreaktoren an Bord am liebsten den westlichen Firmen zuschieben. Das Konsortium aber lehnt es ab, die Haftung für mögliche Folgeschäden zu übernehmen.

Auch die Frage, wer die Kosten der Hebung trägt, bleibt letztlich ungeklärt. Etwa 70 bis 80 Millionen Dollar müssen aufgebracht werden. Russland und der Westen einigen sich anfangs auf eine internationale Stiftung, die »Kursk Foundation«. Sie darf das Geld unter den westlichen Ländern einsammeln, die etwa die Hälfte der Gesamtsumme beisteuern sollen. Die andere Hälfte, so die Vorstellung, trägt Russland. Die russische Regierung war von dieser Lösung sehr angetan und akzeptierte diesmal die Hilfe des Westens, bevor sie überhaupt konkret angeboten wurde.

Doch die Russen bleiben ihre erste Rate in Höhe von 25 Millionen Dollar vorerst schuldig. Auch der Westen zahlt nicht: Die Europäer kommen auf die Idee, den Fall der »Kursk« mit einem Programm zur Beseitigung atomarer Altlasten zu verbinden, über das bereits seit 1999 erfolglos verhandelt wird. Im Rahmen des Programms, an dem sich neben der Europäischen Union auch Norwegen und die Vereinigten Staaten beteiligen wollen, soll Russland mehrere Milliarden Dollar erhalten, um gut 100 ausgemusterte U-Boote, 320 alte Atomreaktoren und 8000 Brennelemente der Nordflotte zu entsorgen. Das Geld dazu hat Russland nicht, aber es wehrt sich gegen die Bedingungen des Programms. Die westlichen Länder möchten zum einen nicht das finanzielle Risiko möglicher Unfälle tragen. Sie bestehen zum anderen auf Inspektionen in den russischen Garnisonen und Militärfabriken, um den Fortgang der Arbeiten zu kontrollieren. Russland dagegen will die geheimen Einrichtungen niemandem öffnen.

Die Verhandlungen über die Hebung der »Kursk« ziehen sich weit ins Jahr 2001 hinein, bis die Konsortiumsfirmen vorschlagen, die gesamte Operation aus logistischen Gründen um ein Jahr zu verschieben. Das lehnen die Russen grundsätzlich ab. Die »Kursk Foundation« ist plötzlich überflüssig – sie hat bis dahin ohnehin nur ein paar tausend Dollar aufgetrieben. Moskau muss den Kraftakt nun selbst finanzieren und findet schnell einen Ersatzpartner für das Konsortium: die niederländische Firma »Mammoet«, Spezialist für Schwerlasttransporte. In Russland erlangte »Mammoet« lokale Bekanntheit, als es in Moskau dem Luschniki-Olympiastadion zur Renovierung ein neues, 4600 Tonnen schweres Dach aufsetzte. Die Firma barg zwar zu Beginn ihrer Tätigkeit die Überreste eines Mammuts vom Grund des Nordmeeres und gab sich deshalb ihren Namen, doch ein U-Boot hat sie noch nie gehoben. »Mammoet« ist offensichtlich bereit, den Russen in der Frage der Haftung entgegenzukommen. Außerdem soll das niederländische Angebot mit einem Preis von etwa 50 Millionen Dollar günstiger sein als das des Konsortiums. Nach dem Vertragsabschluss schreibt eine russische Zeitung: »Der Präsident hat die Schuldigen für die Hebung ernannt.«

»Mammoet« holt nach dem Zuschlag »Smit International« ins Boot, nun als Subvertragspartner. Die niederländische Firma mit dem Slogan »Jeder Job, jedes Meer« ist für die Unterwasserarbeiten zuständig. Auf russischer Seite beteiligen sich an der Operation vor allem die Konstruktionsfirma »Rubin«, das Krylow-Forschungsinstitut, in dem die Hebung an einem Modell im Maßstab von 1:50 durchgespielt wird, und die Werft »Sewmasch« in Sewerodwinsk. Dort, wo die »Kursk« einst gebaut wurde, entstehen im Sommer 2001 unter extremem Zeitdruck riesige Pontons für die Hebung. Drei Schichten arbeiten rund um die Uhr, denn noch Ende Mai war die Projektierung nicht abgeschlossen und nicht einmal das nötige Metall eingekauft. Manche der Werftingenieure befürchten sogar zwischenzeitlich, den Auftrag nicht rechtzeitig beenden zu können, zumal »Sewmasch« zuletzt unter kurzzeitigen Stromsperren litt wegen unbezahlter Schulden gegenüber dem Elektrizitätswerk.

Die Hebung der »Kursk« ist eine gigantische Aufgabe: kompliziert und hochgefährlich. Keiner weiß genau, in welchem Zustand sich die Marschflugkörper und die beiden Atomreaktoren an Bord befinden. Russische Experten garantieren dafür, dass selbst dann keine Gefahren von den Reaktoren ausgehen, wenn die Trossen reißen und die »Kursk« auf den Meeresgrund schlagen sollte. Norwegische Strahlenexperten zeigen sich dagegen besorgt, zumal die Russen keinen von ihnen in das gesperrte Sicherheitsgebiet von 20 mal 20 Seemeilen vorlassen wollen. Die Eile der Hebungsaktion wirkt beunruhigend, und die norwegische Umweltorganisation »Bellona« kritisiert das Fehlen einer Risiko-Analyse. Noch nie ist ein solch großes Objekt aus der Tiefe des Meeres an Land zurückgeholt worden.

Bei der Hebung der »Kursk« soll zuerst eine riesige Säge mit einem Sägeblatt aus aneinandergekoppelten Stahlzylindern, die eine rauhe, harte Oberfläche besitzen, die Überreste der Torpedosektion vom Boot abtrennen. Sie bleiben vorerst am Grund der Barentssee, und die russische Marine will über die Bergung der ersten Sektion erst im Jahr 2002 entscheiden. In die äußere und innere Hülle der »Kursk« schneiden Taucher dann 26 Löcher. Die Männer setzen dabei Wasser-Jets ein, die einen Wasserstrahl von etwa einem Millimeter Stärke und über 1000 Bar Druck erzeugen. Dem »Schneidewasser« ist eine Substanz beigemischt, die den Strahl noch härter macht. Dann fährt ein gigantischer Ponton, 140 Meter lang und doppelt so breit wie die

»Kursk«, auf Position über der Unglücksstelle. Von 26 Hebevorrichtungen an Bord werden spezielle Zugseile durch den Ponton hindurch hinuntergelassen und in den Löchern im Korpus befestigt. Die Hebung steuert ein Computer, der die Länge jedes einzelnen Zugseils ständig dem Auf und Nieder des Pontons durch den Wellengang angleicht. Das System funktioniert, solange sich die Wellen nicht höher als zwei Meter aufbauen.

Das U-Boot wird bis kurz unter den Ponton gehievt. Dann ziehen Schlepper den Koloss zum Dock einer Reparaturwerft in der Nähe von Murmansk. Dort müssen zwei zusätzliche Pontons angeschweißt werden, um die »Kursk« ins Dock zu heben. Dieses Szenario macht vielen Bewohnern von Murmansk Angst: Was passiert bei einer Hitzeexplosion in den Reaktoren? Ist die Werft überhaupt auf einen möglichen Atomunfall vorbereitet? Die Antworten bleiben unbefriedigend, denn die Marine ist mit dem Kampf gegen die Zeit beschäftigt. Die eigentliche Hebung soll zwischen dem 15. und 20. September stattfinden, damit das U-Boot rechtzeitig vor Beginn der Herbststürme im Dock liegt. Doch das Wetter über der Barentssee ist unkalkulierbar. Es kann die Operation aus dem Zeitplan werfen und unabänderliche Argumente für einen Abbruch und die Verschiebung ins nächste Jahr liefern.

Damit die Hebung zumindest für die Imagemaker des Präsidenten von Anfang an ein Erfolg wird, hat der PR-Profi Sergej Jastrschembskij die Organisation übernommen. Bisher musste der smarte Politikverkäufer vor allem den zweiten Tschetschenien-Krieg kremlgerecht darstellen. Moskau versucht, das Geschehen am Nordmeer diesmal in den Griff zu bekommen. Das Öffentlichkeitsspektakel überwiegt, der Fluss der Informationen wird dabei scharf kontrolliert. Jastrschembskij lässt eine Webseite zur Hebung der »Kursk« einrichten. In Murmansk soll das Eisstadion als Pressezentrum dienen – mehr als 1000 Journalisten sind dort akkreditiert. Ein Schiff bringt die Berichterstatter, wenn es der Flotte passt, in die Nähe der Unglücksstelle. Die erste Ausfahrt im Juli kostete 100 Dollar. An Bord war an alles gedacht, sogar eine kleine Zollstation wurde errichtet, da die Fahrt doch in internationale Gewässer führt. Nur die Bilder waren wenig spannend. Die Kameraleute filmten zwei Stunden lang das graue Meer. Der Stabschef der Nordflotte, Michail Mozak, beantwortete per Funk von einem anderen Schiff aus einige Fragen der Journalisten an Deck, und der Wind wehte manche der Antworten auf See hinaus.

Die verordnete Transparenz ist den Offizieren der Nordflotte zuwider. Sie haben genug zu tun mit ihrer Flotte, die nach dem Trauma des Untergangs der »Kursk« mühsam wieder zu sich selbst findet. Da hilft es, dass am 7. Dezember 2000 endlich wieder ein neues Atom-U-Boot aus der Fabrik auf Erprobungsfahrt ging. Die »Gepard« ist kleiner als die »Kursk«, doch sie kann ebenso mit 24 Marschflugkörpern und verschiedenen Torpedotypen ausgerüstet werden. Das extrem geräuscharme Boot der »Akula-2«-Klasse gilt bereits als »Putins Boot«. Zum Stapellauf 1999 kam der damalige Premierminister extra nach Sewerodwinsk. Putin will auch der feierlichen Aufnahme in den Flottenverband beiwohnen, im Spätsommer 2001 zu einem Zeitpunkt, den die Pietät gegenüber den Opfern der »Kursk« bestimmt. Die »Gepard« soll helfen, die Lücke in der Unterwasserflotte nach dem Sinken der »Kursk« zu füllen. Sie ist seit drei Jahren das erste atomare U-Boot, das neu in die Flotte aufgenommen wird. Bei »Sewmasch« liegt zudem seit 1992 die »Belgorod« im Bau, ein weiteres Riesenboot vom Typ der »Kursk«. Die Arbeiten sind allerdings schon einige Zeit eingestellt, weil das Geld fehlt. Seit 1998 hat das Verteidigungsministerium seine Schulden bei »Sewmasch« nicht bezahlt. Das Atom-U-Boot »Gepard« wurde auf Pump fertiggebaut.

Denn auch im zweiten Jahr unter Putin geht es der Marine schlecht. Insgesamt musterte die Flotte im Jahr 2000 18 Atom-U-Boote aus, normalerweise sind es zwei bis vier pro Jahr. Am 10. Oktober musste Flottenchef Kurojedow mitteilen, dass die große Ausfahrt ins Mittelmeer, an der auch die »Kursk« teilnehmen sollte, auf unbestimmte Zeit verschoben wird. Die Marine hat sich gezwungenermaßen auf Bescheidenheit besonnen. Die Rettungsaktion im August und die ständige Bewachung des

Bereits 1992 wurde die »Belgorod«, ein U-Boot vom Typ der »Kursk«, in der Werft »Sewmasch« in Sewerodwinsk auf Kiel gelegt. Doch seit Jahren fehlt das Geld, um die »Belgorod« fertigzubauen.

Wracks der »Kursk« haben immense Mengen an Treibstoff und Ersatzteilen verbraucht. Für das Manöver reichte das Geld nicht mehr. Die Entscheidung fiel den Admiralen schwer, denn sie widersprach völlig der Absicht, die im Erlass des Präsidenten vom 4. März 2000 festgeschrieben ist: Präsenz auf den Weltmeeren. Dabei hätte auch die Tour ins Mittelmeer eher den Charakter einer Showveranstaltung gehabt. Die Pazifikflotte soll die Fahrt ins Mittelmeer symbolisch ersetzen und schickt im Januar 2001 einen Schiffsverband in den Indischen Ozean zur Parade von Bombay. Dabei musste die Flotte am Stillen Ozean noch im vergangenen Jahr ihre eigene Paradefahrt zum »Tag der Flotte« vor Wladiwostok aus Treibstoffmangel absagen.

Um Geld zu verdienen, unterstützt die Marine sogar Pläne, U-Boote der »Akula«-Klasse zu Frachtschiffen unter Wasser umzubauen. Die Atomkähne, früher Träger ballistischer Raketen, könnten Metall aus der Gegend von Norilsk durch das Eismeer nach Murmansk schippern. Für Umweltschützer ist das eine Schreckensvorstellung, denn sie fürchten Unfälle in der flachen

Kara-See oder gar in der unwegsamen Flussmündung des Jenissej.

Immerhin soll der Rettungsdienst besser ausgestattet werden, verspricht Admiral Kurojedow. Wie die neuen Schiffe aussehen und finanziert werden, ist allerdings auch ein Jahr nach dem Unglück noch unklar. Vorerst setzt die Marine notgedrungen auf Hilfe aus dem Westen. Die Mitarbeiter des staatlichen »Instituts für Unfallrettung, Tauch- und Tiefseearbeiten«, das dem Verteidigungsministerium unterstellt ist, haben nach dem Unglück der »Kursk« den Auftrag erhalten, an allen Sicherheitsvorrichtungen die Schlösser und Hebel und auch das Werkzeug auf westliche Norm umzustellen. Und seit einem Jahr gibt es einen engen Informationsaustausch mit der britischen Marine über den Rettungsapparat »LR-5«. Zwei russische Experten sind bereits in 150 Metern Tiefe vor der schottischen Küste aus der »LR-5« zur Probe in ein Diesel-U-Boot übergewechselt.

Die alte Flottenpolitik war geprägt durch Gigantomie, die in der Bootsklasse der »Kursk« ihr Abbild fand. Diese Politik ist allein aus ökonomischen Gründen für Russland mit seiner Dritte-Welt-Wirtschaft untragbar geworden. Doch noch immer steht die Diskussion über die Marine im Zeichen der Frage: »Was muss unsere Weltmachtflotte können?« Dabei wäre es vernünftiger, die Antwort auf eine andere Frage zu suchen: »Welche Flotte können und wollen wir uns leisten?« Dieser Realität müssen sich die Gesellschaft, vor allem aber die Politik und das Militär stellen. Die neue Flottendoktrin, die Präsident Putin symbolbewusst am »Tag der Flotte«, dem 29. Juli 2001, unterzeichnete, weist wiederum in die falsche Richtung. Das ehrgeizige Dokument verspricht einmal mehr eine «verstärkte Förderung der nationalen russischen Interessen und der internationalen Autorität als einer der führenden Seegroßmächte«. Allerdings wird vermutlich auch diese Doktrin wie viele zuvor papierne Rhetorik bleiben, die höchstens die leidgeprüften Marineoffiziere ein wenig aufmuntert.

Die Schockwellen der Explosionen an Bord der »Kursk« werden Russland noch lange Zeit erschüttern. Die Tragödie im August 2000 offenbarte den Verfall des Landes und ließ den Zynismus und die Morallosigkeit der Eliten sichtbar werden. Gut zwei Wochen nach dem Absturz der Concorde in Paris ist ein weiteres Symbolprojekt technischen Allmachtwahns und aufgeblasenen Nationalstolzes augenfällig untergegangen. Das Unglück in der Barentssee spiegelte alle Mängel der russischen Flotte wieder: Vernachlässigung, Veranwortungslosigkeit, Inkompetenz. Der Weltmachtanspruch erhielt einen deutlichen Rückschlag. Eine Nation lag im Schock, und viele hoffen, dass diesmal Lehren aus der Katastrophe gezogen werden. Denn sie hat gezeigt, dass eine Großmacht sich nicht allein durch die Waffenschau nach außen, sondern vor allem durch den Umgang mit den eigenen Bürgern im Land auszeichnet.

Zwar besitzt Russland heute eine demokratische Verfassung, relativ freie Wahlen und eine Pressefreiheit, die allerdings eingeschränkt und gefährdet ist. Eine pluralistische Gesellschaft bildet sich langsam heraus. Doch das Erbe der Geschichte ist nicht einfach abzuschütteln. Die »Kursk« hat gezeigt, dass die Vorstellung von der Verbrauchbarkeit des menschlichen Lebens und die Geringschätzung der individuellen Persönlichkeit Bestand haben. Die jahrhundertealte Tradition der Untertanenvernichtung im Namen eines übergeordneten Ziels, einer Ideologie, ist noch nicht gebrochen in einem Land, das nicht erst seit dem Gulag auf Knochen baut. Der Humanismus mit seiner Rückbesinnung auf den Einzelnen und seine Würde, die Ideale der Französischen Revolution haben Westeuropa über Jahrhunderte hinweg durchdrungen, aber das Russische Reich nicht oder nur in engen gesellschaftlichen Kreisen beeinflusst.

Noch immer wird der Protz und die zerstörerische Macht der Amtstitel ausgelebt, während deren Inhaber zugleich ein System der Verantwortungslosigkeit erschaffen haben. Drei Stunden mussten die Feuerwehrleute Moskaus nach Ausbruch des Brandes im Fernsehturm am 27. August 2000 warten, bis sich endlich in der Befehlskette einer traute, das Abschalten der Stromversorgung anzuordnen. Es war Präsident Putin. Vor ihm wagte sich keiner der Untergebenen an eine solche notwendige Entscheidung.

Die Eliten bewahren eine vorwiegend zynische Haltung gegenüber dem Volk, dessen Weisheit sie in Feiertagsreden preisen. Diese Menschensicht hat auch die Untergebenen und ihr Bild des Führenden geprägt, und in Russland kann ein Staatschef mit Blut an den Händen vom Volk verehrt werden. Präsident Putin hat seine große Popularität vor allem als Kriegsherr in Tschetschenien erworben. Die Streitkräfte sind eine gesellschaftliche Schule der Brutalität, die noch immer ein Großteil der jungen Männer durchläuft. Dabei werden viele von ihnen systematisch schikaniert, bis hin zu Folter und Totschlag durch die Dienstälteren. Die Kommandierenden schauen oft mit Gefühllosigkeit und Verachtung auf die Soldaten. Als Sergej, ein Hauptmann in der Schnellen Einsatztruppe des Innenministeriums aus Uljanowsk, im Herbst 1999 in Tschetschenien zum Einsatz eintraf, reagierte er entsetzt: »Die Anweisungen waren die gleichen wie im ersten Krieg«, erzählt er. 'Passt auf die Technik auf', wurde uns befohlen, 'neue Leute können wir Euch nachschicken.'« Während der traurigen Tage im August 2000 sagte ein Offizier in Widjajewo verbittert: »Wir haben keine Weltmacht, sondern ein Bestattungsunternehmen.«

Die Brutalität dringt in alle Bereiche des gesellschaftlichen und privaten Lebens ein. Die Problemlösung auf friedlichem Weg, gar in Form eines Kompromisses, genießt kein hohes Ansehen. An die Seite der Gewalt treten mangelnde Voraussicht und Sorgsamkeit.

Der Untergang der »Kursk« hat auch gezeigt, wie sehr das Militär und die zivile Führung im veralteten Geheimnisdenken steckengeblieben sind. Der Vorteil der Flotte, ihre innere Gemeinschaft und Solidarität, schlägt hier in einen gewaltigen Nachteil um, denn der geschlossenen Gesellschaft in ihren Sperrgebieten fehlt die Durchlüftung mit neuen Ideen und Lebensmodellen. Die Reaktion auf unerfreuliche Ereignisse gleicht der vor 15 oder 25 Jahren: Erst wird geleugnet, solange es nicht zu peinlich auffällt, dann beschönigt und gelogen. Doch genau dieses Verhalten hat die Tragödie der »Kursk« noch schlimmer gemacht. Viele der Handelnden scheinen das bis heute nicht zu begreifen. Nordflottenchef Popow verbeisst sich in den dreisten Satz: »Niemand hat auch nur ein einziges Wort gelogen.« Vizepremier Klebanow sieht die Schuld bei den Medien und hat sogar die Chuzpe, sich selbst vor den Augen der Angehörigen als Leidtragenden des Unglücks zu bezeichnen: »Wir wurden nicht Opfer unserer Verschlossenheit, sondern unserer Offenheit.« Die Wahrheit ist nicht allgemeiner Anspruch, sondern Werkzeug in den Händen der Mächtigen. Wenn sie nicht passt, sind die Realität und ihre Berichterstatter schuld. Der Russlandreisende Marquis de Custine schrieb 1839: »Ein aufrichtiger Mann müsste in diesem Land als verrückt gelten.«

Zwar verspricht Präsident Putin »maximale Offenheit«, doch sogar Fernsehkorrespondenten, die mit einer Drehgenehmigung des Oberkommandos der Flotte und des Generalstabs ausgestattet sind, scheitern an der Eisentür der Taucherbasis von Lomonossow oder am Schlagbaum vor Widjajewo. Der Geheimdienst FSB hat die Kontrolle an sich gezogen.

Trotzdem macht sich Unmut Luft, denn es gedeiht, noch sehr zart entwickelt, eine Zivilgesellschaft. Russland gleicht zumindest nicht mehr der Sowjetunion zur Tschernobylzeit. Die alte Parole »Bei uns ist alles besser« verliert ihre Kraft, wenn Reisen ins Ausland und der Kontakt mit Fremden nicht mehr unterbunden werden. Vergleiche sind möglich. Eine kleine Gruppe ist sich über ihre Rechte klar geworden und traut sich zudem, dafür einzutreten. Der wachsende Widerspruchsgeist, der sich im couragierten Auftreten vieler Angehöriger der »Kursk«-Seeleute ausdrückte, kann nicht mehr einfach durch Drohungen und Überwachung erstickt werden.

Zugleich finden die Menschen in manchen Medien, die sich einen Freiraum erkämpft haben, einen Verstärker. Er schrumpft allerdings wieder. Als der Journalist Sergej Dorenko im September 2000 im ersten Programm des russischen Staatsfernsehens seine Putin-kritische Reportage zur »Kursk« zeigen wollte, wurde die Sendung Stunden vor der Ausstrahlung abgesetzt. Den Privatsender NTW, der sich durch größere Distanz zum Kreml auszeichnete, hat inzwischen der Staat unter seine Kontrolle gebracht. Unbotmäßige Zeitungen wurden geschlossen. Dennoch jonglieren Journalisten weiterhin geschickt innerhalb ihres engen Spielraumes mit der kritischen Berichterstattung. Im Gegensatz zu früheren U-Boot-Katastrophen sind die Seeleute der »Kursk« und ihre Angehörigen bekanntgeworden und noch immer nicht aus dem Gedächtnis der Gesellschaft getilgt – dank der Medien.

Für den Präsidenten Putin war der Untergang der »Kursk« ein schwerer persönlicher Schlag und eine Demütigung, da er sich der Flotte besonders verbunden gezeigt hatte. Sein gleichgültiges Verhalten in der Woche nach dem Unglück hat viele befremdet, doch seine Umfragewerte sanken nur kurzzeitig. An Putin bleibt nichts kleben. Der Hoffnungsträger des neuen, selbstbewussten Russlands darf in den Augen der Menschen einfach keinen Schaden nehmen.

Wie die »Kursk« ist Putin ein Produkt der Sowjetunion, und er muss in den Zeiten der Transformation seinen Kurs finden. Er hat schwere Fehler gemacht und neigt selbst zu Heimlichtuerei und Argwohn der offenen Gesellschaft gegenüber. Aber er zeigt sich lernfähig. In den Augen der Menschen hat der Staat mit der Kompensationszahlung, wenn auch widerwillig, einmal seine Verantwortung den Bürgern gegenüber anerkannt. Putin versucht, sein Wort einzulösen. Der Beweis der Verlässlichkeit wiegt schwer in einem Land, in dem sich die Menschen immer von der Obrigkeit belogen fühlten. Vielleicht ist es aber nur seine PR-Abteilung, die ihre Lektion in Widjajewo begriffen hat. Als im Mai 2001 eine große Flutkatastrophe die Anwohner des Flusses Lena in Jakutien heimsuchte, flog der Präsident sogleich an den Krisenort, redete mit den Opfern und versprach konkrete Hilfe.

Präsident Putin, der Oberkommandierende der Streitkräfte, muss an seinen Taten gemessen werden. Nach der Tragödie der »Kursk« verkündete er dem russischen Volk: »In keinem der vier Fälle, da unser Land ein Atom-U-Boot verloren hat, ist es uns gelungen, die wahren Ursachen des Untergangs offenzulegen. Wir hoffen, dass es in diesem Fall anders sein wird. Und wir werden alles tun, um die Leichen der Seeleute zu bergen, das U-Boot zu heben und die Gründe zu ermitteln.«

Das Leben danach

Als Nikolaj Misjak das letzte Mal aus dem Leichenhaus kommt, erkennt ihn seine Frau Swetlana kaum wieder: »Er holte Wodka, er goss sich ein, er trank und trank bis zur Besinnungslosigkeit.«

Nikolaj, ehemals Oberfährich der »Kursk«, muss seine toten Kameraden aus dem U-Boot identifizieren. Jetzt hat er manchmal Angst, vor lauter Trauer verrückt zu werden.

Seit dem Unfall würde Swetlana Misjak die Garnison am liebsten sofort verlassen. Doch die Familie hat kein Geld, keine Wohnung in Zentralrussland, sie weiß nicht, wohin sie fahren soll. »Ich möchte weg von hier, weil keiner gerettet worden ist«, sagt Swetlana. »Jetzt wissen wir es. Wenn etwas passiert, kommt keiner und hilft.«

Nikolaj Misjak wurde nach dem Unfall der »Kursk« auf das Schwesterschiff »Woronesch« kommandiert. Über die Angst spricht er nicht. Er schämt sich, dass er nicht an Bord des Unglücksbootes war. Es ist ihm peinlich, überlebt zu haben. Zum zweiten Mal in seinem Leben ist ein anderer an seiner Stelle gestorben.

Seine Frau will davon nichts wissen. »Die Toten sind Helden«, sagt sie. »Aber wer kümmert sich eigentlich um die Lebenden?« Widjajewo sieht aus, als sei das Unglück nie geschehen. Die Flotte hat nur ein wenig Farbe spendiert. Damit werden ein paar Häuserwände gestrichen. Im Fernsehen soll die Garnison nie wieder so schrecklich aussehen.

Iwan Nessen, Misjaks Kamerad aus der »Kursk«, fürchtet sich, mit Journalisten zu sprechen. Einmal gab er am Telefon der Korrespondentin der Boulevardzeitung »Moskowskij Komsomolez« ein Interview. »Ich habe die Gesichter der Toten gesehen«, sagte er ihr. »Sie haben bis zum Schluss nicht geglaubt, dass man sie aufgegeben hat.« Danach zitiert ihn gleich das Flottenkommando herbei. »Wenn das noch einmal passiert«, sagt man ihm, »werfen wir Dich raus.« Auch Mitarbeiter des Geheimdienstes erkundigen sich nach ihm. Nessen gerät in Panik. Nach dem Unfall findet er kaum mehr zu sich. »Als ich erkannt habe, dass es das Boot nicht mehr gibt, hat mich der Horror gepackt«, erzählt er. »Es ist schwer, ganz allein, ohne Mannschaft.«

Bis heute plagen ihn Alpträume. Im Schlaf sieht er seinen Freund Wassja Iwanow. Verzweifelt klammert der Fähnrich sich im Bauch der »Kursk« an Rohren fest. Da erreicht ihn ein Flammenstrahl. Wassja verbrennt.

Olga Kolesnikowa arbeitet weiterhin als Biologielehrerin in Sankt Petersburg. »Die Kinder, das ist alles, was ich in meinem Leben habe«, sagt sie. Der Kontakt mit anderen Angehörigen, erzählt Olga, geht verloren. »Wir brauchen Zeit, um zu verstehen, was mit uns geschehen ist und was wir in diesem Leben wollen. Und um zu begreifen, ob wir diese Bekanntschaften überhaupt noch brauchen.«

Als im April 2001 eine russische Boulevardzeitung verbreitet, an Bord der »Kursk« habe es eine Meuterei gegeben und Dmitrij Kolesnikow sei dabei verprügelt worden, fühlt sich Olga verpflichtet, die Ehre ihres Mannes zu verteidigen. Sie schreibt einen offenen Brief zum Protest gegen diese Version, der in der Zeitung »Komsomolskaja Prawda« veröffentlicht wird: »Ich bitte sehr darum, die Verwandten und Freunde der umgekommenen Seeleute der 'Kursk' in Frieden zu lassen, denn ihre Existenz ist nicht mehr Leben zu nennen. Die Kraft wird schwächer und schwächer, die Zeit verstreicht nicht zum Vorteil, und der Schmerz vergeht nirgendwohin.«

Die junge Witwe hat einen eigenen Weg gefunden, um mit der Last des Unglücks auszukommen. Eine Agentur vermittelt ihre Interviews, plant ihre Pressetermine und handelt die Honorare aus. Für einen Fernsehsender besucht und filmt Olga andere Angehörige und Offiziere der Nordflotte. Und sie erzählt immer wieder ihre Liebesgeschichte mit Mitja. Um zumindest die Erinnerung lebendig zu halten, wie sie sagt.

Galina Issajenko überlegt, eine kleine Wasserkapsel zu beerdigen. Sie glaubt nicht daran, dass ihr Mann geborgen wird: Der Reaktoringenieur arbeitete in der zweiten Sektion, und von der ist im Wrack kaum etwas übrig. »Aber ich brauche einen Ort, an dem ich mit meinem Mann reden kann«, sagt Galina. »Zur Zeit spreche ich nur mit seinem Bild.«

Mit ihrer Familie ist Galina umgezogen: Sie lebt nun in Sankt Petersburg, wo es ihr so gut gefällt, dass sie nicht einmal in die Ferien fährt. Und doch quälen Depressionen. Seit langem sucht sie einen guten Arzt und hofft, dass sie bald ohne Medikamente auskommen kann. Der Verlust lähmt auch die Familie, noch immer ist der Schmerz um den Vater tabu.

Sergej, der 15jährige Sohn, trauert auf seine Weise: Er möchte zu Ehren des Vaters auch U-Boot-Fahrer werden. Galina erfährt das aus dem Fernsehen. Journalisten hatten Sergej interviewt, und der Teenager berichtete ihnen stolz von seinen Plänen. Sofort bricht Galina in Tränen aus. Sie will ihren Sohn nicht an die Flotte verlieren. Galina ist schon außer sich vor Sorge, weil ihr Bruder noch immer auf dem Atom-U-Boot »Pskow« dient. Sie hat der Flotte so viele Jahre geopfert und bekam nie etwas zurück. »Das Schlimmste wäre, wenn irgendwann herauskommt, dass die Flotte den Unfall selbst verschuldet hat«, sagt Galina. »Ich weiß nicht, wie ich das aushalten würde.«

In Sankt Petersburg trifft sie sich oft mit anderen Witwen, die ebenfalls hierher gezogen sind. Auch in der neuen Heimatstadt dreht sich das Leben um die Tragödie. Die Frauen entwerfen Gedenktafeln und ein Denkmal für ihre Männer, planen Gedenkveranstaltungen und organisieren Treffen mit anderen Opfern. Von den Angehörigen ist kaum jemand in Widjajewo geblieben. Und doch scheint es manchmal, als lebten sie selbst in Sankt Petersburg noch in der Garnison.

Wladimir Geletin hat seinen Posten bei der Marine nicht aufgegeben. Der 49jährige Kapitän zur See arbeitet wie ein Besessener: Um sieben Uhr morgens geht er zur Arbeit im Hauptquartier der Nordflotte und kehrt oft erst am späten Abend zurück. Die Kraft reicht zum Arbeiten, aber nicht zum Leben. Während seines Urlaubs sucht er sich rasch eine neue Beschäftigung. »Ich habe ein bisschen renoviert«, sagt er. »Ich muss mich ablenken, sonst werde ich verrückt.« Lange Zeit können er und seine Frau

Natalja kaum begreifen, dass ihr Sohn Boris nicht mehr lebt. Wladimir ist vor lauter Trauer verbittert, ein gebrochener Mann, der leise spricht und pausenlos raucht.

Ist er nicht wütend auf die Flotte, die ihm den Sohn nahm? Wladimir versteht die Frage nicht. »Was soll ich ihr vorwerfen?«, fragt er zurück. »Die Tragödie war ein Unfall, ein dummer Zufall, keine Gesetzmäßigkeit. Wenn das einmal im Jahr passieren würde, dann könnte man davon ausgehen, dass es einen Schuldigen gibt. Ich könnte ja auf alle und alles wütend sein. Ich könnte auch auf mich wütend sein. Denn ich habe dieses Manöver vorbereitet, bei dem das Unglück geschah.«

Einmal kritisiert er die Marine vorsichtig bei einer Pressekonferenz. »Die Flotte braucht gute Rettungsapparate, hat sie aber nicht«, klagt er. Doch später nimmt er die Vorwürfe gleich wieder zurück. »Ich wollte sagen, dass es nirgendwo auf der Welt Rettungsapparate gibt, die so gut sind, dass sie in solchen Situationen helfen können.« Er beteuert wieder und wieder: Die Flotte tat alles, was in ihrer Macht stand.

Ärgerlich macht ihn etwas anderes. Da Boris verheiratet war, wurden Wladimir und seine Frau nicht entschädigt. Zu ihrer Schwiegertochter Tatjana haben die Eltern kein gutes Verhältnis. Das junge Paar trennte sich kurz vor dem Unfall, an dem Tod des kleinen Sohnes zerbrach auch ihre Ehe. Das Geld bekam aber trotzdem Tatjana. Wladimir gönnt es ihr nicht. Er fühlt sich so ungerecht behandelt, dass er sich in einem offenen Brief sogar beim Präsidenten beschwert. Doch der reagiert nicht darauf. Routiniert wischt Igor Dygalo, der Sprecher der Flotte, Wladimirs Vorwürfe vom Tisch. Der Kapitän zur See ist wütend vor lauter Demütigung. »Die gehen mit uns um, als trauerten wir nicht.« Sogar über ein Begräbnis soll die Ehefrau entscheiden. Aber Wladimir möchte den Toten für sich.

Walentina Staroselzewa geht oft in die Kirche und bittet Gott um Träume. Im Schlaf sieht sie ihren Sohn Dima. Sie kann sogar mit ihm reden. Walentina versteht ihn nicht immer sofort, und manchmal begreift sie ihn gar nicht. Doch so hat sie ihren Sohn wenigstens im Traum zurück. »Wir waren unzertrennlich«, sagt

Walentina. »Wir haben so viel geredet. Manchmal denke ich, dass ich an allem schuld bin. Als ich ihn auf die Welt brachte, habe ich ihm dieses Schicksal ausgewählt.«

Seit Dima tot ist, hat Walentina allen Halt verloren. Am liebsten möchte sie schnell ihr Leben verändern. Doch immer kommt etwas dazwischen. Im Herbst nach dem Unglück wäre Walentina gern von Kursk nach Widjajewo gezogen. Dort ist sie wenigstens dem Toten näher, denkt sie. Dann überlegt sie, im Norden Neujahr zu feiern. Aber auch das klappt nicht.

Zu Hause hat Walentina einen Totenaltar aufgebaut mit Fotos, dem Orden und der Kapsel mit dem Wasser aus der Barentssee. Ein Grab hat sie auch schon ausgesucht. Dima soll auf dem Heldenfriedhof im Stadtzentrum beigesetzt werden, möglichst nah am großen Denkmal.

Da Dima nicht verheiratet war, bekam Walentina die Entschädigungszahlung der Regierung und eine neue Wohnung in Kursk. »Ich bin sowieso entwurzelt«, denkt sie, »da kann ich auch umziehen.« Aber eingerichtet hat sie sich noch nicht. Walentina war zu beschäftigt. »Ich erstarre im Warten«, sagt sie. »Ich warte und warte und frage mich, worauf ich warte. Als ob ich nicht verstehe, dass alles, worauf ich warte, niemals zurückkehren wird.«

Im Januar 2001 bekommt die Witwe des Torpedoingenieurs Mamed Gadschijew hohen Besuch: Flottenchef Kurojedow ist in die dagestanische Stadt Kaspijsk gereist und mit der üblichen Delegation von Lokalbeamten und untergeordneten Militärs in ihre Wohnung gekommen. Kurojedow erkundigt sich nach ihren Wünschen, und Safinat bittet ihn, für ihren Mann eine Büste oder ein kleines Denkmal zu errichten. Der Admiral stimmt zu. Doch nach seiner Abreise stockt das Projekt sofort. Die Militärbürokraten des Kreiswehramts legen sich quer, denn nach ihren Vorschriften dürfen nur zweifache »Helden der Heimat« eine Büste oder Stele erhalten.

Die Bitte Ajssats, der Schwester des Toten, ist erfolgreicher. In Widjajewo hat sie Putin gebeten, die Frau und Töchter Gadschiejws nicht zu vergessen. Die russische Regierung führt daraufhin den Anspruch der dagestanischen Familie auf eine Kompensation sogar in einem Extrapunkt im Erlass über »Maßnahmen des sozialen Schutzes der Familienmitglieder der auf der ›Kursk‹ Umgekommenen« aus. Zusätzlich zur Entschädigungssumme erhalten die Gadschijews vom Staat eine Wohnung in Moskau. Eigentlich haben auch die Führung der Republik Dagestan und die Stadt Kaspijsk mit viel Brimborium der Familie eine Wohnung versprochen. Darum wird es jedoch bald still. Erst im Sommer 2001 verabredet sich der Generaldirektor von »Dagdisel« mit Safinat, um ihr zur Auswahl einige Wohnungen in einem Rohbau zu zeigen. Wann der fertig wird, steht allerdings noch nicht fest. Aber die Witwe kann ohnehin keine Entscheidung treffen: Der Wächter mit dem Schlüssel für den Bau ist nicht aufzutreiben, und sie fährt unverrichteter Dinge wieder nach Hause.

Swetlana Kusnezowa, 24, hat ihr Leben in Garnisonen verbracht, und der Umzug nach Kursk machte ihr Angst. In der Heimatstadt ihres Mannes Wiktor war sie zuvor nur ein Mal – das Stadtleben ist ihr fremd. Außerdem versteht sie sich mit Wiktors Verwandten nicht. Sie denken, Swetlana habe ihren Mann überredet, seinen letzten Urlaub nicht in Kursk zu verbringen. Wer soll ihr hier also helfen?

Doch sie hätte sich nicht fürchten müssen. In der neuen Nachbarschaft wohnen auch andere Witwen aus Widjajewo, und wie früher in der Garnison halten auch hier alle zusammen. Nächtelang hocken die Frauen in den Küchen und reden immer wieder über das Unglück. Auch über die Männer sprechen sie. Alle sind sich einig, dass sie Swetlana eigentlich beneiden können. Vor dem Manöver hatte Wiktor Urlaub, und Swetlana hatte ihn zehn Tage nur für sich. Außerdem konnte Wiktor beerdigt werden. Swetlana kann sogar zu einem Grab gehen.

Als Nadeschda Tylik noch im Norden lebt, da träumt sie vom Süden. »Ich möchte Widjajewo verlassen, um nichts mehr zu sehen«, sagt sie wenige Monate nach dem Unfall. »Alles erinnert mich an den Schrecken.« Zusammen mit ihrem Mann will sie nach Anapa ziehen, in ihre gemeinsame Heimatstadt am Schwarzen Meer.

Seit ihr Sohn Sergej, Oberleutnant auf der »Kursk«, nicht mehr lebt, ist der Alltag in der Garnison für Nadeschda zur Qual geworden. Am liebsten würde sie ihre Wohnung gar nicht mehr verlassen. Sie erträgt die mitleidigen Blicke nicht, die Trauer, das Gerede. Nadeschda hat sogar Feinde. Überall auf der Welt war ihr Bild zu sehen: wie sie verzweifelt auf einer Versammlung im »Haus der Offiziere« die Flotte beschimpft und eine Krankenschwester ihr ein Beruhigungsmittel in den Rücken spritzt. Im Westen ist sie zum Symbol geworden für die ungehorsame Wut der Offiziersfrauen. Doch in der Garnison bringt der Ausbruch nur Ärger. Nadeschda ist sich sicher, dass seither ihr Telefon abgehört wird. Als norwegische Journalisten sie suchen, sagt man ihnen in Widjajewo: »Suchen Sie die Frau nicht hier, sie liegt in einem Militärkrankenhaus in Petersburg.« Doch das stimmt gar nicht. Für den Chef der Nordflotte, Wjatscheslaw Popow, ist Nadeschda Tylik einfach verrückt: »Warum sollte ich mit einer kranken Frau diskutieren?«, fragt er Journalisten.

Vielleicht bekommt sie auch deshalb so schnell eine Wohnung im Süden: Alle denken, es ist besser, wenn die zornige Frau die Nordflotte nicht mehr stört. Nach Beendigung seiner Dienstzeit vor zwei Jahren hat sich ihr Mann Nikolaj, ehemaliger Kommandant eines Atom-U-Bootes, beim Flottenkommando um eine Wohnung in Anapa beworben. Er tat es damals der Form halber, denn die Wartezeiten betragen mindestens zehn Jahre. Zwei Jahre lang bekam Nikolaj nicht einmal eine Nachricht. Doch seit dem Tod des Sohnes steht die Wohnung bereit.

Im März 2001 ziehen Nadeschda und Nikolaj um. Aber heimisch fühlen sie sich bis heute nicht. Das Leben ist völlig durcheinander geraten. Sie leiden an der Hitze. 40 Grad sind es im Sommer – mehr als doppelt so viel wie in Widjajewo. Es gibt keine Arbeit in Anapa. In der Garnison hat Nadeschda jahrelang im Heizwerk gearbeitet. Nun muss die 43jährige auf eine Umschulung vom Arbeitsamt hoffen.

Mehr als 20 Jahre harrten sie im Norden aus, doch es ist, als hätten sie dort keine Spuren hinterlassen. Ihre Kontakte nach Widjajewo sind schon nach wenigen Monaten abgerissen. »Wir leben in einem absoluten Informationsloch«, klagt Nadeschda.

Sie weiß nicht einmal, welche Gedenkfeiern für die Mannschaft geplant sind. Niemand ruft an, niemand schreibt, und die anderen Angehörigen der Opfer sind alle weit weg von hier. Das Leben ohne Flotte schmerzt. Und die Traurigkeit, merkt Nadeschda, ist auch hier, im fernen Süden. Sie ist überall.

Glossar

Ortsnamen

ANAPA: Die Stadt am Ufer des Schwarzen Meeres ist die Heimat der Familie Tylik. Nadeschda und Nikolaj Tylik ziehen nach dem Unglück der »Kursk« aus Widjajewo dorthin zurück.

ARA-BUCHT: In der Bucht, zehn Kilometer von Widjajewo entfernt, lag die »Kursk« am Pier.

BARENTSSEE: Teil des Nordpolarmeeres zwischen der Nordküste Norwegens, Spitzbergen, Franz-Joseph-Land und der Inselgruppe Nowaja Semlja. Hier versank die »Kursk«.

BELGOROD: In der Stadt an der ukrainischen Grenze erholt sich Familie Misjak vor dem Manöver.

CHARKOW: Aus der Umgebung von Charkow in der Ostukraine stammt Oberfähnrich Nikolaj Misjak.

GADSCHIJEWO: Garnison der Nordflotte östlich von Widjajewo.

GREMICHA: Garnison der Nordflotte im Osten der Kola-Halbinsel.

ISCHEWSK: Heimatstadt des Fähnrichs Nikolaj Kirillow in Zentralrussland.

KAMTSCHATKA: Halbinsel im Nordosten Russlands am Pazifik mit U-Boot-Basen und Raketentestanlagen.

KARASJOK: Seismologische Messstation in Nordnorwegen nahe der Grenze zu Russland.

KASPIJSK: Stadt am Kaspischen Meer, Sitz der Waffenfabrik »Dagdisel«. Heimat der Familie Gadschijew.

KURSK: Patenstadt des U-Bootes in Zentralrussland, südlich von Moskau. Jahrelang versorgt die Stadtverwaltung die Besatzung des U-Bootes mit humanitärer Hilfe.

MOSKAU: In der russischen Hauptstadt hat das Oberkommando der Flotte seinen Sitz.

MURMANSK: Größte Stadt nördlich des Polarkreises, gelegen auf der Kola-Halbinsel, 60 Kilometer von Widjajewo entfernt.

NISCHNIJ NOWGOROD: Im früheren Gorkij wurden in der Fabrik »Krasnoje Sormowo« Rettungs-U-Boote konstruiert.

Nowaja Semlja: Auf der Inselgruppe im Nordpolarmeer zwischen Barentssee und Kara-See fanden seit den 50er Jahren Atombombenversuche unter der Erde und in der Luft statt.
Nowgorod: Altehrwürdige Handelsstadt südlich von Sankt Petersburg, in die Fregattenkapitän Lewon Abramow nach seinem Ausscheiden aus der Nordflotte zog.
Poljarnyj: Garnison der Nordflotte am Murmansker Fjord.
Sankt Petersburg: Die Metropole des Nordens ist die Heimat von Olga Kolesnikowa. Die meisten Offiziere der »Kursk« absolvierten hier die Dserschinskij-Flottenlehranstalt.
Sapadnaja Liza: Garnison der Nordflotte westlich von Widjajewo.
Sewastopol: Heimat der Familie Issajenko in der Ukraine.
Sewerodwinsk: In der Militärwerft Nordisches Maschinenbauwerk »Sewmasch« in Sewerodwinsk wurde die »Kursk« zwischen 1992 und 1994 erbaut.
Seweromorsk: Nördlich von Murmansk hat die Nordflotte ihr Hauptquartier. An den Anlegern von Seweromorsk schwimmen die atombetriebenen Kreuzer, unter anderem »Peter der Große«.
Sotschi: Im bekanntesten Urlaubsort Russlands am Schwarzen Meer macht Präsident Wladimir Putin Ferien, nachdem die »Kursk« verunglückte.
Tichorezk: Der kleine Ort in Südrussland ist die Heimat des Ehepaares Poljanskij.
Widjajewo: Heimatgarnison der »Kursk« seit Januar 1995, im Norden der Kola-Halbinsel gelegen.
Wladiwostok: Hafenstadt am Pazifik, Sitz des Hauptquartiers der Pazifikflotte.
Wolgograd: Aus der Umgebung der Stadt am unteren Wolgabogen stammt Kapitän Gennadij Ljatschin.

Personennamen

Abramow, Lewon: Fregattenkapitän, der zwei Jahre lang vor Militärrichtern gegen die Nordflotte um seine Arbeit und Ehre kämpft.

Arjapow, Raschid: Kapitänleutnant in der Reaktorsektion, vermutlich Autor des zweiten an Bord gefundenen Briefes.
Arjapowa, Chalima: Ehefrau Von Raschid Arjapow.
Dinessen, Pål: Norwegischer Tiefseetaucher, der an der Rettungsaktion im August 2000 teilnimmt.
Dygalo, Igor: Pressesprecher der russischen Flotte.
Gadschijew, Mamed: Waffeningenieur der Firma »Dagdisel« aus Kaspijsk am Kaspischen Meer, zu Tests an Bord der »Kursk«.
Gadschijewa, Safinat: Ehefrau von Mamed Gadschijew.
Gadschijewa, Ajssat: Schwester von Mamed Gadschijew.
Geletin, Boris: Kapitänleutnant in der zweiten Sektion der »Kursk«.
Geletina, Tatjana: Ehefrau von Boris Geletin.
Geletin, Wladimir: Vater von Boris Geletin. Der Kapitän zur See arbeitet im Stab der Nordflotte und ist an der Vorbereitung des Manövers beteiligt.
Geletina, Natalja: Mutter von Boris Geletin.
Hoskins, Alan: Kommandant der britischen Rettungs-Tauchkapsel »LR-5«.
Issajenko, Wassilij: Fregattenkapitän. Der Reaktorspezialist fährt aushilfsweise zum ersten Mal an Bord der »Kursk« mit.
Issajenko, Galina: Ehefrau von Wassilij Issajenko.
Issajenko, Ljuba: Tochter von Wassilij Issajenko.
Issajenko, Sergej: Sohn von Wassilij Issajenko.
Iwanow, Sergej: Vertrauter von Präsident Putin. Bis März 2001 Vorsitzender des Sicherheitsrates, dann Verteidigungsminister.
Kirillow, Nikolaj: Der Fähnrich der »Kursk« bleibt zufällig an Land. Er bekam Sonderurlaub, weil seine Mutter in Ischewsk erkrankt war.
Klebanow, Ilja: Vizepremierminister, Vorsitzender der staatlichen Untersuchungskommission zum Unglück der »Kursk«.
Kolesnikow, Dmitrij: Kapitänleutnant in der Turbinensektion, Autor eines Abschiedsbriefes. Seine Frau nennt ihn Mitja.
Kolesnikowa, Olga: Ehefrau von Dmitrij Kolesnikow.
Kolesnikow, Roman: Vater von Dmitrij Kolesnikow. Auch er diente bei der Flotte.

Kolesnikowa, Irina: Mutter von Dmitrij Kolesnikow.
Kurojedow, Wladimir: Oberbefehlshaber der russischen Flotte.
Kusnezow, Wiktor: Fähnrich in der Turbinensektion der »Kursk«.
Kusnezowa, Swetlana: Ehefrau von Wiktor Kusnezow.
Kusnezow, Dima: Sohn von Wiktor Kusnezow.
Kusnezowa, Olga: Mutter von Wiktor Kusnezow in Kursk.
Kusnezowa, Ljudmila: Schwester von Wiktor Kusnezow.
Kwaschnin, Anatolij: Stabschef der russischen Streitkräfte.
Ljatschin, Gennadij: Letzter Kommandant der »Kursk«.
Ljatschina, Irina: Ehefrau von Gennadij Ljatschin.
Ljatschin, Gleb: Sohn von Gennadij Ljatschin.
Ljatschina, Dascha: Tochter von Gennadij Ljatschin.
Misjak, Nikolaj: Oberfähnrich an Bord der »Kursk«.
Misjak, Swetlana: Ehefrau von Nikolaj Misjak.
Mozak, Michail: Stabschef der Nordflotte.
Nawrozkij, Wladimir: Pressesprecher der Nordflotte.
Nessen, Iwan: Der Oberfähnrich der »Kursk« soll sich während des Manövers um die Auszahlung des Solds kümmern und bleibt deshalb an Land.
Nessen, Lilia: Ehefrau von Iwan Nessen.
Nugajew, Oleg: Der Kameramann soll für den Fernsehsender ORT das Manöver der Nordflotte filmen.
Poljanskij, Andrej: Der Fähnrich des Schwesterschiffs »Woronesch« muss während des Manövers auf der »Kursk« einspringen.
Poljanskaja, Oksana: Ehefrau von Andrej Poljanskij. Während des Manövers ist sie in Tichorezk in Südrussland.
Poljanskaja, Galina: Mutter Von Andrej Poljanskij In Tichorezk.
Popow, Wjatscheslaw: Admiral, Kommandeur der Nordflotte.
Putin, Wladimir: Seit August 1999 Premierminister, seit Januar 2000 Präsident und Oberkommandierender der Streitkräfte.
Risberg, Jan: Tauchmediziner aus Norwegen, der an der Rettungsaktion im August 2000 teilnimmt.
Roschkow, Wiktor: Erster Kommandant der »Kursk«.
Sergejew, Igor: Bis März 2001 Verteidigungsminister.
Skorgen, Einar: Vizeadmiral, der die Rettungsaktion im August

2000 auf norwegischer Seite mit der Führung der Nordflotte koordiniert.

STAROSELZEW, DIMA: Wehrdienstpflichtiger aus der Patenstadt Kursk.

STAROSELZEWA, WALENTINA: Mutter von Dima Staroselzew.

TYLIK, SERGEJ: Oberleutnant in der zweiten Sektion der »Kursk«.

TYLIK, NATALJA: Ehefrau von Sergej Tylik.

TYLIK, NIKOLAJ: Vater von Sergej Tylik, ehemals Kommandant eines Atom-U-Bootes.

TYLIK, NADESCHDA: Mutter von Sergej Tylik. Sie wird weltweit bekannt, nachdem sie während einer Versammlung der Angehörigen die Flotte beschimpfte.

TYNES, TORE: Strahlenschützer aus Norwegen, der an der Rettungsaktion im August 2000 teilnimmt.

VE, EGIL: Dirigiert per Fernsteuerung das Unterseemobil während der Rettungsaktion im August 2000.

Dank

Dieses Buch basiert auf einer Serie über den Untergang des U-Bootes »Kursk«, die in der Zeitschrift *stern* Anfang des Jahres 2001 erschienen ist. Wir danken dem *stern* dafür, dass er uns die Möglichkeit zu einer umfangreichen Recherche in Murmansk, Widjajewo, Sankt Petersburg, Kursk, Moskau, Tichorezk, Oslo, Bergen und London gegeben hat. In besonderem Maße trugen zum Entstehen dieses Buches bei: Andrej Anikin, Mario R. Dederichs, Bernd Dörler, Cornelia Fuchs und Jelena Owtschinnikowa. Wir danken auch ihnen sehr herzlich.

Bettina Sengling und Johannes Voswinkel

Bildnachweis

S. 9: privat/Anatolij Schdanow; S. 21: Sergej Sidorow; S. 22: privat/Sergej Sidorow; S. 33: privat/Wladimir Welengurin; S. 43: Sergej Sidorow; S. 51: Wladimir Welengurin; S. 59: Jewgenij Kondakow; S. 64: privat/ Jewgenij Kondakow; S. 71: privat/Heidi Bradner; S. 74: privat; S. 75: privat/Jewgenij Kondakow; S. 137: privat/Jewgenij Kondakow; S. 153: Jewgenij Kondakow; S. 171: epa; S. 172: privat/Wladimir Welengurin; S. 177: Sergej Sidorow; S. 197: Sergej Sidorow; S. 209: Sergej Sidorow; S. 215: Wladimir Welengurin; S. 216: Sergej Sidorow; S. 231: Kirill Kallinikow; S. 245: Sergej Sidorow; S. 257: Heidi Bradner; S. 258: Kirill Kallinikow; S. 267: Anatolij Schdanow.

28
32
36
NORWEGEN
FINNLAND
Barent
Petschenga
Nikel
Sapadnaja Liza
Widjajewo
Gadschijewo
Poljarnyi
Seweromorsk
Murmansk
Murmaschi
Kola
Unglü
(69 37
Rynda
Olenegorsk
Montschegorsk
Kirowsk
Kandalakscha
Halbinsel Kola
Nördlicher Polarkreis
Lesnoj
Kandalakscha-
Bucht
Tetrino
Weißes Meer
Kem
Belomorsk
Dwina-Buc
Sewerodwinsk
Onega-Bucht
32
36
40